AI/DATA LAW GUIDE

AI·데이터 법 길라잡이

...

정찬모

박영사

머 리 말

    인공지능의 미래는 아직 유동적인 측면이 많다. 그럼에도 우리가 인공지능을 법적 차원에서 논의하는 이유는 미래는 상당부분 우리의 선택이 만들어 가기 때문이다. 인공지능의 미래도 우리의 선택에 따라 다른 모습으로 나타날 것이다. 법은 우리의 가치관 반영이므로 인공지능에 관한 선택의 기준이 될 수 있다. 다만, 법 자체도 절대적인 것이 아니기에 인공지능은 역으로 현재의 법을 재고할 필요성도 제기한다.

    서세동점의 시대에 조선은 근대기술과 그것이 가져오는 사회적 함의에 대한 탐구를 게을리하여 참혹한 식민지가 되었다. 인공지능 또한 기업의 성패를 넘어서 국가·사회적 파급력을 가질 것이다. 인공지능을 움직이는 데이터의 구성과 알고리즘의 설계는 그렇기에 기술적일 뿐만 아니라 윤리적, 법적, 정치적이다.

    인터넷이나 플랫폼에 관한 입법과 정책에 있어서는 유럽과 미국의 입장이 정부규제와 시장자유를 중시하면서 서로 대치되는 양상을 보였으나, 인공지능 입법에 있어서는 비록 유럽연합이 규제의 도입에 앞서고는 있으나 미국이 이와 다른 입장은 아닌 것 같다. 인공지능이 가져오는 혜택에 못지않게 중대한 위협이 될 수 있다는 점과 이에 대한 법제적 대응이 필요하다는 점에 공감대가 형성되고 있다.

    급변하는 사회변화의 환경 속에서 적극적으로 우리의 미래를 결정하고, 나아가 인류의 미래를 설계하는 데에 동참할 것인가 아니면 중진국으로 후퇴할 것인가의 상당한 부분이 인공지능에 관한 우리의 탐구에 달렸다. 부족한 글이지만 후학의 역작을 기다리며 징검다리 하나 놓는 심정으로 내놓는다. 이 저서는 인하대학교의 지원에 의하여 연구되었다.

2024. 3.

정 찬 모

차 례

제1편 데이터·AI 시대

제 2 편 개인정보와 지식재산보호

제3장 이루다, 챗GPT, CLOVA X의 개인정보정책

제 3 편 거래와 불법행위

제 4 편 외국의 AI 입법 및 규제

제 5 편   AI와 산업규제

제1편

데이터·AI 시대

제1장

데이터와 인공지능 시대의 도래

I 데이터의 중요성 증대

20여 년 전 제레미 리프킨은 소유가 아닌 접속의 시대에 우리가 살게 될 것으로 예견했다.[1] 과연, 기존에 종이, 캔버스, LP판 등 유체물 위에 존재하던 정보가 디지털 데이터로 변경되고 전 세계를 잇는 인터넷 네트워크를 통해 시공간을 초월하여 유통되는 세상이 구현되었다. 물체를 소유하는 것이 아니라 경험을 구매하는 시대가 되었다. 항상 사용하는 것이 아니라면 굳이 소유할 필요 없이 원할 때마다 접속하여 향유하면 되는 것이다.

혹자는 데이터를 정보화시대의 기름이라고 하고 혹자는 햇빛과 같다고 한다. 모두 데이터가 이 시대에 갖는 중요한 위치를 표현한 것이지만 기름은 배타적 소유의 대상이 됨에 반하여 햇빛은 누구에게나 무료로 내리쬔다는 차원에서 정반대의 시각을 드러내고 있다.

---

1   Jeremy Rifkin, *The Age of Access*, Penguin, 2000.

1. 사실, 데이터, 정보, 지식, 지혜

네이버 국어사전은 데이터를 다음과 같이 정의한다.

데이터 data
1. 이론을 세우는 데 기초가 되는 사실 또는 바탕이 되는 자료.
2. 관찰이나 실험, 조사로 얻은 사실이나 정보.
3. 정보·통신 컴퓨터가 처리할 수 있는 문자, 숫자, 소리, 그림 따위의 형태로 된 정보.

'데이터'는 단순 사실이든 가공된 정보든 관계없이 컴퓨터로 처리할 수 있는 형태로 된 자료를 말하며, '정보'는 데이터를 문제해결에 적용할 수 있도록 가공된 상태를, '지식'은 정보를 체계화하여 다른 사례에 응용할 수 있는 정도로 내재화된 상태를 말한다. '지혜'는 지식이 치우침이 없이 조화로운 상태를 의미한다. 물론 언어 사용의 경계가 분명하지는 않아서 위 구분에서 벗어난 용례도 많을 것이나 우선 이러한 이해하에 본서의 논의를 진행한다.

데이터(정보)는 디지털화 여부에 따라 아날로그 데이터 / 디지털 데이터, 주체에 따라 개인데이터 / 비개인데이터, 유형화 여부에 따라 정형데이터 / 비정형데이터로 나눌 수 있다. 일반화하기 어려우나 디지털 데이터, 개인데이터, 정형데이터일수록 사용 가치가 높다.

인류의 역사를 조감해 보면 선사시대에는 소수의 선지자만이 지혜를 가졌으며, 근세까지만 하더라도 식자층은 동서양을 가리지 않고 지배 엘리트 계층을 이루었다. 인쇄 기술에 의한 정보의 확산은 대중의 판단 능력을 높여서 민주주의를 가능케 하였다. 디지털화는 생산을 위한 투입요소로서 데이터의 효능을 향상시킨다. 이제 AI · 데이터기술은 인간 능력의 시공간적 한계를 극복하고 창조주의 능력에 근접하게 했다.

2. 데이터 경제로의 진화

디지털 경제는 만물을 비트와 데이터로 치환하는 데에 그 본질이 있으며 이는 효율성 차원에서 여러 가지 이점을 낳는다. 특히 다음과 같이 여러 가지 경로로 거래비용을 낮춘다.[2]

첫째, 디지털 기기 간 상호 추적과 연결 비용을 낮춘다. 업체들이 사용하는 다양한 트래킹 수단에는 회원가입/로그인, 인터넷 쿠키, 디바이스 아이디 등이 있다. 특히, 공통 이메일 계정을 사용하거나, 동일 와이파이를 사용하는 경우에는 상호 연동의 수준을 높일 수 있다.

둘째, 수요자와 공급자를 연결해 주는 다양한 플랫폼이 등장하고 있다. 특히 가격비교 사이트 등으로 소비자들의 대체가능 상품에 대한 탐색비용이 낮아짐에 따라 가격 동조화 현상이 발생하고 있다. 디지털 기술이 복제 비용을 급격히 저하시키면서 정보재 가격은 하향 평준화되고 있다.

셋째, 공적인 검증시스템보다는 사적인 검증시스템이 작동한다. 간혹 갑질하는 인플루언서가 있기는 하지만 대부분 네티즌으로서 자발적 참여의식이 발동하여 별점을 메기고 댓글을 단다. 디지털 환경에 부응하는 평판시스템이 적절히 작동하면 저비용의 민간 검증시스템이 공적 시스템을 대체할 수 있다.

넷째, 디지털 전송뿐만 아니라 물리적 재화의 배송도 빅데이터 기반 수요예측으로 효율성을 제고하고 있다.

그러나 데이터 경제에 부작용도 나타나고 있다. 인쇄 기술과 복사기의 등장이 저작권법을 통해서 창작자를 보호할 필요성을 높였다고 한다면, 이제 가가호호, 모든 사람이 컴퓨터와 스마트폰이라는 무한 복사기를 갖고 있는 시대가 됨에 따라 창작자의 독점권을

---

2   Avi Goldfarb & Catherine Tucker, "Digital Economics," *Journal of Economic Literature*, American Economic Association, vol. 57(1), pages 3-43, March, 2019.

지키는 것이 법기술적으로 한계에 도달하였다. 사업가들은 더 이상 혁신적인 창작품을 기대하며 많은 투자를 하려고 하지 않는다. 어차피 공개되자마자 복제되어 퍼져나갈 것이기 때문이다. 사업가들은 적당히 남의 것을 베껴서 짜깁기한 콘텐츠와 물건을 싸게 판매하거나 아예 무료로 배포하면서 광고 기반 수익모델로 가져가려고 한다. 그것이 오히려 수지타산에 맞는다는 것이다.

트래킹의 홍수로 이용자가 불편함을 호소할 정도이다. 2017년 기준 100대 사이트 평균 60개의 쿠키가 작동한다. 맞춤형 광고, 맞춤형 상품·서비스의 증가의 이면에는 가격차별과 소비자 잉여를 판매자가 착취할 가능성이 존재한다. 소비자 프로파일링(profiling)이 증가함에 따라 상업적인 문제를 넘어서 프라이버시 침해라는 인권적 차원의 우려가 대두하고 있다.

2023년 연말에 즐겁게 보았던 카톡 동영상 중의 하나는 크리스마스 캐럴을 부르는 한국의 역대 대통령들이었다. 이는 딥페이크(deep fake)라는 기술을 적용한 것이다.

하지만 같은 디지털 기술이 정치 사회적인 혼란을 초래하기도 한다. 정적에 대한 부정적인 가짜 이미지를 퍼뜨리기도 하고, 일반 시민의 얼굴을 포르노배우의 몸과 합성하여 인터넷에 유포하기도 한다. 피해자는 돌이킬 수 없는 상처를 입게 된다.

3. 제4차 산업혁명

슈밥(Klaus Schwab)에 의해 주창되어 2016년부터 세계적으로 화두가 된 "4차 산업혁명"은 사물인터넷(Internet of Things, IoT), 가상 물리시스템(Cyber Physical System, CPS),[3] 인공지능(AI)이 산업현장에서 구현되는 것을 말한다. 3차 산업혁명에서는 여전히 사람이 생산의 중심이고 컴퓨터를 비롯한 설비가 도구로서 생산성을 높이는 데 사용되었다면, 4차 산업혁명으로 인공지능 등에 의한 자동 생산이 중심이 되었다고 할 것이다.

현재 여기저기에서 '인공지능'이 언급되지만, 그 개념이 정립되지는 못하고 화자에 따라 다른 의미로 사용되고 있다. 본서는 인공지능을 '고성능 컴퓨터로 빅데이터를 운용하는 소프트웨어'로 이해한다. 그간 축적된 디지털 데이터, 대량의 데이터를 고속으로 처리할 수 있는 컴퓨터와 네트워크 기술, 기계학습이라고 불리는 혁신적인 알고리즘 개발 기술 등이 융합되어 현재의 거대 인공지능을 움직인다. 따라서 모든 요소가 중요하지만, 그 중에 하나를 꼽으라면 필자는 핵심 요소는 "빅데이터"라 생각된다. 이 빅데이터를 학습 데이터로 사용하여 수억대의 변수(파라미터)를 가지고 인간이 구체적으로 명령하지 않은 것까지 스스로 학습과 진보의 과정을 거쳐서, 해결할 수 있는 소프트웨어 알고리즘을 개발하여 종국에는 인간의 지능을 뛰어넘을 가능성이 보이는 것이다.

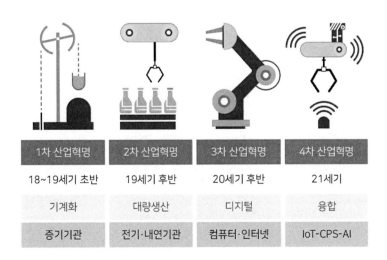

1차 산업혁명	2차 산업혁명	3차 산업혁명	4차 산업혁명
18~19세기 초반	19세기 후반	20세기 후반	21세기
기계화	대량생산	디지털	융합
증기기관	전기·내연기관	컴퓨터·인터넷	IoT-CPS-AI

출처: www.irsglobal.com

---

3   cyber twin을 통하여 가상세계와 물리세계가 상호 연동되는 시스템.

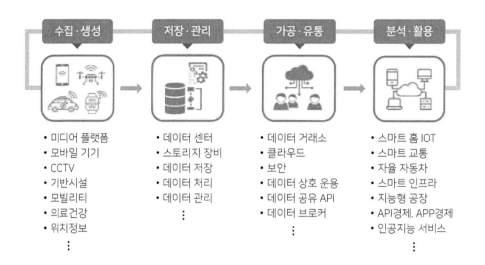

수집·생성

- 미디어 플랫폼
- 모바일 기기
- CCTV
- 기반시설
- 모빌리티
- 의료건강
- 위치정보
  ⋮

저장·관리

- 데이터 센터
- 스토리지 장비
- 데이터 저장
- 데이터 처리
- 데이터 관리
  ⋮

가공·유통

- 데이터 거래소
- 클라우드
- 보안
- 데이터 상호 운용
- 데이터 공유 API
- 데이터 브로커
  ⋮

분석·활용

- 스마트 홈 IOT
- 스마트 교통
- 자율 자동차
- 스마트 인프라
- 지능형 공장
- API경제. APP경제
- 인공지능 서비스
  ⋮

출처: 김종오, 2022

데이터의 생명주기를 위 그림과 같이 표현할 수 있다. 즉 데이터는 각종 디지털 단말로 수집·생성되어 데이터센터 등에 저장·관리되고 데이터 거래소 등에서 가공·유통을 거쳐 중간 또는 최종 이용자가 분석·활용하며 그 결과가 다시 수집되는 순환과정을 겪는다.

1분 동안 구글에서는 200만 건의 검색, 유튜브에서는 72시간의 비디오, twitter에서는 27만 건의 트윗이 생성된다고 한다.[4] 빅데이터는 기존 데이터보다 너무 방대하여 기존의 방법이나 도구로 수집/저장/분석 등이 어려운 정형 및 비정형데이터들을 의미한다. 단순히 데이터의 양(volume)이 클 뿐만 아니라 데이터의 다양성(variety)이 크고, 처리 속도(velocity)가 빠른 것으로 개념 정의된다. 이와 같이 비정형적으로 팽창하는 데이터를 수집, 관리, 분석, 활용하는 것은 고도의 데이터 처리 설비와 기술을 요한다. 빅데이터의 구축과 분석, 활용을 통해서 예전에 드러나지 않던 새로운 사실과 추세, 문제점과 해결책을 발견하는 것이 가능해지고 경쟁력 배가의 열쇠가 될 수 있음을 인식하고 공공과 민간을 가리지 않고 빅데이터 구축 및 활용을 위해 노력하게 되었다.[5]

---

[4] 국립중앙과학관 - 빅데이터 http://www.science.go.kr/
[5] 데이터 분석업의 현황을 가볍게 소개한 책으로는 권정민, 「데이터를 엮는 사람들, 데이터 과학자」, 비제이퍼블릭, 2023.

4. 빅데이터와 인공지능

"데이터로 말하라"라는 표현은 객관적 증거로 논증하라는 말이다. 우리는 논증의 목적에 맞추어 이를 합리화할 수 있는 데이터를 찾는다. 그런데 데이터가 쌓이다 보니 전에는 인식하지 못했던 인과관계와 패턴이 보이기 시작하였다. 이와 같이 전에는 별 쓸모 없는 것으로 여겨졌던 데이터가 양의 질적 전환으로 유용한 자원으로 인정받기 위해서는 상당한 규모가 되어야 하고, 다양한 데이터를 포함해야 하고, 이러한 빅데이터를 처리할 수 있는 성능 좋은 전산 설비의 뒷받침이 있어야 한다.

그런데 여기서 나아가 빅데이터는 인공지능의 개발에 있어 새로운 접근과 맞물려 새로운 개화기를 맞는다. 종래 인공지능 개발자들은 옳은 결과를 낼 수 있는 논리구조를 갖춘 알고리즘을 개발하는 데 주력하였다. 이는 영어에 숙달하기 위해서 영문법을 학습하는 것과 같다. 그런데 인간이 모국어를 배우는 것은 문법을 학습해서 말하는 것이 아니다. 수많은 발화에 접하면서 자연스럽게 소리와 의미 간의 맥락, 그리고 단어와 단어 간의 연결을 이해하는 것이다. 문법은 단지 추후에 거들 뿐이다. 정확한 언어습득 과정은 아직도 밝혀지지 않은 부분이 많으나 과거 일본과 한국의 영문법 중심 교육이 잘못되었다는 것은 입증된 사실이다.

두 번의 인공지능 침체기를 겪고 나서 제프리 힌튼(Geoffrey Hinton)을 비롯한 일군의 인공지능개발자들은 바로 이와 같은 접근법을 사용하기 시작하였다. 무수히 많은 자료를 인공지능에 입력하면서 이들 간의 차이와 관련성을 인공지능이 스스로 학습하게 하는 것이다. 어린아이가 자연과 환경이라는 빅데이터에서 사물과 인간사회의 원리를 배우듯 인공지능도 엄청난 데이터에 대한 처리를 통해서 인지 능력을 형성하는 것이다. 이렇게 형성된 인지 능력의 논리구조에 대해서 개발자를 포함한 어떤 사람도 정확하게 설명하지 못한다. 지방에서 성장한 아기가 그 지방 사투리를 쓰듯이 인공지능도 입력 데이터에 의해서 생성 데이터가 영향받는다는 것을 짐작할 수 있을 뿐이다.

이와 같이 오늘날 각광받는 생성형 인공지능은 대부분 빅데이터를 기계학습(Machine Learning)하여 모델링하고 지속적 입력과 생성 과정을 통해 자기학습함으로써 스스로 지능을 향상해 나가는 방식을 취하고 있다. 사람이 오감을 통해서 데이터를 받아서 신경계와 두뇌를 통해서 이를 처리하는 것은 창조주가 만들어 낸 실로 엄청나게 효율적인 메커니즘이다. 인공지능은 거대한 컴퓨터 설비에 저장한 데이터를 돌리는데 무지막지한 전기를 소비하는 비효율을 거치면서 그나마 한정된 영역에서 성인의 인지 능력 비슷한 수준을 보이는 것에 감격해하고 있는 것이다.

그런데 어린이가 성년이 돼가면서 범죄 능력도 증대되듯이 인공지능 기술이 향상되어 가면서 의도치 않은 부분까지 판별해 내는 능력이 생기게 된다. 자율주행자동차 개방을 위하여 도로 주변을 카메라로 촬영하여 데이터베이스를 만드는 과정에서 행인도 포함되어 처리되면서 그 사람의 개인정보가 동의없이 사용될 수 있는 것이다. 이에 따라 데이터 클렌징(data cleansing)과 지도학습(supervised learning)의 필요성이 생긴다. 수집하면 안 되는 개인정보는 삭제 또는 익명 처리하고, 인공지능의 학습을 위한 레이블을 붙이며, 출력값에 오류가 있는 경우에는 이를 수정하여 오답률을 줄여가는 것이다. 강화학습(reinforcement learning)은 옳은 답변을 할 때 보상을 부여하는 방식으로 인공지능을 개발하는 것이다. 아래 그림은 기계학습의 종류와 개념을 잘 보여준다.[6]

분류(classification) 방식을 활용하는 예로는 의료영상과 같은 이미지 판독시스템이 있다. 회귀(regression) 방식을 활용하는 예로는 기상예보, 주가 예측과 같은 시스템이다. 클러스터링 방식을 활용하는 예로는 추천시스템, 타켓마케팅 시스템 등이 있다. 강화학습 방식을 활용하는 예로는 게임에서의 기술 향상, 의사결정시스템 등이 있다.

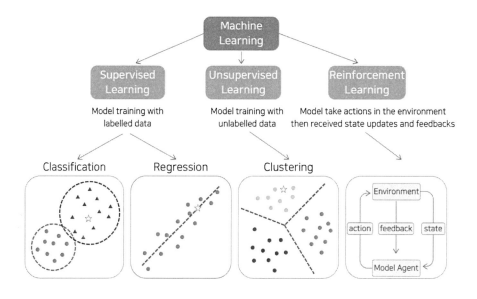

6   Peng, Junjie; Jury, Elizabeth; Dönnes, Pierre; Ciurtin, Coziana, "Machine Learning Techniques for Personalised Medicine Approaches in Immune-Mediated Chronic Inflammatory Diseases: Applications and Challenges", 12 *Frontiers in Pharmacology*, 2021.

　　데이터도 꿰어야 보배가 된다. 인공지능은 빅데이터를 기계학습으로 가장 잘 꿸 수 있는 알고리즘을 개발하고 활용하는 플랫폼이다. 챗GPT가 기계학습과 딥러닝 알고리즘을 사용하여 빅데이터를 학습해 훈련된 모델임을 상기한다면 빅데이터와 인공지능 간의 관계가 이해된다. 인공지능의 기계학습과 딥러닝은 빅데이터의 예측(predictive) 분석, 처방적(prescriptive) 분석 기술의 대표적 활용 예이다.

　　하나의 단말로 수집한 데이터로는 빅데이터가 될 수 없다. 많은 단말로부터 수집된 데이터가 결합되어야 빅데이터가 되고 인공지능과 연계되어야 활용이 최적화될 수 있다. 데이터의 안전한 이용과 거래를 위해서는 인증 과정이 요구된다. 아래 그림은 응용 프로그램 인터페이스(Application Programming Interface, API)로 인증과 승인을 거쳐 안전한 거래와 활용을 할 수 있게 하며 빅데이터 생태계를 만드는 구조를 보여준다.

　　국가적 차원에서 빅데이터 플랫폼의 구축을 지원하기 위하여 2021년 「국가지식정보 연계 및 활용 촉진에 관한 법률」이 제정되었다. 동법에 의해 과학기술정보통신부장관은 국가기관 등의 장과 협의하여 통합 플랫폼과의 연계 대상이 되는 국가지식정보를 지정할 수 있고(제13조), 국가지식정보의 효율적 연계 및 활용을 위하여 통합 플랫폼을 구축·운영하며(제14조), 민간사업자 등을 통해 국가지식정보를 제공할 수 있고, 민간의 지식정보를 통합 플랫폼과 연계하기 위하여 민간사업자 등과 협력할 수 있다(제18조).

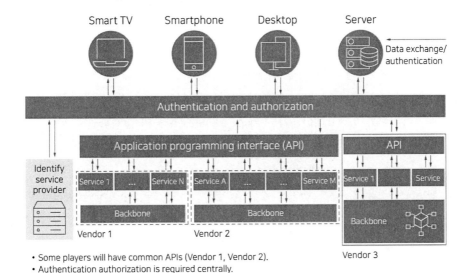

- Some players will have common APIs (Vendor 1, Vendor 2).
- Authentication authorization is required centrally.
- Data exchange can be facilitated with all partners.

출처: McKinsey, 2021

Ⅱ 인공지능 시대의 도래

1. 정의, 분류, 발전 과정

가. 정의

데이터에 대한 법률관계가 채 정리되지도 않았는데 우리는 인공지능이라는 더 큰 파도를 당면하고 있다. 아직 인공지능에 대해서는 정의조차 합의하지 못하고 있다. 인문학도라면 '인간처럼 합리적인 사고 능력을 갖춘 인조물'을 인공지능이라고 말할 것이다. 앞장에서 필자는 '고성능 컴퓨터로 빅데이터를 운용하는 소프트웨어'를 인공지능의 정의로 제시한 바도 있다. 아래에서 상론하는 UNESCO 윤리권고는 "추론·학습·인식·예측·계획 혹은 통제와 같은 지능적 행동이 가능하고, 데이터 및 정보처리 능력이 있고, 학습과 인지 작업 수행 능력을 발생시키는 모델과 알고리즘을 통합하여 물질 및 가상 환경에서 예측·의사결정과 같은 결과를 도출하는 정보처리기술"로 정의하였다. 이 책을 읽는 여러분 중에는 감성을 갖춘 인공지능을 포섭할 수 있는 정의에 대하여 고민할 수도 있을 것이다.

과거에 인간은 컴퓨터에 번잡한 일을 맡기기 위해서는 일을 처리하는 과정을 플로 차트 형식의 개념도로 정리하고 이를 컴퓨터 언어로 프로그래밍하여 수행토록 하였다. 그런데 세상일 중에는 인간의 언어습득과 같이 습득의 과정이 플로 차트로 표현하기 어려운 것이 적지 않다. 구체적인 과정은 블랙박스이지만 수많은 경험과 데이터에 접하면서 언어를 습득하는 것이다. 현재 인공지능도 이와 같은 방식을 이용하여 획기적인 발전을 이룩하고 있다. 데이터가 증가하고 반도체 기술이 발전하면서 컴퓨터도 이와 같은 방식으로 학습하는 것이 가능하게 되었다. 기계학습(machine learning)과 심층학습(deep learning)이 대표적인 방법이다.[7]

기계학습은 컴퓨터 프로그램이 반복된 데이터 처리를 이용한 학습을 통해 데이터 간의 관계를 발견하고 과제 수행 능력을 향상시키는 것을 말한다. 대부분의 기계학습은 다수의 파라미터로 구성된 모델을 이용하며, 주어진 데이터로 학습을 반복하여 파라미터를

---

[7] 인공지능의 기술적 측면에 대한 보다 상세한 설명은 스튜어트 러셀/ 피터 노빅 (류광 옮김), 「인공지능: 현대적 접근방식」 1 & 2, 제이펍, 2021.

최적화한다. 기계학습은 학습의 형태에 따라 지도학습, 비지도학습 및 강화학습으로 구분한다. 지도학습은 입력과 출력 사이의 대응을 학습하는 것이며, 입력과 출력 쌍이 데이터로 주어지는 경우에 적용한다. 이미지 데이터에 개, 고양이 등과 같이 라벨을 붙여서 교육하는 것이 그 예이다.

비지도학습은 입력만 있고 출력은 없는 경우에 적용하며, 입력 사이의 규칙성 및 차이에 대한 인식을 통해 군집화를 달성하는 것이 목표이다. 강화학습은 주어진 입력에 대한 정답 행동이 주어지지 않고 대신 출력에 대해 일련의 긍정적 혹은 부정적 보상이 주어지게 되며, 시스템은 이러한 보상을 이용해 학습한다.[8]

심층학습은 일반적인 기계학습 모델보다 더 깊은 신경망 계층 구조를 이용하는 기계학습이다. 주로 여러 개의 은닉층(hidden layer)으로 구성된 인공 신경망을 활용한다. 은닉층 수가 많아질수록 얕은 구조에 비해 복잡한 함수를 표현할 수 있다. 이러한 구조는 인간 뇌의 신경 회로망을 모사한 것이다. 심층학습은 문제를 해결하기 위해 스스로 필요한 특징을 찾아 적절하게 표현하는 학습 능력이 뛰어나다. 심층학습은 컴퓨터 비전, 패턴인식, 자연어 처리를 비롯한 다양한 분야에서 사용한다.[9]

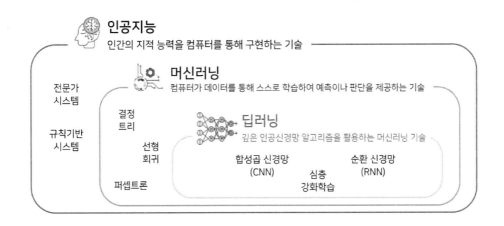

출처: https://tkleen.cafe24.com/

---

8   [네이버 지식백과] 기계 학습 (IT용어사전, 한국정보통신기술협회).
9   [네이버 지식백과] 심층 기계 학습 (IT용어사전, 한국정보통신기술협회).

나. 분류

인공지능은 관점에 따라 다양하게 분류될 수 있다. 먼저 성능에 따라 약(弱)인공지능(Weak AI, Narrow AI), 강(強)인공지능(Strong AI, Artificial General Intelligence), 초(超)인공지능(Superintelligence)으로 분류한다. 약인공지능은 특정 분야에서 인간에 버금가는 사고 능력을 발휘하는 인공지능을 말한다. "AGI"라고 약칭되기도 하는 강인공지능은 모든 분야에서 인간에 버금가는 능력을 갖춘 인공지능을 말한다. 사실 어떤 사람도 모든 분야에서 잘하기는 어렵기에 강인공지능부터는 인간의 도구에서 벗어나 인간의 파트너 또는 후견인이 될 수 있다. 초인공지능은 모든 분야에서 인간의 사고 능력을 초월하는 인공지능이다. 이러한 인공지능이 자신보다 열위에 있는 인간의 의사에 복종할 것을 기대하는 것은 요행에 가깝다. 초인공지능의 성공은 인류 역사상 가장 큰 사건이자 아마도 마지막 사건이 될 것이라는 예측도 있다.[10]

인공지능을 개발하는 기본 방식, 패러다임에 따라 기호주의 인공지능(Symbolic AI), 연결주의 인공지능(Connectionist AI), 뉴로 심볼릭 인공지능(Neuro-Symbolic AI)으로 분류될 수도 있다. 기호주의 인공지능은 논리적 추론과 알고리즘을 기반으로 인공지능을 개발하는 접근이다. 인공지능을 움직이는 법칙을 정교하게 만드는 것이 핵심이라고 할 것이며, 인공지능이 이 법칙에서 어긋나는 결과물을 내놓는다면 이는 오류가 난 것이다. 연결주의 인공지능은 신경망처럼 연결된 노드로 데이터의 패턴을 인식하는 방식으로 인공지능을 개발하는 접근이다. 파라미터라고 불리는 변수를 가지고 데이터를 구별한다. 파라미터의 숫자가 증가할수록, 분석의 대상이 되는 데이터의 규모가 증가할수록, 더 정교하게 데이터 간의 패턴을 인식하고 개선된 결과물을 산출한다. 다만 엄청난 데이터와 파라미터가 사용되어야 하고 결과물을 산출하는 과정에 대한 정확한 설명이 어렵다는 난점이 있다.[11]

뉴로 심볼릭 인공지능은 기호주의와 연결주의의 하이브리드이다. 데이터가 없거나 희귀한 문제에 대한 해답을 얻기 위해서, 연결주의가 제공하지 못하는 투명한 설명을 얻기 위하여, 추론적 방법을 추가하는 것이다. 명확하게 정의된 규칙이나 지식과 통계 패턴을

---

10 스튜어트 러셀 (이한음 옮김), 「어떻게 인간과 공존하는 인공지능을 만들 것인가」, 김영사, 2021 (Stuart Russell, Human Compatible: Artificial Intelligence and the Problem of Control, 2019), 16.

11 이견이 없는 것은 아니나 심층학습의 경우 일반적인 프로그램과 달리 도출된 결과값에 대한 명확한 근거를 알 수 없는 블랙박스 구조로 되어 있으며 이에 따라, 특유한 위험이 야기될 수 있다.

결합, AI 시스템이 개념을 더 잘 표현하고, 추론하고, 일반화할 수 있는 능력을 제공하는 것이다. '앙상블(Ensemble) AI'라고도 한다.

그 밖에, 'AI 시뮬레이션'은 AI 에이전트와 모의실험 상황, 즉 훈련하고 테스트하고 배치하는 등의 작업을 할 수 있는 환경을 위해 AI와 시뮬레이션 기술들을 결합한 애플리케이션을 개발하는 것을 말한다. '인과적 AI'는 상관관계 기반의 예측 모델을 넘어 원인-결과 관계를 식별·활용함으로써 한층 효과적으로 행위를 묘사하고 더 자율적으로 작동할 수 있는 AI 시스템을 지향하는 것이다. '연합(federated) 기계학습'은 데이터 표본의 명시적인 공유 없이 로컬 노드의 데이터셋에서 기계학습 알고리즘을 훈련하여, 개인정보를 충실히 보호하고, 이에 호응하는 더 많은 데이터를 사용하는 것을 목표로 한다.[12]

다. 발전 과정

과거에 등장하였던 대표적 인공지능 관련 사건과 제품을 상기해 보면, 앨런 튜링(Alan Turing)의 Turing Machine(1939)과 Bombe(1950) > 1942 Isaac Asimov 로봇 3원칙[13] > 기계학습 개념 등장(1957) > MIT 인공지능연구소의 Eliza(1966) > 전문가 시스템(Expert System) 등장(1980) > IBM의 Deep Blue(1996)와 Watson(2011) > 심층학습 개념 등장(2006) > 구글의 AlphaGo(2016) > DALL-E(2021) > 오픈AI의 ChatGPT(2022) 등이 인공지능의 역사에 이름을 남겼다. 쇼핑몰에 적용되는 Amazon Go(2018), 자율자동차로 구글의 Waymo(2020), Tesla의 Autopilot 시스템(2021), GM Cruise(2022) 등은 특수 영역의 인공지능을 대표하는 이름이다. 그러나 인공지능이 순탄한 성장을 거쳐서 오늘에 이른 것은 아니며 '인공지능 겨울'이라고 속칭하여지는 어려운 시기도 두 차례 겪었다.

근년에는, 2022년 출시된 거대언어모델(large language model, LLM) 계열의 챗GPT는 놀라운 성능으로 선풍적 인기를 누리면서 일반인공지능(Artificial General Intelligence, AGI)의 개발을 가시권으로 앞당긴 것으로 인정받고 있다. 이에 글로벌 빅테크들이 앞다투어 유사한 모델의 개발에 나서고 있다.[14] 하지만 모든 사업자가 챗GPT와 같은 파운데이션 모델을 구축하여 운영할 수는 없다. 하루에 수조 원 단위의 운영비가 든다고 하니 전 세계에 이와 같은 거대 모델을 구축할 수 있는 기업은 많지 않다. 파운데이션 모델은

---

12 "당대의 최고 AI기술, '생성AI' 말고도 6가지", 애플경제(www.apple-economy.com), 2023. 8. 29.
13 1. 로봇은 인간을 해할 수 없다. 2. 로봇은 인간의 명령을 따라야 한다(단, 첫 번째 원칙과 충돌하는 명령은 제외). 3. 로봇은 위 원칙과 충돌하지 않는 한도에서 스스로를 보호해야 한다.
14 구글 바드(Bard), MS 빙챗(BingChat), 메타 라마(Llama), 네이버 클로바X, 등.

중소 AI사업자들이 직접 모든 데이터를 모으고 파라미터를 개발할 필요 없이 파운데이션 모델에 접속해서 그 위에 필요한 가공을 하여 그들의 고객에게 특화된 인공지능 서비스를 제공할 수 있는 연결 메커니즘을 제공하고 있으니, 이것이 플러그인(plug-ins)이다.[15] 부가서비스 또는 옵션 사업자라고도 표현할 수 있을 것이다.[16] 이러한 플러그인을 다수 확보함으로써 파운데이션 모델은 자신을 중심으로 생태계를 구축하고 향후 수익모델을 개발할 수 있을 것이다. 유료화의 방법은 월정액, 수익의 일정비율, 광고와 같이 다양하게 생각할 수 있다. 새로운 유형의 앱 서비스 유통 플랫폼이라 할 수 있다. 사실 우리는 이와 같은 사업 모델을 많이 보아왔다. 지도나 길 찾기 서비스에 음식점, 관광지 안내 서비스가 붙는 것이 그 예이다.

실제로 2024년 벽두에 오픈AI는 'GPT 스토어'를 출시하였다. 앱스토어에 앱 개발자들이 앱을 올리고 이용자들이 여기서 앱을 구매하듯이 'GPT 스토어'에서 챗봇 같은 간단한 인공지능을 사고파는 개념이다. 오픈AI는 인공지능 시대의 애플이 되고자 하는 것이다.

아래 그림은 데이터 수집에서부터 AI서비스에 이르는 전형적 인공지능 개발의 전 과정을 보여준다.

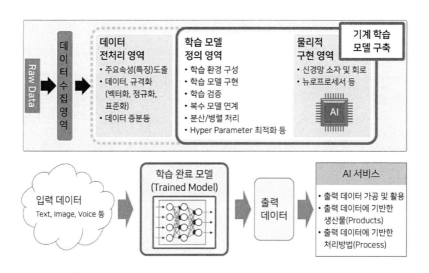

출처: 특허청 홈페이지

---

15 〈https://openai.com/blog/chatgpt-plugins〉
16 챗GPT의 API를 활용한 응용 AI로는 웍스(wrks.ai), 뤼튼(wrtn), 아숙업(AskUp), 포(Poe) 등.

2. 인공지능의 사회경제적 영향

가. 긍정적 변화

긴 설명을 필요치 않으며, 인공지능은 당면한 여러 문제의 해결에 기여한다. 성장, 효율성, 안전의 제고에 기여할 수 있다. 글로벌 시장조사 업체 마켓앤마켓은 2023년 현재 1,502억 달러인 세계 AI 시장이 2030년 1조 3,452억 달러로 연평균 36.8% 성장할 것을 예측했다. 의료를 포함한 다양한 산업분야가 AI에 의해 큰 혁신을 경험할 것이고, 컴퓨터 비전, 생성 인공지능 등이 빠른 기술 진보를 보일 것으로 예측했다.[17]

AI는 더 이상 미래 기술이 아니고 현재 기술이다.[18] 국가, 사회, 가정에 깊숙이 스며들고 있다. 인간의 능력을 무한히 향상시키고 상상하는 모든 것을 이룰 수 있는 수단이 될 것이다. 로봇이 블루칼라를 노동에서 해방했다면 인공지능은 화이트칼라를 노동에서 해방하고 있다. 그런데 사용자가 환호하고 근로자는 근심에 빠진 것 같다.

나. 부정적 변화

우리를 놀라게 하는 인공지능의 화려한 등장과 성장 이면에는 인공지능 반도체의 소재가 되는 희소 광물을 생산하기 위하여 파괴되는 자연환경이 있으며, 데이터에 분류 레이블을 붙이는 작업을 하는 저임금 노동자가 있으며,[19] 인공지능이 소비하는 전력을 생산하기 위하여 투입되는 어마어마한 에너지와, 데이터센터를 냉각시키기 위해 사용하는 수자원이 있다.[20]

인공지능 시대의 도래에 인간은 직업을 잃거나 다른 직업을 갖기 위한 훈련을 받아야 할 것이다. OTT에 콘텐츠를 납품하던 기업들이 AI를 쓰면서 작가들을 대량 해고했다고 한다.[21] 골드만삭스는 생성형 AI가 전 세계적으로 3억 개의 일자리를 대체할 것으로 내다봤다.[22]

---

17   www.marketsandmarkets.com/Market-Reports/artificial-intelligence-market-74851580.html

18   Mustafa Suleyman, The Coming Wave, Crown Publishing, 2023.

19   오픈AI는 챗GPT의 문제적 발언을 선별하는 작업을 하는 케냐 노동자에게 시급 1.32~2달러를 주었다고 한다. 〈https://time.com/6247678/openai-chatgpt-kenya-workers/〉

20   Kate Crawford, Atlas of AI: Power, Politics, and the Planetary Costs of Artificial Intelligence, Yale University Press (April 6, 2021).

21   "넷플릭스는 부당대우, AI는 일자리 침범… 글쓰기 직업 벼랑 끝", 동아일보, 2023.5.20.

22   〈https://www.bbc.com/korean/articles/cld11p4vkr2o〉

인간세상의 불평등과 편견이 개선되기는커녕 인공지능에 의해 더욱 악화되고 고착화되는 현상을 보일 것이며, 개인정보 유출과 프라이버시 침해가 일상화되며, 기계학습의 불투명성으로 보안사고와 예측불가능한 위험에 노출될 것이 우려된다. 극단적으로는 인공지능은 인류의 마지막 기술, 즉 인류의 존재를 위협하는 기술이라는 암울한 예측 또한 존재한다.[23]

다. AI는 범용기술

칼이 범죄의 도구도 되지만 요리를 만드는 데에 사용될 수도 있듯이 인공지능은 범용기술로 선한 목적, 악한 목적을 가리지 않고 우리 사회 곳곳에 스며들 것이다. 전쟁의 수단으로 사용될 것이며, 죽어가는 사람을 살리는 수단으로도 사용될 것이다. 인공지능과 함께 하는 미래는 유토피아가 될 수도 있고 디스토피아가 될 수도 있다. 그렇기에 인공지능의 개발과 사용에 관한 윤리적 고찰이 필요하다.

3. 인공지능 윤리

윤리는 문화의 산물이기에 단기간에 정립하기 어렵다. 그럼에도, 인공지능윤리의 정립이 시급하다는 공감대가 조성되고 있으며 100여 개가 넘는 세계 각국의 공공과 민간기관이 AI윤리원칙의 수립 및 확산을 위한 작업을 하였으며 지금도 진행 중이다.[24]

가. 기업의 인공지능 윤리 선언

▶ DeepMind Ethics & Society Principles ('17)
  • 프라이버시, 투명성 및 공정성, 도덕성 및 가치, 포용 및 평등
▶ AI at Google: Our Principles ('18)
  ▷ AI 활용에 있어 목표
  • 사회적으로 유익할 것
  • 불공정한 편견을 만들거나 강화하지 않을 것

---

23 김덕진/송태민/우희종/이상호/류덕민, 「인간이 지워진다: AI 시대, 인간의 미래」, 메디치미디어, 2023.
24 포괄적으로 관련 자료를 수집한 연구로는 최경진/이기평, AI 윤리 관련 법제화 방안 연구, 한국법제연구원 글로벌법제전략 연구 21-17-5, 2021.

- 안전성을 우선으로 설계하고 테스트할 것
- 인간을 위해 책임을 다할 것
- 개인정보 보호를 위한 설계원칙을 적용할 것
- 높은 수준의 과학적 우수성을 유지할 것
- AI원칙에 따라 사용될 수 있도록 할 것
  ▷ 구글이 AI를 활용하지 않을 분야
- 유해 기술, 살상 기술, 감시 기술, 국제법 및 인권에 위반되는 기술

▶ Microsoft AI Principles ('18)

공정성, 신뢰성 및 안전성, 개인정보 보호와 보안, 포용성, 투명성, 책임성

▶ IBM Everyday Ethics for Artificial Intelligence

책임성, 가치 정렬, 설명가능성, 사용자의 데이터 권리, 공정성

▶ 카카오 알고리즘 윤리헌장

△ 기본원칙: 윤리 안에서 편익과 행복을 추구함

△ 핵심 요소로는 차별에 대한 경계, 윤리적 학습데이터, 알고리즘의 독립성, 설명가능성, 포용성, 아동과 청소년에 대한 보호를 언급

요컨대, 기업들은 자사 홍보 차원에서 온갖 미사여구를 동원하여 자신의 인공지능 개발이 윤리적으로 시행되고 있다고 주장하고 있다.

나. 비영리기관의 인공지능 윤리 선언

역시 다수의 비영리기관이 선언문을 발표하였지만, 그 대표 격인 <아실로마 인공지능 원칙>을 소개한다. 비영리단체 '퓨처오브라이프'는 2017년 1월 미국 캘리포니아 아실로마에서 개최한 AI 컨퍼런스에서 '미래 인공지능 연구의 23가지 원칙'을 채택했다. 아래에 한글본 전문을 게재한다.[25]

---

25   https://futureoflife.org/open-letter/ai-principles-korean/

인공지능은 이미 전 세계 사람들이 매일 사용하는 유용한 도구를 제공한다. 다음과 같은 원칙에 따라, 인공지능의 지속적인 발전은 앞으로 수십 년 또는 수백 년 동안 사람들을 돕고 힘을 실어 줄 놀라운 기회를 제공할 것이다.

연구 이슈

1) 연구목표: 인공지능 연구의 목표는 방향성이 없는 지능을 개발하는 것이 아니라 인간에게 유용하고 이로운 혜택을 주는 지능을 개발하는 것이다.
2) 연구비 지원: 인공지능에 대한 투자에는 컴퓨터 과학, 경제, 법, 윤리 및 사회 연구 등의 어려운 질문을 포함해 유익한 이용을 보장하기 위한 연구비 지원이 수반되어야 한다:
   • 어떻게 미래의 인공지능 시스템을 강력하게 만들어 오작동이나 해킹 피해 없이 우리가 원하는 대로 작업을 수행하도록 할 수 있나?
   • 사람들의 자원과 목적을 유지하면서 자동화를 통해 우리 번영을 어떻게 성장시킬 수 있나?
   • 인공지능과 보조를 맞추고 인공지능과 관련된 위험을 통제하기 위해, 보다 공정하고 효율적으로 법률 시스템을 개선할 수 있는 방법은 무엇인가?
   • 인공지능은 어떤 가치를 갖추어야 하며, 어떤 법적 또는 윤리적인 자세를 가져야 하는가?
3) 과학정책 연결: 인공지능 연구자와 정책 입안자 간에 건설적이고 건전한 교류가 있어야 한다.
4) 연구문화: 인공지능 연구자와 개발자 간에 협력, 신뢰, 투명성의 문화가 조성되어야 한다.
5) 경쟁 피하기: 인공지능 시스템 개발팀들은 안전기준에 비교해 부실한 개발을 피하고자 적극적으로 협력해야 한다.

윤리 및 가치

6) 안전: 인공지능 시스템은 작동 수명 전반에 걸쳐 안전해야 하며, 적용 가능하고 실현 가능할 경우 그 안전을 검증할 수 있어야 한다.
7) 장애 투명성: 인공지능 시스템이 손상을 일으킬 경우 그 이유를 확인할 수 있어야 한다.
8) 사법적 투명성: 사법적 결정에 자율시스템이 사용된다면, 권위 있는 기구가 감사할 경우 만족스러운 설명을 제공할 수 있어야 한다.
9) 책임: 고등 인공지능 시스템의 디자이너와 설계자는 인공지능의 사용, 오용 및 행동의 도덕적 영향에 관한 이해관계자이며, 이에 따라 그 영향을 형성하는 책임과 기회를 가진다.
10) 가치관 정렬: 고도로 자율적인 인공지능 시스템은 작동하는 동안 그의 목표와 행동이 인간의 가치와 일치하도록 설계되어야 한다.
11) 인간의 가치: 인공지능 시스템은 인간의 존엄성, 권리, 자유 및 문화적 다양성의 이상에 적합하도록 설계되어 운용되어야 한다.
12) 개인정보 보호: 인공지능 시스템의 데이터 분석 및 활용능력의 전제하에, 사람들은 그 자신들이 생산한 데이터를 액세스, 관리 및 통제할 수 있는 권리를 가져야 한다.
13) 자유와 개인정보: 개인정보에 관한 인공지능의 쓰임이 사람들의 자유를 부당하게 축소해서는

안 된다.

14) 공동이익: 인공지능 기술은 최대한 많은 사람에게 혜택을 주고 힘을 실어 주어야 한다.

15) 공동번영: AI에 의해 이루어진 경제적 번영은 인류의 모든 혜택을 위해 널리 공유되어야 한다.

16) 인간의 통제력: 인간이 선택한 목표를 달성하기 위해 인간은 의사결정을 인공지능 시스템에 위임하는 방법 및 여부를 선택해야 한다.

17) 비파괴: 고도화된 인공지능 시스템의 통제로 주어진 권력은 건강한 사회의 기반인 시민사회 절차를 뒤엎는 것이 아니라 그 과정을 존중하고 개선해야 한다.

18) 인공지능 무기 경쟁: 치명적인 인공지능 무기의 군비 경쟁은 피해야 한다.

장기 이슈

19) 인공지능 능력에 관한 주의: 합의가 없으므로 향후 인공지능 능력의 상한치에 관한 강한 전제는 피해야 한다.

20) 중요성: 고등 AI는 지구 생명의 역사에 심각한 변화를 가져올 수 있으므로, 그에 상응한 관심과 자원을 계획하고 관리해야 한다.

21) 위험: 인공지능 시스템이 초래하는 위험, 특히 치명적인 또는 실존적 위험에는, 예상된 영향에 맞는 계획 및 완화 노력이 뒷받침되어야 한다.

22) 재귀적 자기 개선: 인공지능 시스템이 재귀적 자기 복제나 자기 개선을 통하여 빠른 수적 또는 품질 증가를 초래한다면, 설계된 시스템은 엄격한 안전 및 통제 조치를 받아야 한다.

23) 공동의 선: 초지능은 널리 공유되는 윤리적 이상을 위해, 그리고 몇몇 국가나 조직이 아닌 모든 인류의 이익을 위해 개발되어야 한다.

다. 공공부문의 인공지능 윤리 선언

〈OECD AI Principles〉 2019

선진국 모임인 OECD는 ① 포용성, ② 공정성, ③ 투명성과 설명가능성, ④ 견고성과 보안성 및 안전성, ⑤ 책임성을 기본원칙으로 제시했다. 현재에도 활발하게 인공지능 정책의 개발 및 조화를 위한 논의가 이루어지는 장이다.[26]

〈과기정통부 AI 윤리기준〉 2020

• 3대원칙 ▲ 인간 존엄성 ▲ 사회의 공공선 ▲ 기술 합목적성

• 10대요건 ① 인권 보장 ② 프라이버시 보호 ③ 다양성 존중 ④ 침해금지 ⑤ 공공

성 ⑥ 연대성 ⑦ 데이터 관리 ⑧ 책임성 ⑨ 안전성 ⑩ 투명성

〈유네스코 인공지능 윤리권고[27]〉 2021

유엔 교육과학문화기구(UNESCO) 193개 회원국은 2021.11. 동 권고를 담은 결의를 만장일치로 채택했다. 이 권고는 AI가 사회에 가져오는 이점을 실현하고 AI가 수반하는 위험을 줄이는 것을 목표로 한다. 디지털 변환이 인권을 증진하고 데이터 거버넌스, 교육, 문화, 노동, 의료 및 경제에 관한 행동 지향적 정책 등을 통해 투명성, 책임성 및 프라이버시에 관한 문제를 해결함으로써 지속 가능한 개발 목표 달성에 기여하도록 보장한다.

권고는 기업과 정부가 보유하는 개인 데이터에 대한 투명성과 한계를 보장하며, 정보 주체가 자신의 데이터에 접근하거나 삭제할 수 있어야 한다고 명시하고 있다.

권고는 사회적 점수 매기기 및 대량 감시를 위한 AI 시스템 사용을 명시적으로 금지한다. 권고는 규제 프레임워크를 개발할 때 궁극적인 책임은 항상 인간에게 있어야 하며 AI 자체에 법인격이 부여되어서는 안 된다고 강조했다.

윤리적 영향 평가를 시행하여 AI 시스템을 개발 및 배치하는 국가와 기업이 개인, 사회 및 환경에 미치는 영향을 평가하는 것을 권고한다.

또한 권고는 AI를 통해 기후 변화에 대응하고 환경 문제를 해결하는 데 있어 중요한 도구가 될 수 있도록 데이터, 에너지 및 자원 효율적인 AI 방법을 우선해야 한다고 강조한다. AI 시스템 수명 주기 전체에 걸쳐 직·간접적인 환경 영향을 평가하도록 요청한다.

마지막으로, 권고는 인공지능 기술이 인류 전체에 혜택을 줄 수 있도록 국제 및 국가 정책·규제 프레임워크가 필요하다고 강조했다.

한국은 AI 국제규범을 정립하는 데 적극적인 노력을 기울이고 있으며 국제규범의 채택 및 시행을 감독하는 UN기구의 창설을 지지한다.

---

[27] Recommendation on the Ethics of Artificial Intelligence.

4. AI 윤리의 특징

가. 인간중심주의

대표적인 인공지능 윤리 선언들은 "AI 윤리는 인간중심적(human centered)이어야 한다."는 명제를 채택함으로써 인간이 목적이고, 인간이 권리 의무의 중심에 있으며, 결정 프로세스에서 핵심적 역할을 해야 한다는 점을 부각했다. 특히, UNESCO 권고는 "인권 및 근본적 자유, 인간 존엄성의 존중과 보호 및 증진"을 인공지능윤리의 첫 번째 가치로 꼽으며 인공지능과 인간의 상호작용 속에서 사람이 대상화되거나(objectified), 존엄성이 훼손되거나, 인권 및 근본적 자유가 침해·남용 당하지 않아야 한다고 강조하고 있다.[28] 다른 정부간, 비정부간 국제기구들이 발표한 인공지능 관련 선언 그리고 국내 각 기관의 인공지능 윤리기준[29]도 인간 우선주의를 기본원리로 채택했다.

인권과 기본적 자유가 존중되는 가운데 지구적 생태계의 지속가능성을 중시하는 21세기형 인간중심주의가 표출되고 있다. 인간이 결정 프로세스의 핵심 고리 역할(Human in the loop)을 하고 프로세스의 설계와 전 과정을 관리할 수 있어야 한다(Human on the loop)는 입장이다. 인간이 인공지능에 대한 통제력을 잃지 않아야 한다는 의미에서 통제성(controllability)이라 부를 수 있다. 또한 AI 기업의 윤리원칙 선언에도 불구하고 특정 개인 또는 기업이 아니라 전체 사회의 가치관이 인공지능 거버넌스에 내재되어야 하므로(Society in the loop) AI윤리를 기업에만 맡겨놓을 수 없으며 사회 여러 주체의 참여 속에 정립되어야 한다는 의미에서 공공성(publicness)을 강조한다.

나. 설명가능성 · 투명성

인공지능 행위 주체는 개발된 알고리즘이 설명 가능해야 한다는 점을 약속해야 한다. 설명가능성은 인공지능 시스템의 결과가 이해될 수 있게 하고 이에 타당한 통찰력을 제공하는 것을 의미한다. 인공지능 산출물 및 이에 이어지는 과정은 이해 및 추적이 가능하고 사용 맥락에 적합해야 한다는 점에서 설명가능성은 투명성과 매우 밀접하게 연관되어 있다.[30] 투명성은 국내·국제법적 책임 체제가 효과적으로 작동하는 데에 필수

---

28 UNESCO, paras. 13, 15.
29 과기정통부, 교육부 등이 인공지능 윤리기준을 발표했다.
30 UNESCO, para. 40.

적이다.[31]

인공지능 시스템의 설명가능성과 투명성은 인권 및 근본적 자유, 윤리적 원칙에 대한 존중과 보호를 확고히 함에 있어 필수 선결 조건이다. 다만, 설명가능성 및 투명성의 수준은 해당 맥락과 영향 정도에 따라 적절한 수준이어야 하는데, 이는 설명가능성과 투명성이 프라이버시, 안전 및 보안과 같은 다른 원칙 사이에서 균형을 이루어야 하기 때문이다.[32]

블랙박스/반투명을 특징으로 하는 기계학습 기반 AI의 내부구조를 투명하게 밝히는 것은 기술적으로 쉽지 않고, 기업의 영업비밀 보호와 충돌할 수 있다. 더욱이 일반인들이 이해할 수 있게 제시하기는 어려운 일이다. 그러나 블랙박스/반투명을 인공지능이 본질적으로 그런 성격을 갖고 있다고 이해할 바도 아니다. 향후 지속적 연구와 기술 진보로 개선될 수 있는 부분이다. 그러나 향후 전문가들이 인공지능의 내부구조를 정밀하게 밝혀낸다고 해도 그 복잡성이 상당하다면 일반인들에게는 여전히 블랙박스/반투명이다. 따라서 블랙박스/반투명을 과학 기술적 개념이 아닌 사회적 개념으로 파악해야 할 것이다. 사실 일반인이 의약품의 작용 원리를 이해하지 못하며 깨알같이 써놓은 부작용 설명을 읽어보는 사람도 별로 없다. 그럼에도 중요한 사항에 대해서 의사와 약사가 구두로 재차 설명하듯이 인공지능에 대한 설명의무는 여전히 중요한 의미가 있다.

다. 공정성

인공지능 행위 주체는 사회 정의를 증진해야 하며 국제법에 따라 공정성 및 모든 종류의 차별 금지를 수호해야 한다.[33] 인공지능이 대기업으로의 경제력 편중을 심화시키고 부자와 빈자 간의 격차를 증대시킬 것이라는 경고에 주목하고 주기적인 평가를 통해 사회경제적 약자가 소외당하지 않는 시스템이 마련되어야 한다.[34]

라. 책임성

인공지능에 의해 인간, 인권 및 근본적 자유, 공동체 및 사회 전반, 환경 및 생태계가 피해를 입을 수 있는 경우, 위험 평가 절차가 실행되고 그러한 피해를 방지할 수 있는 조

---

31   UNESCO, para. 37.
32   UNESCO, para. 38.
33   UNESCO, para. 18.
34   David Rotman, "AI로 인한 불평등 문제, 어떻게 해결해야 할까?"(How to solve AI's inequality problem), *MIT Technology Review*, 2022. 5. 2.

치의 채택이 보장되어야 한다.[35]

국가는 인공지능 시스템 수명 주기의 어느 단계에서도 인공지능을 운용하는 개인 또는 법인에 윤리적·법적 책임을 묻고 손해 발생시 배상을 청구하는 것이 가능하게 해야 한다.[36] 인공지능 시스템에 기반하여 내린 결정 및 행동에 대한 책임은 인공지능 시스템 수명 주기에서 행한 역할에 상응하여 인공지능 행위 주체에게 귀속된다.[37]

책무성(accountability)은 결과에 대해 직접적인 영향을 미친 행위자가 지는 책임성(responsibility)보다 포괄적인 개념으로 영향을 주고받는 모든 사람이 문제해결에 대해서 연대적으로 느끼는 공동체 구성원으로서의 도덕적 의무이다. 앞 절에서 제시한 국내외 윤리 선언에 포함된 책임성은 사실 이런 의미에서 책무성을 의미한다.

마. 상호균형

설명가능성과 책무성은 효율성과 양의 상관관계에 있지 않은 경우가 많아서 이런 윤리적 의무를 어느 정도까지 요구할지는 저울질과 타협이 필요하다. 어느 한 윤리 원칙을 절대적인 것으로 인정하지 않고 상호 균형(tradability)을 중시하는 것이 또한 인공지능 윤리원칙의 특색 중 하나이다.[38]

5. AI 윤리 영향평가

AI 윤리 영향평가의 유용성은 널리 인정받고 있으나 의무화에는 신중해야 한다. 선진국 중심의 논의에 개도국의 소외, 그리고 산업계의 반발이 우려되었다. 하지만 실제로는, 개도국들이 국제무대에서 적극적으로 의사를 개진하며 기술적, 정책적 원조 확대를 요구하고 있으며, IEEE 등에서 기업들이 적극적으로 참여하여 AI 윤리 표준 제정 과정에서 자사의 이해를 반영하고 있기에 그 우려는 과장된 부분이 있어 보인다.

다만, 윤리는 사회문화적 환경과 역사적 경험의 산물임에 유의할 필요가 있다. 현재의 인공지능 조류가 국제적인 현상이기는 하나 AI윤리를 실시함에 있어 국제표준의 일방

---

35   UNESCO, para. 25.

36   UNESCO, para. 35.

37   UNESCO, para. 42.

38   인공지능 윤리에 관한 보다 깊은 이해를 위해서는 김명주, 「AI는 양심이 없다」, 헤이북스, 2023; 고인석, 「인공지능과 로봇의 윤리」, 세창출판사, 2022; Luciano Floridi, The Ethics of Artificial Intelligence, Oxford University Press, 2023.

적 이식이 아니라 문화에 따른 변용의 과정이 필요할 것으로 보인다. 계위 차원에서 보자면, 고차원의 AI윤리원칙이 유연성을 보장해야 구체적인 정책과 제도화 과정에서 기술발전과 사회적 인식변화를 반영할 수 있다. 절차적으로는 지속적 모니터링과 피드백을 통한 조정이 필요하다.

한국의 「지능정보화기본법」 제56조(지능정보서비스 등의 사회적 영향평가)는 AI 윤리 영향평가를 할 수 있는 법상 근거를 제공한다.

---

① 국가 및 지방자치단체는 국민의 생활에 파급력이 큰 지능정보서비스 등의 활용과 확산이 사회·경제·문화 및 국민의 일상생활 등에 미치는 영향에 대하여 다음 각 호의 사항을 조사·평가(이하 "사회적 영향평가"라 한다)할 수 있다. 다만, 지능정보기술의 경우에는 「과학기술기본법」 제14조 제1항의 기술영향평가로 대신한다.
1. 지능정보서비스 등의 안전성 및 신뢰성
2. 정보격차 해소, 사생활 보호, 지능정보사회윤리 등 정보문화에 미치는 영향
3. 고용·노동, 공정거래, 산업 구조, 이용자 권익 등 사회·경제에 미치는 영향
4. 정보보호에 미치는 영향
5. 그 밖에 지능정보서비스 등이 사회·경제·문화 및 국민의 일상생활에 미치는 영향

제2장

AI · 데이터 거버넌스와 법

I 인공지능 거버넌스의 구조

1. 개념과 의의

현재 대세인 기계학습에 기반한 인공지능의 메커니즘을 "블랙박스"라고 표현하는 것이 시사하는 것은 기술적으로 복잡하고 아직 밝혀지지 않은 부분이 남아 있다는 점이다. 인공지능의 성능을 좌우하는 것으로 알려진 파라미터(매개변수)의 개수가 조 단위에 달하는 정도로 파운데이션 모델 인공지능은 그 규모가 거대하다. 이와 같이 인공지능이 복잡하게 발전하는 것은 인공지능이 적용되어야 하는 사회적 문제의 복잡성을 반영한다. 과거의 로봇은 단순한 역할을 인간 대신 처리하였다면 미래의 인공지능은 복잡한 인간사를 처리하게 될 것이다. 이해관계와 감정의 변화, 현재와 미래, 성장과 분배와 같은 대립하는 논리가 뒤얽힌 복잡한 문제들을 처리한다. 어떻게 처리하던 논란이 될 가능성이 있다.

인공지능 거버넌스는 이런 불가피한 논란을 최소한으로 줄이면서 효율성을 높이고자 하는 노력이다. 거버넌스라는 용어는 국가가 어떤 문제를 해결하기 위해 동원하는 방법은 정부에 의한 법적 규제 이외에 다양한 방법이 있다는 것을 감안한 표현이다. 민간에 의한 자율규제와 민간과 정부의 공동규제가 그 대표적 대안이다. 인공지능과 데이터에 대한 규제를 논함에 있어서 우리는 먼저 이러한 넓은 시각에서 접근을 시작하고 차츰 법적 규제로 시야를 좁혀가고자 한다.

거버넌스에 있어서 핵심적인 고려 요소는 어떠한 참여자들이 어떤 이해관계에 의해 거버넌스에 참여하고 어떤 구조에 의해서 어떤 의무가 부과되는 지이다. 아래 인공지능 거버넌스 모델은 인공지능과 사회가 중간에 3가지 서브 거버넌스 층위를 거쳐서 영향을 주고받는 것을 표현한다. 즉 인공지능에 발생하는 문제 현상에 대한 단기적 대응은 기술적으로 이루어지며, 중기적 대응은 자율적인 기업윤리에 의해서 이루어지고, 마지막으로 시일이 걸려서야 법적 대응이 이루어진다.

다른 한편 인공지능과 같은 기술 산업의 경우 기술적 방법으로 문제를 해결하는 것이 가장 효과적인 방법이기에 가장 보편적인 수단으로 모든 규제모델이 이를 활용할 수 있다. 즉 자율규제, 법적 규제, 공동규제 중 어떤 방법을 사용하든지 기술적 표준, 기술전문가의 윤리, 기술적 해결 수단의 확보 등이 쟁점이 된다.

사회		시간
사회적/법적 층위	규범 규제 입법	장기
윤리적 층위	기준 원칙	중기
기술적 층위 알고리즘 & 데이터	데이터 거버넌스 알고리즘 책임성 표준	단기
인공지능 시스템		

A layered madel for AI governance. The interacting layers (which sit between society and AI applications) are social and legal; ethical; and technical foundations that support the ethical and social layers.

출처: Gasser & Almeida, 2017

인공지능을 개발, 운용하는 과정에서 존중되어야 할 「인공지능 Good Governance를 위한 4원칙」으로 다음과 같은 사항이 언급된다.[39]

첫째, 포용적 설계 원칙이다. 데이터 셋을 구성하면서 소수자에 대한 차별과 배제가 있지 않은지 살펴서 다양한 집단이 대표될 수 있도록 하여야 한다.

둘째, 충분한 정보의 원칙이다. 인공지능 사용에 따라 예측되고 실제로 말미암는 위험과 혜택에 관한 정보가 성실하게 전달되어야 한다.

---

[39] OxCAIGG(Oxford Commission on AI & Good Governance), Four Principles for Integrating AI & Good Governance, 2020.

셋째, 목적 충실의 원칙이다. 인공지능을 개발하고 운용하면서 원래 추구했던 목적이 실종되지 않도록 의사결정 과정에 내재될 필요가 있다.

넷째, 책임성의 원칙이다. 인공지능의 블랙박스적 성격이 불투명과 면책의 구실이 되어서는 안 된다. 모니터링과 감사가 가능하도록 인공지능의 설계와 운용에 대한 설명이 제공되어야 한다.

2. 종류

가. 거버넌스의 수단에 따라

1) 인공지능의 기술적 거버넌스

데이터, 알고리즘의 기술적 조정과 관리를 통해서 문제를 해결하는 것은 즉각적 효과를 가져온다. 인공지능의 인종 · 성별 차이에 따른 편향성, 저작권 및 프라이버시 침해의 문제 등 다양한 문제에 대해서 매개변수를 조정하는 방식으로 해결하는 방법이 가장 간편한 방법이 될 것이다. 그런데 매개변수의 조정이라는 기술적 결정이 있으려면 정성적, 윤리적 판단을 하여야 한다. 매개변수 간에 서로 충돌하는 경우에는 어느 매개변수에 가중치를 더 부여하느냐가 산출물의 내용에 영향을 미치는데 이는 사실 윤리적이고 정책적인 결정이다. 즉 윤리적, 정책적 결정을 기술적 수단으로 반영하는 것이다. 드물게 코딩의 버그를 잡는 것과 같은 순수하게 기술적인 문제도 있지만 많은 경우에는 기술적 조정 뒤에 윤리적, 정책적 결정이 숨어 있다. 이런 경우 조정되어야 하는 것은 종국적으로 배후의 윤리적, 정책적 결정이다.

2) 인공지능의 윤리적 거버넌스

인공지능의 윤리적 거버넌스에서 '윤리'는 많은 경우 개인윤리를 벗어나서 사회윤리까지 포함한다. 즉 법적 강제에 미치지 않는 모든 규범을 윤리적 거버넌스라고 총칭하는 경향이 있다.

먼저 윤리를 큰 소리로 외치는 사람이나 기업이 반드시 윤리적이지는 않다는 것은 일찍부터 간파된 바 있다. 이와 같은 윤리의 외피를 입은 비윤리적인 행태의 유형을 플로리디(Floridi, L.)는 윤리쇼핑, 윤리화장, 윤리로비, 윤리덤핑(윤리기피)이라는 표현으로 비꼬았다. 친환경 농산물을 구입한다는 명목으로 자동차를 타고 먼 거리 마트로 가기 위해 기름을 태우는 것은 윤리쇼핑이다. "사악하지 말자"를 표어로 걸어놓고 뒤로 온갖 짓 다하는 것은 윤리화장이다. 친환경 에너지로의 국가정책 전환을 부르짖지만, 실상은 자사의 태양광 패널을 팔기 위한 것이라면 윤리로비이다. 비즈니스에 윤리를 언급하는 것은 어울리지 않는 조합이라며 대놓고 비윤리적 결정을 하는 것은 윤리덤핑이다. "윤리적 인공지능"이 업계와 학계의 유행어가 되고 있다. 자칫 위에서 비웃음의 대상이 된 윤리화장이나 윤리장사가 되지 않도록 유념할 일이다.

"법은 윤리의 최소한"이라는 표현에 나타나듯이 법과 윤리는 친숙한 단계이다. 그러나 윤리는 인간의 가슴과 법전에만 존재하는 것이 아니다. 기술적 선택을 함에 있어, 재정적 지원의 대상을 선정하면서, 구매를 위한 결정을 함에 있어, 그 밖에 우리 사회생활의 곳곳에 윤리적 결정이 기다리고 있다.

또한, 인공지능 윤리를 인간이나 사회의 자연적 진화의 결과라고 수동적으로만 받아들인 것은 아니다. 시민사회, 민간, 정부의 의식적 노력으로 그 수준이 결정된다는 것을 강조하고자 한다. 깨어있지 않으면 인공지능은 괴물이 되고 인간은 인공지능에 순종하는 윤리를 받아들이게 될 수도 있다.

3) 인공지능의 법적 거버넌스

본서의 초점이 바로 인공지능의 법적 거버넌스이므로 여기서는 몇 가지 기본원칙에 대한 강조로 그치고자 한다. 첫째, 인공지능 이전의 법 제도의 안정성을 해쳐서는 안 된다. 둘째, 현 체제의 안정성을 해치지 않고 그것을 수정하는 정도의 변화는 항상 감내해 왔으며 인공지능에 대해서도 같은 정도의 기회는 부여하여야 한다. 셋째, '불명확할 때는 개발자의 이익'으로 현행 법제가 해석, 적용되어야 한다. 넷째, 입증책임은 규제자가 진다. 안전에 문제가 없음을 개발자가 지는 것이 아니라 위험의 존재를 규제자가 진다. 다섯째, 규제의 정도는 위험의 정도에 비례해야 한다.

나. 거버넌스의 주체에 따라

경제에 대한 규제모델에는 정부규제, 자율규제, 공동규제가 있다. 정부규제에는 재정적 지원 같은 진흥책도 있으나 의무부과, 금지와 위반에 대한 처벌을 내용으로 하는 규제가 일반적이다. 공공영역에서 정부규제는 자기규제가 될 것이기에 오히려 제3의 독립기관에 의한 감시가 요구된다. 또한 법치행정의 원칙상 준법성이 강하게 요구된다. 민간영역에 대한 정부규제를 위해서는 그 필요성 및 비례성에 대하여 국회의 입법절차를 통한 심의를 받아야 한다. 즉 민간부문에서는 경제주체의 자율규제가 원칙이고 정부규제는 예외이다. 자율규제는 변화에 대한 유연한 대응이 가능하다는 장점이 있는 반면에 그 집행을 담보하기 어렵다는 단점이 있다. 네이버의 「AI 윤리준칙」, 카카오의 「알고리즘 윤리헌장」은 자율규제의 사례이다.

정부규제와 자율규제의 중간에 다양한 공동규제 모델이 있을 수 있으니, 정부의 위임 하에 비정부기관이 규제를 집행하거나 민간이 자율규제를 시행하는 형태가 가능하다. 다수 당사자 협치 모델(multi-stakeholderism)은 자율규제에 가까운 공동규제 모델이라고 할 것이며 인터넷 분야에서 중요한 의사결정 모델로 자리잡았다.

EU 집행위원회는 AI규제와 관련하여 다양한 행동 대안을 검토한 결과 고위험 인공지능의 경우 위험에 비례한 수평적 EU법에 근거한 규제를 시행하고, 낮은 위험 인공지능에 대해서는 행동강령(code of conduct)을 채택하여 자발적으로 준수하도록 하는 하이브리드 방식으로 접근하고 있다.

다. 기술적, 공동규제의 사례

2023년 과기정통부는 「데이터 가치평가기관 지정 및 운영에 관한 지침」을 마련하고 데이터 가치의 평가 기법과 가치평가기관 지정 및 운영 절차 등을 제시하였으며, 공모를 통해 기술보증기금, 나이스디앤비, 신용보증기금, 한국과학기술정보연구원 등 4개 법인을 데이터 가치평가기관으로 지정하였다.

과기정통부는 또한 씨에이에스, 와이즈스톤, TTA(한국정보통신기술협회)를 데이터 품질인증기관으로 지정하여 데이터 내용의 완전성, 유효성 및 정확성, 데이터 구조의 일관성, 데이터 관리를 위한 기술적 · 절차적 체계의 유용성, 접근성 및 적시성, 데이터 생산 · 수집의 합법성, 그 밖에 데이터의 이용 및 유통을 위하여 필요한 사항에 따라 데이터의 품질을 인증하도록 하였다.

한편, 데이터와 관련해서는 국제표준기관을 통한 표준화 작업이 진행되고 있으며 당연히 민간 및 공공부문의 협업이 필요하다. 아래 한 사례를 제시한다.

▌ 데이터 품질 관련 ISO/IEC 25024 국제표준

구분	시험 항목	시험 방법
정확성	구문 데이터 정확성	구문적으로 정확한 값을 갖는 데이터 아이템의 비율을 측정
	의미 데이터 정확성	의미적으로 정확한 데이터 값의 비율을 측정
	데이터 세트의 부정확성의 위험	데이터 세트의 데이터 값 중에서 부정확해질 위험을 나타내는 이상치(Outlier) 데이터값의 비율을 측정
	데이터 범위 정확성	지정된 범위 안에 포함된 데이터 아이템의 비율을 측정
완전성	기록 완전성	완전성을 측정할 수 있는 레코드의 데이터 아이템 중 null이 없는 데이터 아이템의 비율을 측정
	데이터값 완전성	데이터 파일 내 데이터 아이템에서 기대값을 만족하는 데이터 값의 비율을 측정
일관성	참조 무결성	완전성을 측정할 수 있는 레코드의 데이터 아이템 중 null이 없는 데이터 아이템의 비율을 측정
	데이터 불일치의 위험	데이터값에 중복이 존재하는 데이터 아이템의 비율을 측정
	의미론적인 일관성	데이터 파일에 대해 의미적으로 정확한 데이터 아이템의 비율을 측정
현재성	업데이트 요청 아이템	업데이트 주기와 조건에 맞게 업데이트 요청이 있는 정보 아이템의 비율을 측정
준수성	데이터값 또는 형식의 규제 준수	표준, 협약 또는 규정에 부합하는 데이터 아이템의 비율을 측정
정밀성	데이터값의 정밀성	명세서의 정밀도를 만족하는 데이터 값의 비율을 측정
추적성	데이터값의 추적성	요청된 접근 추적성 값이 존재하는 데이터 값의 비율을 측정
이해성	기호 이해성	이해 가능한 기호로 표시되는 데이터 값의 비율을 측정

라. 소결

절대적인 규제 배격론도 절대적인 규제 예찬론도 바람직하지 않다. 기술과 규제는 상호 작용하면서 우리 사회를 만들어 나간다. 즉 규제가 기술혁신을 막을 수는 없지만 혁신의 방향에 수정을 가할 수는 있다. 원자력규제나 환경규제 등은 이러한 시각에서 설명할수 있다. 인공지능에 대한 규제도 그렇게 이해되어야 할 것이다. 그런 차원에서 초반에 엄격한 규제를 가하기보다는 유연하며 참여적, 적응적인 규제가 바람직하다. 인공지능 거버넌스는 윤리원칙에 기반한 자율규제에서 시작하여 이제 법적 규제로 나아가고 있다.

Ⅱ 인공지능과 국가질서

1. 헌법질서

인공지능 기술의 활용이 헌법적 가치와 부합하는지 충돌하는지의 판단은 인간의 가치 선택과 결단의 문제이다. 현대사회와 기술이 제기하는 복잡한 문제에 대해 헌법이 직접 적으로 규범적 답을 제공하는 데에는 한계가 있지만, 기술의 활용 한계를 정함에 있어서 공공선에 부합하는 결론에 도달할 수 있는 가이드를 제공한다.

가. 인공지능과 민주주의

2016년 이후 미국 대통령 선거를 둘러싼 논란 중 하나는 인터넷 소셜 미디어, 특히 트위터를 통한 여론조작이었다. 선거 막바지에서 상대방 후보에 대한 흑색 정보의 유포 는 공적(선거관리위원회)으로나 사적으로나 정화될 틈이 없이 후보의 당락에 결정적인 영 향을 끼쳤다. 트위터가 비록 미국에서 유력한 매체이기는 하지만 여러 인터넷 정보 창구 중 하나에 불과했음에도, 그리고 트위터 내부에서 반론이 가능했음에도 불구하고 이와 같은 영향력을 발휘했다면, 이와 같은 반론 가능성이 없이 유일한 정론인 것처럼 응답할 챗GPT가 내놓는 정보가 선거에 더 큰 영향을 미칠 것은 명약관화하다.

민주주의의 꽃이라는 선거에 인공지능이 이처럼 악영향을 미칠 수 있다면 적어도 선 거 전 일정 기간에는 선거와 관련한 응답을 하지 못하도록 규제하는 것이 적절할 수도 있다. 깜깜이 선거가 된다는 비판이 있을 수 있지만 우려되는 부작용에 비하면 부득이한 규제라 할 것이다.

나. 인공지능과 기본권

인공지능은 다양한 측면에서 인권 향상에 기여할 수 있을 것이다. 국민의 국가사무에 대한 접근권을 제고할 수 있으며, 장애인의 능력을 제고할 수 있고, 인간을 고되고 지루 한 노동의 굴레에서 해방시키면서 풍요로운 생활을 진전시킬 수 있다.

반면에 우려되는 측면도 있다. 우선 인간이 결정하던 많은 사안이 인공지능에 의해 결정되면서 인간의 인공지능에의 의존도가 증가할 것이다. 이는 주체적 인간으로서의 인 간존엄성을 해칠 수 있다. 인공지능이 개인의 사생활을 비롯한 개인정보를 축적하면서 인간의 일거수일투족이 감시되고 계획되는 상황으로 변화한다면 인간의 자유권은 심각하게 제약될 것이다. 마지막으로 인공지능이 공정하리란 보장도 없음이 유념되어야 한다. 편향된 알고리즘에 의해 차별적 결정이 내려진다면 이를 수정하기는 인간이 내린 결정을 재심으로 뒤집는 것보다 더 어려울 것이다. 인공지능에 의한 결정이 관례의 고착화와 책임회피를 위한 핑계가 되지 않도록 그 결정의 타당성에 대한 적극적 검증시스템을 마련하여야 할 것이다.

1) 자유

기술과 사회의 관계에 대하여 기술결정론은 기술발전이 독립변수이며 사회변화는 종속변수라고 파악한다. 반면에 사회구성론은 사회적 필요 때문에 주도적 기술이 변화한다고 본다. 기술-사회 공진화론은 기술과 사회가 상호 영향 속에서 동시에 발전한다고 이해한다. 결국, 인간이 어떤 인공지능기술을 수용하여 현실화하고 어떤 규범적 대응을 선택하느냐에 따라 자유는 신장할 수도, 축소될 수도 있다.

인간이 인공지능의 결정에 복속해야만 한다면 자유를 잃은 것이다. 이에 신용정보법이 먼저 자동화된 평가에 대한 설명요구권, 정보제출권, 이의제기권을 규정하였다. 단, 법령상 의무 준수를 위해 불가피하거나 정보주체의 요구에 따르게 되면 금융거래 등 상거래 관계의 설정 및 유지 등이 곤란한 경우에는 요구를 거절할 수 있다.[40]

이어서 개인정보 보호법도 2023년 자동화된 개인정보 처리에만 의존하여 정보주체에게 개별적으로 법적 효력 또는 생명·신체·정신·재산에 중대한 영향을 미치는 의사결정을 행한 자에 대하여 그 거부, 이의제기, 설명 등을 요구할 수 있는 권리를 인정하는 개정을 하였다.[41]

2) 평등

데이터·AI 기술이 사회의 평등지수를 개선하느냐 악화하느냐. 일반적으로 젊은층이 노인층에 비하여 기술 습득 능력이 뛰어나며, 고소득층이 저소득층과 비교하면 신기술의 습득에 투자할 금전적 여유가 많다. 따라서 의도적 노력이 없으면 사회의 평등 지수는 신기술에 의해 악화할 가능성이 크다. 데이터·AI 기술도 예외가 아니다.

알고리즘 편향성이 인공지능의 블랙박스적 성격과 결합하여 왜곡이 심화될 수도 있다

---

40   신용정보법 제36조의2(자동화평가 결과에 대한 설명 및 이의제기 등).
41   제4조 제6호 및 제37조의2.

는 우려가 제기되는바 객관적이고 중립적인 기관에 의해서 알고리즘의 편향성 여부를 검증할 수 있는 시스템을 갖추는 것이 바람직할 것이다.

3) 민주

"국민의, 국민에 의한, 국민을 위한(of the people, by the people, for the people)" 정부에서 "인공지능을 위한, 로봇에 의한, 알고리즘의" 정부로 변화하는 민주주의의 위기에 당면할 우려가 있다. 민주적 통제를 위한 투명성과 절차가 보장되어야 한다. '자동화된 결정을 거부'할 수 있는 인간의 권리는 민주주의의 기초로도 기능한다.

다. 인공지능과 통치구조

인터넷이 확산되면서 네티즌들의 시공간을 초월한 활동이 가능해짐에 따라 국가의 힘이 약해질 것이라는 예측도 있었으나 실제로는 국가의 힘이 인터넷 공간에도 뻗쳐서 월드와이드웹이 국가의 차단 때문에 몇몇 권역으로 나누어진 것이 현실이다. 인공지능, 특히 챗GPT가 등장하여 전 세계적인 선풍을 일으켰으나 과연 전 세계 시장을 챗GPT가 독점할지는 미지수이다. 더 높은 가능성은 국가별, 언어권별로 지배적 대항마가 출현하여 시장을 분점할 것이다. 각국이 타국의 인공지능에 의지하기보다는 자국의 거대인공지능 기업을 육성하고자 하는 의지가 있기에 그러하다. 국내적으로 각국 정부는 인공지능을 공공서비스에 적극 적용하고자 한다. 이미 국민, 자국 기업, 기타 자원과 관련된 많은 데이터가 정부의 수중에 있는데 이를 최대한으로 활용할 수 있는 인공지능을 마다할 이유가 없다. 일반시민이 인공지능 기업의 서비스에 가입하여 새로운 서비스를 받고, 공공 인공지능 서비스가 시민에게 제공되는 서비스의 품질을 제고할 것으로 예상된다. 하지만 인공지능 서비스 제공자와 수혜자 간의 역학관계라는 측면에서 보았을 때 무게 중심은 제공자측에 쏠리고 수혜자는 수동적인 위치로 전락할 가능성이 높다. 인공지능을 탑재한 기업과 정부에 대하여 소비자와 시민의 민주적 통제를 강화할 필요성이 있다. 민주적 통제는 인공지능의 투명성, 개발 · 운영기업의 책임성, 시민의 손에 귀속되는 최종적인 결정권 등의 방법으로 확보된다.

인공지능 분야에서 민간 독점기업에 의한 기본권침해의 우려가 크다. 기본권의 대사인적 효력에 관한 헌법 실무의 변화로 개인이 직접 민간 독점기업에도 책임을 물을 수 있는 가능성이 확대될 필요가 있다.

한국 헌법은 3권(행정부, 입법부, 사법부) 분리를 통한 경제와 균형을 선언하고 있다.

인공지능은 3부 내에서 업무의 효율적 수행을 가능케 한다. 한편, 3부 간에 특정 1부, 특히 행정부를 상대적으로 우위에 놓는 결과가 초래되지 않도록 영향평가와 견제 메커니즘의 구축이 필요해 보인다.

2. 형사절차

가. 인공지능의 형사책임

현재의 형법은 범죄행위능력과 책임능력 있는 인간의 행위만을 형벌의 대상인 범죄로 본다. 그러나 적지 않은 법률이 법인을 처벌의 대상으로 하고 있다. 다만 이 경우에 법인만을 처벌하는 것이 아니라 임직원 등 법인의 기관으로 직접 불법행위를 한 사람도 동시에 형사처벌하는 양벌규정의 형식을 띠고 있다.

약한 인공지능의 경우 범죄의 도구에 불과하므로 현 형법 체계에 영향은 없다. 형벌에 대한 두려움을 갖고 있지 않으니, 형벌을 가하는 효과가 미미하다. 현실적으로는 인공지능의 제작사, 운용자에게 주된 책임을 지우면서 해당 인공지능은 폐기하도록 명령하는 것이 가능성이 있다. 강한 인공지능의 경우 독자적인 형사책임을 지도록 할지, 범죄피해자로서 형법상 보호이익을 갖는 존재로 인정할지에 대해서는 논의의 여지가 있다.[42]

나. 형사절차와 데이터 기반 인공지능

DNA신원확인정보를 수집하여 데이터베이스로 관리하며 범죄자를 특정하는 수사의 수단으로 사용하는 것에 대하여 2010년에 입법이 이루어졌고,[43] 2018년 헌법재판소 결정으로 합헌성이 확인되었다.[44] 헌법재판소는 DNA신원확인정보가 성명 · 사진 · 주민등록번호와는 달리 그 자체만으로는 정보주체를 파악하는 것이 불가능하고, 종교 · 학력 · 직업 등과 같이 인격적 · 사회적 · 경제적 평가가 가능한 내용이 담기지 않은 중립적인 정보이고, 데이터베이스화에 따라 피채취자가 입는 불이익보다 범죄 수사의 공익이 크다는 이유를 들었다.

서울시 민생사법경찰단은 온라인에서 불법성이 의심되는 게시글이나 이미지를 수집 · 저장하고 불법 광고에서 자주 발견되는 패턴, 베테랑 경찰관들의 비법을 인공지능에 학

---

[42] 구길모/주현경, "인공지능과 형사법", 「인공지능과 법」, 한국인공지능법학회, 2019, 제8장.
[43] 디엔에이 신원확인정보의 이용 및 보호에 관한 법률
[44] 헌법재판소 2018. 8. 30. 2016헌마344 · 2017헌마630(병합) 결정.

습시켜 '인공지능 수사관'을 개발하여 실제 수사에 활용한 결과 일정한 성과를 거두었다. 개인정보보호위원회는 인공지능이 학습하는 대상이 공개 게시물인 경우에도 정보 주체의 공개 의도에서 벗어나는 등 문제성이 있음을 지적하였으나,[45] 서울시는 개인정보에 대해서는 비식별화 조치를 하는 등 우려점을 보완하여 운영하고 있다.[46] 경찰청 또한 2021년 5월부터 범죄 위험도 예측·분석시스템 Pre-CAS(Predictive Crime Risk Analysis System, 프리카스)를 운용하고 있다. Pre-CAS는 인공지능으로 치안 데이터(범죄통계, 112 신고 이력, 유흥시설·교통사고·경찰관 수 등)와 공공데이터(인구, 날씨, 요일, 고용률, 토지용도 등)를 통합한 빅데이터를 분석하여 지역별 범죄 위험도와 범죄 발생 건수를 예측하고, 그 결과를 바탕으로 순찰 경로와 범죄 취약지 파악 및 방범 시설을 개선하는 데에 활용되고 있다.[47] 이와 같이 형사절차를 효율화하려는 데이터, 인공지능 기술의 활용은 꾸준히 증가하고 있다.[48]

다. 한계

형사절차에서 인공지능의 유용성이 일부 입증되었으나 그 효과가 그리 크지는 않고 차별과 편견이 강화된 문제, 투명성과 설명가능성 측면에서 미흡한 점 등이 노출되었다. 인공지능의 의견을 참고 자료로 사용할 수는 있으나 이에만 의존해서는 안 되며 인간 수사관이 최종적으로 수사를 종료하고 인간 검사가 공소제기 여부를 결정해야 할 것으로 생각된다.

3. 인공지능과 행정행위

인공지능이 공공행정을 더 효율적으로 시행하는 방안으로 채택될 수 있다. 특히 급부행정의 경우 세금 낭비를 막고 적재적소에 재원을 배분하는 데에 기여할 수 있을 것을 기대한다. 규제행정의 경우에는 인공지능이 "신기술 서비스제품"에 해당함이 분명하므로 새롭게 규제 도입을 검토할 때 우선 허용, 사후 규제 원칙이 적용되어야 한다.[49] 또한 기

---

45   개인정보보호위원회 2019.5.13. 의결 제2019-09-130호 결정.

46   김정환, "형사소송법이 개념과 인공지능의 활용", 오병철 외, 인공지능과 법, 연세대학교 출판문화원, 2023, 351-353.

47   안은주, "경찰, AI·빅데이터 활용 '프리카스(Pre-CAS)' … 범죄 예방 역할 톡톡", 『경인방송』 2022.12.6.

48   "공군 검찰, 수사기관 최초 'AI 사건 처리 시스템' 도입", 〈www.spnews.co.kr〉, 2023.11.6.

49   행정규제기본법 제5조의2(우선허용·사후규제 원칙) ① 국가나 지방자치단체가 신기술을 활용한

존 규제가 인공지능 서비스제품의 개발 및 제공에 장애가 되지 않도록 가능한 한 적극적인 규제정비에 나서야 한다.[50] 행정규제기본법이 제시하는 이와 같은 이상적인 규제 지침이 실제로 효과를 거두기 위해서는 각 부처가 관할하는 개별법의 유연한 해석이나 개정이 필요할 것이다.

4. 소결

인공지능은 입법, 사법, 행정의 전 국가사무에 도입이 확대될 것이다. 약인공지능인 현재에는 분야별로 인간의 능력을 보조하는 도구로 인공지능이 사용되고 있다. 강인공지능 또는 일반인공지능이 현실화되는 경우에도 인공지능이 가지는 기본적인 한계, 즉 사례에 대한 통계학적 분석에 기초하여 관련성이 높은 응답을 도출하는 방법론에 의존하므로 과거의 사례를 변경해야 할 사회적 요구에 부응하지 못하는 보수적 결정을 할 우려가 있으며, 극단적으로 선례가 없는 경우에는 결정 불능 내지 엉뚱한 결정을 내놓는 사태가 초래될 수 있다. 이와 같은 한계를 이유로 최종적인 결정권은 인간이 가져야 한다는 주

새로운 서비스 또는 제품(이하 "신기술 서비스·제품"이라 한다)과 관련된 규제를 법령등이나 조례·규칙에 규정할 때에는 다음 각 호의 어느 하나의 규정 방식을 우선적으로 고려하여야 한다.
1. 규제로 인하여 제한되는 권리나 부과되는 의무는 한정적으로 열거하고 그 밖의 사항은 원칙적으로 허용하는 규정 방식
2. 서비스와 제품의 인정 요건·개념 등을 장래의 신기술 발전에 따른 새로운 서비스와 제품도 포섭될 수 있도록 하는 규정 방식
3. 서비스와 제품에 관한 분류기준을 장래의 신기술 발전에 따른 서비스와 제품도 포섭될 수 있도록 유연하게 정하는 규정 방식
4. 그 밖에 신기술 서비스·제품과 관련하여 출시 전에 권리를 제한하거나 의무를 부과하지 아니하고 필요에 따라 출시 후에 권리를 제한하거나 의무를 부과하는 규정 방식
② 국가와 지방자치단체는 신기술 서비스·제품과 관련된 규제를 점검하여 해당 규제를 제1항에 따른 규정 방식으로 개선하는 방안을 강구하여야 한다.
50 행정규제기본법 제19조의3(신기술 서비스·제품 관련 규제의 정비 및 특례) ① 중앙행정기관의 장은 신기술 서비스·제품과 관련된 규제와 관련하여 규제의 적용 또는 존재 여부에 대하여 국민이 확인을 요청하는 경우 신기술 서비스·제품에 대한 규제 특례를 부여하는 관계 법률로 정하는 바에 따라 이를 지체 없이 확인하여 통보하여야 한다.
② 중앙행정기관의 장은 신기술 서비스·제품과 관련된 규제와 관련하여 다음 각 호의 어느 하나에 해당하여 신기술 서비스·제품의 육성을 저해하는 경우에는 해당 규제를 신속하게 정비하여야 한다.
1. 기존 규제를 해당 신기술 서비스·제품에 적용하는 것이 곤란하거나 맞지 아니한 경우
2. 해당 신기술 서비스·제품에 대하여 명확히 규정되어 있지 아니한 경우
③ ~ ⑨ [생략].

장이 정당화된다.[51] 하지만 미래에 등장할 초인공지능은 좁은 범위의 선례에 기초하여 판단하는 것이 아니라 인간보다 더 넓은 범위에서, 더 장기적인 관점에서, 더 많은 사항을 고려하여 인간의 이익에 최선의 결정을 내릴 수도 있을 것이다. 그때 인간은 삶에서 어떤 의미를 찾을 수 있을지를 고민해야 할 것이다.

Ⅲ 현행법상 데이터의 취급

1. 일반론

데이터에 대한 법적 취급은 그 데이터의 내용과 처한 상황에 따라 달라진다. 어떤 데이터는 「부정경쟁방지 및 영업비밀 보호에 관한 법률」상 영업비밀에 해당할 수 있고, 어떤 데이터는 「저작권법」상 저작물에 해당할 수 있다. 어떤 데이터는 「개인정보 보호법」상 개인정보가 될 수 있고, 어떤 정보는 「통신비밀보호법」의 적용대상이 될 수 있다. 각 법에서 정한 적용 요건 해당성에 달린 문제이다.

마찬가지로 데이터에 소유권을 인정할 수 있는가는 민법의 해석과 적용에 관한 문제이다. 우리 민법상 소유권의 객체가 되기 위해서는 물건이어야 하며(민211), 물건은 유체물과 전기 기타 관리할 수 있는 자연력으로 정의된다(민98). 그런데, 데이터의 성질은 배타적 지배 가능성, 비인격성, 독립성이란 물건의 일반적 특성과 배치되는 경우가 많다. 따라서 "기타 관리할 수 있는 자연력"에 속할 수 있느냐가 문제된다. '관리 가능성'은 인정될 수 있을지 몰라도 '자연력'은 아니라고 보는 것이 문언에 충실한 해석이라 할 것이다.

반면에, 민법상 물건을 "권리의 객체 또는 목적물로서의 성격을 가지는 대상으로서 법적으로 의미가 있는 경제계 · 재화계에 객관화된 존재"를 의미하는 것으로[52] 목적론적으로 이해한다면 데이터의 경우도 비인격성, 경제적 가치성, 관리 가능성의 요건을 갖추는 한 민법상 물건으로 인정하지 못할 바 없다. 특히 대체 불가능한 토큰(NFT, Non-Fungible Token), 메타버스 등과 같이 독립적이며 배타적으로 관리할 수 있는 형태의 데이터의 경

51 김정환(2023), 361-365.
52 최경진, "데이터와 사법상의 권리 그리고 데이터 소유권(Data Ownership)", 「정보법학」 제23권 제1호(한국정보법학회, 2019.5.), 229.

우에 그 물건성을 인정하고 소유권의 대상이 됨을 인정하는 것이 자연스러운 해석이다. NFT는 블록체인에 저장된 데이터 단위로, 고유하여 상호 교환할 수 없는 토큰을 뜻한다. NFT는 사진, 비디오, 오디오 및 기타 유형의 디지털 파일을 나타내는 데 사용할 수 있다. 사본은 인정되지 않기에 디지털 예술품에 대한 배타적 소유의 수단이 되고 있다.[53]

하지만 데이터의 무체성, 사회성 등을 고려할 때 이에 대한 소유권을 특정인에게 귀속시키는 것은 자연스럽지도, 바람직하지도 않을 수 있다. 공산주의와 자본주의가 이데올로기의 원형으로서는 대립하지만, 오늘날 전 세계 어디에도 사유재산을 전혀 인정하지 않는 공산주의 국가는 없으며 반대로 공공재산 없이 국가재산을 전적으로 사유재산으로 분배한 자본주의 국가도 없다. 인간은 천사와 악마 간의 중간 영역에 거주하는 존재이기에 극단적인 공유지론(commons)도 반공유지론(anti-commons)도 비극을 초래한다.

따라서 무리하게 소유권 개념으로 포섭하거나 보호불가론에 기울기보다는 구체적 필요에 부응하여 데이터에 대한 접근, 이용을 도모하는 체계를 구성하는 것이 적합할 수 있다. 사실 한국의 현행법 중에는 이와 같이 사회적 필요에 의해서 생겨난, 데이터와 밀접한 관련을 갖는 규정이 적지 않다. 우선 정부의 데이터 정책에 관한 가장 기본적인 사항을 「지능정보화 기본법」이 다음과 같이 규정하고 있다.

제40조(데이터센터의 구축 및 운영 활성화)
제42조(데이터 관련 시책의 마련) ① 정부는 지능정보화의 효율적 추진과 지능정보서비스의 제공 · 이용 활성화에 필요한 데이터의 생산 · 수집 및 유통 · 활용 등을 촉진하기 위하여 필요한 정책을 추진하여야 한다.
② 과학기술정보통신부장관은 다음 각 호의 사항이 포함된 시책을 수립 · 시행하여야 한다. 다만, 공공데이터에 관한 사항은 「공공데이터의 제공 및 이용 활성화에 관한 법률」에 따른다.
1. 데이터 관련 시책의 기본방향
2. 데이터의 생산 · 수집 및 유통 · 활용
3. 데이터 유통 활성화 및 유통체계 구축
4. 데이터의 생산 · 수집 및 유통 · 활용에 관한 기술개발의 추진
5. 데이터의 표준화 및 품질제고
6. 데이터 전문인력 양성 및 데이터 전문기업 육성

[53] '사본이 없다'라는 것은 기술적 필연은 아니며, 실제로 복수의 한정판을 만드는 등 경영적 판단의 영역에 가깝다고 할 것이다.

> 7. 제2호부터 제6호까지와 관련한 재원의 확보
> 8. 그 밖에 데이터의 생산·수집 및 유통·활용을 위하여 필요한 사항
> 제43조(데이터의 유통·활용) ① 정부는 데이터의 효율적인 생산·수집·관리와 원활한 유통·활용을 위하여 국가기관등, 법인, 기관 및 단체와의 협력체계를 구축하고, 이를 위한 지원을 할 수 있다.

▌ 데이터 영역별 국내 담당 기구·조직과 근거 법률

데이터 영역	담당 기구와 조직	근거 법률
전 영역	국가정보화전략위원회	지능정보화기본법
민간(산업)데이터	과학기술정보통신부, 데이터전략위원회, 산업부, 중소벤처기업부	데이터산업법 산업디지털전환법
공공데이터	행정안전부	공공데이터법; 데이터기반행정법
	공공데이터전략위원회	
개인정보(개인데이터)	개인정보보호위원회	개인정보 보호법
금융데이터	금융위원회	신용정보보호법
위치정보(위치데이터)	방송통신위원회/위치정보심의위원회	위치정보법
(공공데이터) 데이터 통계	통계청	통계법
충돌, 조정	정보통신전략위원회	ICT융합특별법
	4차산업혁명위원회	4차산업위 설치규정

출처: 김원오, 2022

2. 개별법

근년 데이터 기반 경제로의 전환에 대한 인식이 제고되면서 데이터 기본법 제정을 목표로 추진되어 입법된 것이 「데이터 산업진흥 및 이용촉진에 관한 기본법」(약칭: 데이터산업법)으로 2022.4.부터 시행되었다. 먼저 전체 모습의 파악을 위해 조문 목차를 보면 아래와 같다.

제1장 총칙

제1조 목적, 제2조 정의, 제3조 국가 등의 책무, 제4조 기본계획, 제5조 시행계획, 제6조 국가데이터정책위원회, 제7조 다른 법률과의 관계, 제8조 재원의 확보

제2장 데이터 생산·활용 및 보호

제9조 데이터의 생산 활성화, 제10조 데이터 결합 촉진, 제11조 데이터안심구역 지정, 제12조 데이터자산의 보호, 제13조 데이터를 활용한 정보분석 지원

제3장 데이터 이용 활성화

제14조 가치평가 지원 등, 제15조 데이터 이동의 촉진, 제16조 데이터사업자의 신고, 제17조 공정한 유통환경 조성 등

제4장 데이터 유통·거래 촉진

제18조 데이터 유통 및 거래 체계 구축, 제19조 데이터 플랫폼에 대한 지원, 제20조 데이터 품질관리 등, 제21조 표준계약서, 제22조 자료 제출 요청, 제23조 데이터거래사 양성 지원

제5장 데이터산업의 기반 조성

제24조 창업 등의 지원, 제25조 전문인력의 양성, 제26조 기술개발의 촉진 및 시범사업 지원, 제27조 실태조사, 제28조 표준화의 추진, 제29조 국제협력 촉진, 제30조 세제 지원 등, 제31조 중소기업자에 대한 특별지원, 제32조 전문기관의 지정·운영, 제33조 협회의 설립

제6장 분쟁조정

제34조 데이터분쟁조정위원회 설치 및 구성, 제35조 분쟁의 조정, 제36조 위원의 제척·기피 및 회피, 제37조 자료의 요청 등, 제38조 조정의 효력, 제39조 조정의 거부 및 중지, 제40조 조정의 비용 등, 제41조 비밀 유지

제7장 보칙

제42조 손해배상청구 등, 제43조 손해배상의 보장, 제44조 시정권고, 제45조 벌칙 적용에서 공무원 의제, 제46조 권한의 위임·위탁

제8장 벌칙

제47조 벌칙, 제48조 과태료

실체 규정 중에서 제12조는 데이터자산의 보호에 관하여 다음과 같이 규정한다.

① 데이터생산자가 인적 또는 물적으로 상당한 투자와 노력으로 생성한 경제적 가치를 가지는 데이터(이하 "데이터자산"이라 한다)는 보호되어야 한다.
② 누구든지 제1항에 따른 데이터자산을 공정한 상거래 관행이나 경쟁질서에 반하는 방법으로 무단 취득·사용·공개하거나 이를 타인에게 제공하는 행위, 정당한 권한 없이 데이터자

산에 적용한 기술적 보호조치를 회피·제거 또는 변경하는 행위 등 데이터자산을 부정하게 사용하여 데이터생산자의 경제적 이익을 침해하여서는 아니 된다.
③ 제2항에 따른 데이터자산의 부정사용 등 행위에 관한 사항은 「부정경쟁방지 및 영업비밀 보호에 관한 법률」에서 정한 바에 따른다.

위 규정에서 언급된 「부정경쟁방지 및 영업비밀보호에 관한 법률」(약칭: 부정경쟁방지법) 제2조 제1호는 다음과 같이 데이터자산의 부정사용을 규정하고 있다.

카. 데이터(「데이터 산업진흥 및 이용촉진에 관한 기본법」 제2조 제1호에 따른 데이터 중 업(業)으로서 특정인 또는 특정 다수에게 제공되는 것으로, 전자적 방법으로 상당량 축적·관리되고 있으며, 비밀로서 관리되고 있지 아니한 기술상 또는 영업상의 정보를 말한다. 이하 같다)를 부정하게 사용하는 행위로서 다음의 어느 하나에 해당하는 행위
1) 접근권한이 없는 자가 절취·기망·부정접속 또는 그 밖의 부정한 수단으로 데이터를 취득하거나 그 취득한 데이터를 사용·공개하는 행위
2) 데이터 보유자와의 계약관계 등에 따라 데이터에 접근권한이 있는 자가 부정한 이익을 얻거나 데이터 보유자에게 손해를 입힐 목적으로 그 데이터를 사용·공개하거나 제3자에게 제공하는 행위
3) 1) 또는 2)가 개입된 사실을 알고 데이터를 취득하거나 그 취득한 데이터를 사용·공개하는 행위
4) 정당한 권한 없이 데이터의 보호를 위하여 적용한 기술적 보호조치를 회피·제거 또는 변경(이하 "무력화"라 한다)하는 것을 주된 목적으로 하는 기술·서비스·장치 또는 그 장치의 부품을 제공·수입·수출·제조·양도·대여 또는 전송하거나 이를 양도·대여하기 위하여 전시하는 행위. 다만, 기술적 보호조치의 연구·개발을 위하여 기술적 보호조치를 무력화하는 장치 또는 그 부품을 제조하는 경우에는 그러하지 아니하다.

산업활동 과정에서 생성 또는 활용되는 데이터의 경우에는 「산업 디지털 전환 촉진법」(약칭: 산업디지털전환법)상의 혜택을 받을 수 있는데[54] 동법 제9조는 산업데이터의 활용 및 보호 원칙을 아래와 같이 정하고 있다.

---

54 유사 입법으로 「중소기업 스마트제조혁신 촉진에 관한 법률」(약칭: 스마트제조혁신법)이 2023년 제정되었다.

① 산업데이터를 생성한 자는 해당 산업데이터를 활용하여 사용·수익할 권리를 가진다.
② 산업데이터를 2인 이상이 공동으로 생성한 경우 각자 해당 산업데이터를 활용하여 사용·수익할 권리를 가진다. 다만, 당사자 간의 약정이 있는 경우에는 그에 따른다.
③ 산업데이터가 제3자에게 제공된 경우 산업데이터를 생성한 자와 제3자 모두 해당 산업데이터를 활용하여 사용·수익할 권리를 가진다. 다만, 당사자 간의 약정이 있는 경우에는 그에 따른다.
④ 누구든지 산업데이터를 생성하거나 제공받은 자의 제1항부터 제3항까지의 권리를 공정한 상거래 관행이나 경쟁질서에 반하는 방법으로 침해하여서는 아니 된다. 이 경우 공정한 상거래 관행이나 경쟁질서에 반하는 방법인지 여부를 판단할 때에는 산업데이터 활용의 목적 및 성격, 산업데이터의 활용이 그 산업데이터의 현재 또는 잠재적 가치에 미치는 영향 등을 종합적으로 고려하여야 한다.
⑤ 산업데이터 생성 또는 활용에 관여한 이해관계자들은 산업데이터의 원활한 활용과 그에 따른 이익의 합리적인 배분 등을 위한 계약을 체결하도록 노력하여야 하며, 합리적인 이유 없이 지위 등을 이용하여 불공정한 계약을 강요하거나 부당한 이익을 취득하여서는 아니 된다.
⑥ 산업데이터를 사용·수익할 권리를 가지는 자는 산업데이터의 무결성·신뢰성을 확보하고 산업데이터가 분실·도난·유출·위조·변조 또는 훼손되지 아니하도록 하며, 산업데이터를 활용한 제품·서비스가 위해를 발생시키지 아니하도록 노력하여야 한다.
⑦ 고의 또는 과실에 의하여 제4항 전단 및 제6항을 위반하여 타인에게 손해를 입힌 자는 손해를 배상할 책임을 진다.

그 밖에 타인의 상당한 투자나 노력으로 만들어진 성과 등을 공정한 상거래 관행이나 경쟁질서에 반하는 방법으로 자신의 영업을 위하여 무단으로 사용함으로써 타인의 경제적 이익을 침해하는 행위는 동조 파목에 의해 포섭되어 부정경쟁행위가 된다.

한편, 공공부문에서 데이터의 생성 및 활용과 관련해서는 「공공데이터의 제공 및 이용 활성화에 관한 법률」(약칭: 공공데이터법), 「데이터기반행정 활성화에 관한 법률」(약칭: 데이터기반행정법)이 있으며, 분야별 특별법 중에는 신용정보법, 금융실명법, 의료법, 교육법 등이 해당 분야에서의 데이터 생성, 활용, 감독에 관한 규정을 두고 있다.

3. 데이터 보호를 위한 민사법 해석론

현재 다수설은 원칙적으로 데이터가 특정인의 지배 대상이 될 수 없다는 기본전제에서 출발하되, 필요한 범위에서 한정적으로 데이터의 귀속과 보호를 부여하는 입장이다.

가. 소유의 법리

'소유권'은 유구한 법의 역사에서 가장 일찍 정착된 권리의 전형이다. '데이터'에 '소유권'을 부여한다면 데이터와 이에 대한 투자자의 법적 지위가 공고해지는 효과를 기대할 수 있다. 이런 기대효과 때문에 데이터 소유권은 법리적 차원에서는 많은 비판을 받지만, 법·정책적 차원에서는 상당한 호소력을 가진다.

후술하듯이(제3편) 개인데이터에 대해서는 개인정보자기결정권 법리에 터 잡은 개인정보 보호법에 의해서 두터운 보호가 부여되지만, 비개인데이터에 대해서는 자기결정권 같은 닻의 역할을 하는 핵심 개념이 없이 개별적, 부분적으로 보호책을 강구하고 있다. 이는 부득이 법적 보호에 충돌과 갭이 있는 상황을 야기하고 이런 불만족한 상황이 '데이터 소유권'론을 소환하고 있으며 실제로 민법 개정을 통해 이를 입법적으로 수용하려는 시도도 있었다.

▎민법 개정안 조문대비표[55]

현 행	개 정 안
제98조(물건의 정의) 본법에서 물건이라 함은 유체물 및 전기 기타 관리할 수 있는 자연력을 말한다.	제98조(물건의 정의) ---------------------------- 전기 기타 관리할 수 있는 자연력, 법률 또는 기술에 의해 배타적 지배권과 독립성이 확보된 정보를 -------.

하지만, 물건의 개념에 데이터 또는 정보를 포함하는 것은 데이터의 비경합성, 비배제성으로 자연 상태에서 특정인이 독점적, 배타적으로 지배하기 어렵고, 점유권 등 다른 물권, 나아가 형사법의 적용에 혼동을 가져올 우려가 있어 추가적 논의가 필요하다. 따라서 소유권 부여란 큰 칼로 일거에 해결하는 것은 당분간 가능하지도 않아 보이고 바람직하지도 않을 수 있다. 그럼에도 소유의 법리는 다음과 같은 측면에서 데이터 귀속에 의미가 있다.

첫째, 데이터가 담긴 물리적 매체에 대한 소유권을 매개로 한 간접적인 데이터 귀속이 가능하다. 하지만 클라우드 서비스처럼 저장매체 소유자와 데이터의 실질적 귀속 주체가 분리되는 경우 적용이 어렵다.

---

55   의안번호 2104799, 민법 일부개정법률안(조정훈의원등11인), 2020-11-2.

둘째, 유체물과 유사한 속성을 가진 특정 유형의 데이터에 대한 소유권 인정이 가능할 수 있다. 예컨대 암호화폐, 전자어음, 대체 불가능 토큰(NFT)의 경우 기술적으로 경합성과 배제성을 갖추어 소유의 대상이 될 수 있다.

셋째, 소유권 법리를 전적으로 수용하지 않아도 거기에 내재한 지배와 배제의 법리를 부분적으로 원용할 수 있다. 산업디지털전환법은 공동으로 데이터 생산에 기여한 자의 사용수익권을 보장하고 있다.

나. 점유의 법리

물건에 대한 사실상의 지배를 요건으로 하는 점유권을 무형의 데이터에 적용하는 것도 쉽지 않다. 다만 사실상의 지배에 대한 평온을 보호하기 위한 규정(간접점유,[56] 점유보호,[57] 자력구제[58])은 해킹, 바이러스 유통 등을 통한 데이터의 무단 사용이나 파괴 등에 유추적용 가능할 것이다. 데이터에 대한 어떤 재산적 이익을 가지고 있다면 이를 재산권의 개념에 포섭하여 제210조(준점유)[59]를 적용하는 방안도 유력하다.

다. 불법행위의 법리

불법행위법은 권리로 확립되지 않은 재산적 또는 인격적 이익도 보호대상으로 하므로 소유권, 점유권 같은 물권적 성격이 부여되지 않은 데이터도 보호가치 있는 이익이 존재한다면 보호할 수 있는 유연성이 있다. 다만, 금지청구권이 인정되는 지에는 논란이 있다.

5. 데이터 활용의 민사법

가. 데이터 처리자가 데이터를 분석, 가공한 경우 그에 대한 권리

민법 제259조(가공)[60]를 유추적용하자면 분석, 가공 후의 데이터의 가치가 원데이터의

---

56 제194조(간접점유) 지상권, 전세권, 질권, 사용대차, 임대차, 임치 기타의 관계로 타인으로 하여금 물건을 점유하게 한 자는 간접으로 점유권이 있다.
57 민법 제204조(점유의 회수), 제205조(점유의 보유), 제206조(점유의 보전).
58 제209조(자력구제) ① 점유자는 그 점유를 부정히 침탈 또는 방해하는 행위에 대하여 자력으로써 이를 방위할 수 있다.
59 제210조(준점유) 본장(점유권)의 규정은 재산권을 사실상 행사하는 경우에 준용한다.
60 제259조(가공) ① 타인의 동산에 가공한 때에는 그 물건의 소유권은 원재료의 소유자에게 속한

가치보다 현저히 많은 경우에는 분석, 가공자가 권리를 가질 수 있을 것이다. 다만 이때에도 분석, 가공자의 권리는 공동이용권으로 제한됨이 합리적일 것이다. 물론 계약으로 달리 정할 수 있을 것이다.

나. 빅데이터에서 사업자와 정보주체의 권리

빅데이터를 구성하는 개별 데이터에 대한 권리가 무수히 많은 사람 간에 분산되어 있는 경우를 상정할 수 있을 것이다. 우리 민법은 부합/혼화/첨부 등의 용어를 사용하며 이와 같은 상황의 법률관계를 정하고 있다.[61] 즉 위 민법 규정에 의거 개별 데이터는 빅데이터에 첨부된다는 법리에 의해서 빅데이터에 대한 권리는 사업자가 단독으로 소유하고 권리가 소멸한 데이터의 주체는 구상권을 행사할 수 있도록 하는 것이 일반법적 해석이 될 것이다. 소유권의 배타적 측면을 고려한다면 개별 정보주체, 데이터베이스사업자 중 후자에 소유권을, 전자에 이용권 또는 보상청구권을 갖는 것으로 구성함이 합리적이다. 다만, 특별법인 개인정보 보호법 등이 적용되는 경우에는 그 법에 따라서 해당 정보의 삭제요청이 가능하다.

다. 데이터 이용 형식의 분화

사실 데이터 이용관계를 절대적인 소유권[62]을 독점적으로 누구에게 부여할 것인가의 문제로 단순화할 이유는 없으며 그런 것은 현실에도 맞지 않는다. 이미 민법은 타인의

다. 그러나 가공으로 인한 가액의 증가가 원재료의 가액보다 현저히 다액인 때에는 가공자의 소유로 한다.

② 가공자가 재료의 일부를 제공하였을 때에는 그 가액은 전항의 증가액에 가산한다.

[61] 제257조(동산간의 부합) 동산과 동산이 부합하여 훼손하지 아니하면 분리할 수 없거나 그 분리에 과다한 비용을 요할 경우에는 그 합성물의 소유권은 주된 동산의 소유자에게 속한다. 부합한 동산의 주종을 구별할 수 없는 때에는 동산의 소유자는 부합당시의 가액의 비율로 합성물을 공유한다.
제258조(혼화) 전조의 규정은 동산과 동산이 혼화하여 식별할 수 없는 경우에 준용한다.
제260조(첨부의 효과) ① 전4조의 규정에 의하여 동산의 소유권이 소멸한 때에는 그 동산을 목적으로 한 다른 권리도 소멸한다.
② 동산의 소유자가 합성물, 혼화물 또는 가공물의 단독소유자가 된 때에는 전항의 권리는 합성물, 혼화물 또는 가공물에 존속하고 그 공유자가 된 때에는 그 지분에 존속한다.
제261조(첨부로 인한 구상권) 전5조의 경우에 손해를 받은 자는 부당이득에 관한 규정에 의하여 보상을 청구할 수 있다.

[62] 제211조(소유권의 내용) 소유자는 법률의 범위 내에서 그 소유물을 사용, 수익, 처분할 권리가 있다.

소유물 위에 지상권, 지역권 등[63]의 제한적 권리 설정을 인정하고 있다. 독점과 공유와의 갈등, 보호와 이용 간의 갈등을 해결함에 있어서 병존가능한 제한적이며, 상대적인 권리의 분점적 부여를 통해 접근과 통제의 균형점을 찾아가야 할 것이다. 빅데이터의 구성에 기여하는 여러 당사자 간의 권리관계가 실제적 조화와 비례의 원칙에 맞도록 데이터 관련 실체법이 형성될 필요가 있다. 그 모습은 데이터가 수집, 사용되는 영역에 따라 달리 나타날 것이다.

라. 데이터 접근권

데이터는 특정 개인이나 기업이 독자적으로 생성한 것이 아니라 사회적 관계에서 생성된 것이라는 입장에서는 데이터에 대한 특정인의 배타적 권리보다는 그 생성에 직간접적으로 연관된 모든 주체에 접근, 이용권을 부여해야 한다고 주장하게 된다. 연동 서비스 또는 부품 제공을 위한 표준·인터페이스 정보에 대해 다른 사업자가 접근할 수 있도록 하여야 하며, 특히 독점기업이 보유한 고객 데이터에 대해서는 경쟁사업자에게 접근권을 인정하여야 소비자의 이익을 보호할 수 있다는 견해가 제기된다.[64]

6. 소결

개인정보자기결정권과 같은 인격권과는 별개로 데이터 일반에 대한 배타적 재산권을 부여하자는 논의는 현행법의 해석론으로는 비배제적, 비경합적 성격의 데이터에 부여하기 어렵다는 것이 중론이다. 다만, 부정경쟁방지법 또는 불법행위법에 의한 보호는 이미 현행법에 도입되었거나 해석상 인정된다.

또한, 데이터의 사실상의 지배자에 대한 일정한 보호 및 의무의 부과는 불가피하다는 사회적 인식이 확산하고 있다. 형사사건이기는 하지만 법원은 "인터넷서비스이용자는 인터넷서비스제공자와 체결한 서비스이용계약에 따라 인터넷서비스를 이용하여 개설한 이메일 계정과 관련 서버에 대한 접속권한을 가지고, 해당 이메일 계정에서 생성한 이메일 등 전자정보에 관한 작성·수정·열람·관리 등의 처분권한을 가지며, 전자정보의 내용에

---

63 제279조(지상권의 내용) 지상권자는 타인의 토지에 건물 기타 공작물이나 수목을 소유하기 위하여 그 토지를 사용하는 권리가 있다.
    제291조(지역권의 내용) 지역권자는 일정한 목적을 위하여 타인의 토지를 자기토지의 편익에 이용하는 권리가 있다.
64 정찬모(2019), 205-218.

관하여 사생활의 비밀과 자유 등의 권리보호이익을 가지는 주체로서 해당 전자정보의 소유자 내지 소지자라고 할 수 있다"고 설시하며, "인터넷서비스이용자인 피의자를 상대로 피의자의 컴퓨터 등 정보처리장치 내에 저장되어 있는 이메일 등 전자정보를 압수·수색하는 것을 전자정보의 소유자 내지 소지자를 상대로 해당 전자정보를 압수·수색하는 대물적 강제처분으로" 보고 허용한 바 있다.[65]

Ⅳ 인공지능 알고리즘의 규제

1. 알고리즘 규제의 개념

개념적으로 알고리즘(영어: algorithm)은 수학과 컴퓨터과학에서 사용되는, 문제 해결 방법을 정의한 '일련의 단계적 절차'이자 어떠한 문제를 해결하기 위한 '동작들의 모임'이다.[66]

알고리즘 규제는 1) 알고리즘에 대한 규제, 2) 알고리즘에 의한 규제 두 가지 의미가 있을 수 있다. 알고리즘이 규제 대상으로서 기술적 객체일 뿐만 아니라 인간의 행위를 규율할 수 있는 매개체로 등장한 것이다.

인공지능 알고리즘 이전에 문제되었던 검색 알고리즘 등 플랫폼 알고리즘에서 인공지능 알고리즘 규제의 원형을 찾아볼 수 있다. 정부는 검색 순위를 결정하는 원칙을 공개하고 이와 다른 부당한 차별을 금지하였다. 투명성과 설명가능성을 요구한 것으로 볼 수 있다.[67] 수년 전 방송통신위원회가 인공지능 알고리즘 가이드라인을 제정할 것으로 보도되기도 하였지만,[68] 알고리즘과 인공지능을 구별할 실익이 없다고 판단하였는지 금융, 교육, 의료 등 각 분야별로 인공지능 가이드라인을 제정하는 것으로 방향이 전환되었다. 현재 유행하는 기계학습 인공지능 알고리즘은 단순한 소프트웨어를 넘어서 데이터에 대한 선별을 통한 훈련 데이터셋의 구성에서부터 '학습완료 모델'을 구성하는 파라미터까지 모두 포함하는 것으로 이해된다. 인공지능이 활용되는 영역이 광범위하고 영역마다 알고리

---

65 대법원 2017. 11. 29. 선고 2017도9747 판결.
66 ko.wikipedia.org/wiki/알고리즘.
67 인터넷검색 서비스 발전을 위한 권고안, 2013. 10. 4.
68 "정부가 유튜브·포털 위한 AI 알고리즘 가이드라인 만든다", 중앙일보, 2020. 12. 14.

즘의 구성에 특색이 있어서 일반적 적용되는 규정의 효용이 떨어지며 구체적 활용 분야별 가이드라인의 채택이 부득이해 보인다.

2. 인공지능 알고리즘의 규제 필요성

거대 인공 신경망 방식 인공지능의 학습완료 모델은 수조 개의 파라미터를 포함한다고 한다. 이들 각 파라미터가 작동하는 원리는 가사 기술적으로 설명이 가능하다고 하더라도 이용자의 입장에서는 불가해한 영역이라고 할 것이다. 이와 같이 심층학습 알고리즘에 기반한 인공지능의 경우 산출물이 불확정적이기 때문에 법규범적 대응에 난관을 겪게 된다. 그러나 법현실에서는 불확정성은 예외적인 것이 아니라 일상적인 것이며 법규범적 대응을 회피할 만한 사유가 되지 못한다. 이와 같이 심층학습 인공지능에 있어 알고리즘 투명성 요청은 비록 그 확보가 용이하지는 않다고 하더라도 알고리즘으로 인한 차별과 위험을 가급적 방지하기 위한 당위론적 요청이다. 알고리즘 투명성 확보를 위해서는 학습데이터, 학습을 통해 구축한 알고리즘 모델, 그리고 산출물에 대한 질적 통제가 필요하다. 이를 행하기 위해 결국 인간의 개입이 요구되고, 이러한 통제에 대한 책임 또는 책무는 인공지능 개발자, 관리자 및 이용사업자에게 귀결될 수밖에 없다.

법진화론적 입장에서는 법규범의 패러다임이 억압적(repressive) 법에서 자율적(autonomous) 법, 응답적(responsive) 법으로 순차적으로 진화하는 과정을 거쳤다. 응답적 법은 사회적 필요와 기대에 부응하여야 하며 이를 위해 법에 대한 기능주의적, 실용주의적, 합목적적인 접근이 요구된다. AI기술은 사회구조적 변화를 야기하고, 이에 대해 법은 변화된 환경에서 법의 목적을 구현하기 위해 다양한 변용이 필요하다.

3. 알고리즘 규제방법

입법을 통한 규제의 방법도 다양하게 생각해 볼 수 있다. 먼저 업계에서 자율적으로 채택한 윤리규범을 이행하도록 하고 그 이행에 대해서도 벌칙보다는 품질인증 시에 점수에 반영하는 등의 간접적인 방식을 동원하는 것이다. 인증 및 적합성 평가는 기업에게는 벌금이나 과징금보다 더 사활이 걸린 문제가 될 수 있다. 평가를 통과하지 못하면 판매가 금지된다거나 매출에 큰 영향을 줄 수 있기 때문에 규제의 실효성이 크다.

행위규범으로 권리·의무를 설정할 수도 있다. 일정 사항에 대한 이용자의 설명요청에 응할 의무 그리고 일정 사항, 예컨대 파라미터(변수) 간의 상대적 중요성 등을 공시할 의무가 그 예이다.

인공지능에 대한 법적 규제조차 기술 규정적 성격을 다분히 갖게 될 것이며, 서비스의 안정성을 유지하기 위한 관리적 성격의 규정도 포함될 것이다. 가명처리, 암호화, 품질관리, 문서작성, 로그기록 보관 의무 등이 그 예이다.

제2편

개인정보와 지식재산보호

제3장

이루다, 챗GPT, CLOVA X의 개인정보정책

I 거대 언어모델 인공지능

생성형 인공지능(Generative AI)은 문자, 소리, 코드를 포함한 기호, 숫자, 그래픽, 동영상 등과 같이 다양한 산출물을 생성해 낸다. 그중에서 문자와 음성으로 구성된 언어는 인공지능의 산출물로서 그 자체로 중요한 부분을 차지할 뿐만 아니라 산출물이 기호, 숫자, 그래픽 등과 같이 비언어인 경우에도 입력 프롬프트에서는 언어가 차지하는 비중이 작지 않다.[69] 따라서 거대 언어모델(Large Language Model, LLM)은 대표적인 기반 모델 인공지능(Foundation Model AI)이며 이를 토대로 하여 다양한 응용 인공지능이 개발되고 있다.

국제적으로 알려진 거대 언어모델로는 오픈AI사의 「챗GPT」, 구글의 「바드(Bard)」, 메타의 「라마(LLaMA)」, MS의 빙챗(Bing Chat), 아마존웹서비스의 기업용 모델인 「아마존 Q」 등이 있다. 한국의 IT 기업들은 한국어 데이터에 집중하여 거대 언어모델을 개발하고 있으며 네이버의 「CLOVA X」,[70] 카카오의 「Ko-GPT」, LG AI연구원의 「엑사원」, KT의 「믿음」이 대표적이며 SKT 등 다른 IT기업들도 개발 중이라고 한다. 다만 「CLOVA X」만이 2023.12.2. 현재 일반 이용자를 대상으로 서비스가 개시되었으며 나머지 사업자들은 사내용 또는 기업용이란 이유로 일반 이용자 서비스를 시작하지 않고 있다.

거대 언어모델은 개발 과정에 다양한 데이터가 사용되는데 그중에 개인정보가 포함될

---

* 본 장은 「IT와 법연구」 제28집(2024.2.)에 게재된 졸고를 전재한 것임.

[69] 텍스트뿐만 아니라 음성, 이미지 등을 동시에 생성할 수 있는 모델을 멀티모달 생성모델(multi-modal generative model)이라 한다.

[70] 「하이퍼클로바」, 「하이퍼클로바 X」라고도 불린다.

수 있다. 또한 대화기능을 제공하는 챗봇은 일반적으로 자신이 이용자와 주고받은 대화 자체를 다시 학습데이터로 사용하는 재귀적 학습 과정을 통하여 기능향상을 달성하는데, 이용자가 프롬프트 입력과정에서 의식적이건 무의식적이건 개인정보를 포함한 질의 또는 발화를 하는 경우 이것이 학습데이터로 수집, 처리될 수 있다. 이와 같이 인공지능의 활용 확대가 갖는 개인정보 침해 우려에 관하여 국내외 연구자의 관심이 높아지고 있다.[71] 다만 법제도가 대응하기도 전에 인공지능 기술은 더 빠르게 다른 단계로 진화하는 양상을 보이고 있다.

한국에서는 2021년에 '이루다' 챗봇서비스와 관련하여 개인정보 보호에 대한 위협이 문제된 바 있으며, 2023년에는 오픈AI사의 챗GPT 서비스와 관련해서도 유사한 우려에서 개인정보 보호 당국이 인지에 의한 직권조사를 시행하였다. 이하에서 먼저 그 사례를 구체적으로 살핀 후에(제Ⅱ절), 한국의 대표적인 거대 언어모델 인공지능인 CLOVA X의 개인정보 보호 처리방침과 현실을 고찰하고(제Ⅲ절), 최근 개인정보 보호위원회의 인공지능 관련 정책을 고찰한다(제Ⅳ절). 마지막으로, 인공지능 서비스와 개인정보 보호 제도의 상승적 발전을 위한 과제를 제시하고(제Ⅴ절) 결론을 내린다(제Ⅵ절).

Ⅱ 개인정보 보호위원회 심결 사례

1. 이루다 사건

가. 사건 개요[72]

주식회사 스캐터랩(이하 "스캐터랩"으로 약칭)은 2016년부터 '연애의 과학'이라는 브랜드로 젊은 이성간 카카오톡 대화를 분석하여 연애 상대방의 신청인에 대한 호감도를 측정해주는 서비스를 제공했다. 이를 통해 축적한 청춘 남녀의 대화문장 약 94억 건(원 데

---

[71] 최근의 선행연구로는 김도엽, "인공지능에서의 개인정보 보호 고려사항", NAVER Privacy White Paper, 2023; 김선희/안다연, "인공지능 관련 데이터와 개인정보 보호 법적 이슈", 「전자금융과 금융보안」 제33호, 금융보안원, 2023.

[72] 이 사건에 대한 보다 상세한 소개로는 전승재/고명석, "이루다 사건을 통해서 보는 개인정보의 인공지능 학습데이터 활용 가능성", 「정보법학」 제25권 제2호, 한국정보법학회, 2021; 소병수/김형진, "소셜미디어상의 개인정보 활용과 보호: AI 채팅로봇 '이루다'의 개인정보 침해 사건을 중심으로", 「법학연구」 제24집 제1호, 인하대학교 법학연구소, 2021.

이터)을 기초로 스캐터랩은 2020년 대화형 챗봇 서비스인 '이루다'를 개발하였다. 원 데이터에는 이용자의 ID, 대화 상대방의 닉네임, 성별, 나이, 관계, 대화문장 등이 포함되어 있었다. 스캐터랩은 이를 가공하여 인공지능 학습DB를 구축했다. 학습DB는 원 데이터의 ID, 닉네임 등은 제거되었고 이용자 회원고유번호를 SHA-256 해시함수로 일방향 암호화한 해시값이 추가되었다.[73] 나머지 데이터, 즉 성별, 나이, 관계, 대화문장은 암호화하지 않고 원문 그대로 학습DB에 포함되었다.[74] 그 후 학습DB를 통해서 문답 시퀀스에다가 관측된 확률값을 할당하는 이루다 언어모델이 만들어졌다. 언어모델에 임의의 문장을 입력하면 실제 사람이 답변할 만한 문장을 예측하여 이루다 챗봇이 답변한다. 이루다는 학습DB를 통해 말하는 방법을 배우지만 응답 단계에서는 별도의 응답DB를 보며 거기에 있는 문장 중에 질문에 가장 어울리는 것을 찾아 답하는 방식으로 작동했다. 이는 특정 질문과 답변이 고정적으로 짝지어져 있었던 이전의 챗봇보다 더 자연스러운 대화를 가능하게 하였다.

그런데 스캐터랩은 응답DB를 구축하면서 학습DB 대화문장 중 20대 여성이 쓴 문장 1억 건을 응답DB에 포함하였다. 스캐터랩은 그 과정에서 개인정보를 걸러내기 위해 응답DB에 자동화된 텍스트 필터링 조치를 했다. 숫자는 전화번호나 아파트 동호수일 가능성이 있고 영문은 ID나 이메일 주소일 가능성이 있어서 일률적으로 삭제하였으며 이름이나 지역명도 제거하였다. 응답DB 내 문장 1억 건 중 개인정보가 걸러지지 못한 것은 21건(주소 1건, 휴대전화번호 20건)이었으며, 실제로 이루다 서비스 과정에서 노출된 것은 주소 1건, 휴대전화번호 3건이었다. 이와 같이 개인정보 노출 정도가 심한 것은 아니었으나 이루다가 서비스 개시 3주 만에 80만 명의 이용자가 몰리는 등 사회적 주목을 받으면서 특정인의 주소나 전화번호로 보이는 단어가 발화되었다는 사실이 언론에 보도되고 이를 계기로 개인정보 보호위원회의 조사를 받게 되었다. 한편, 스캐터랩은 오픈소스 공유 공동체인 깃허브(github.com)에 약 1,400개의 대화문장을 공개하였는데 이 또한 개인정보 필터링 기술을 적용하였으나 완벽하지는 않았다.[75]

---

[73] SHA(Secure Hash Algorithm)는 미국 국가안보국(NSA)이 1993년 개발한 암호체계이며, '256'은 2의 256제곱 개의 데이터를 확인해야 입력값을 풀 수 있다는 의미다.

[74] 대화문장에 포함된 이름과 숫자는 부분적으로만 〈NAME〉, 〈NUM〉으로 치환되었다.

[75] 이런 내용이 2021.1.13. 언론에 보도되자 당일 비공개 처리하였다.

나. 개인정보 보호위원회 심결[76]

1) 개인정보 해당성

개인정보 보호위원회는 '연애의 과학' 서비스를 통해 수집된 본건 카카오톡 대화문장은 내밀한 내용이며 직접 혹은 추론에 의해 개인식별 가능한 정보를 포함하고 있으므로 개인정보에 해당한다고 판단했다.[77] 스캐터랩이 '이루다' 학습DB를 암호화했으나 '연애의 과학' 원 DB상의 회원고유번호를 하나씩 동일한 함수로 해시값을 구하여 학습DB상의 해시값과 비교함으로써 해당 이용자를 역추적할 가능성이 상존하므로 개인정보에 해당한다고 판단했다.[78] 응답DB도 적용된 필터가 완전하지 않으며 응답DB의 문장을 가지고 원 DB에서 검색함으로써 역추적할 가능성이 있으므로 개인정보에 해당한다고 판단했다. 개인정보 보호위원회는 개인의 특정 가능성이나 이를 위해 필요한 다른 정보의 입수 가능성을 스캐터랩의 관점에서 파악하였다.

2) 개인정보 수집시 의무 위반

스캐터랩은 개인정보를 수집하면서, 개인정보를 입력하고 '이용약관 및 개인정보처리방침에 동의합니다'라는 안내사항에 체크한 경우 개인정보 처리에 동의한 것으로 보거나 체크박스 없이 '로그인함으로써 이용약관 및 개인정보처리방침에 동의합니다'라는 안내사항만을 보여주고 개인정보를 입력 완료하는 경우 동의한 것으로 간주하였다. 이는 정보주체의 동의를 받을 때에는 수집·이용 동의, 제3자 제공 동의 등 각각의 동의 사항을 구분하여 정보주체에게 이를 명확히 알리고 각각 동의를 받아야 하는 개인정보 보호법 제22조 제1항에 반하는 것으로 판단되었다.

또한 동조 제6항은 14세 미만 아동의 개인정보를 수집하는 경우에는 법정대리인의 동의를 받도록 하고 있는데, 스캐터랩은 '연애의 과학', '이루다' 등의 서비스가 앱스토어

---

76 개인정보 보호위원회, 2021.4.28. 의결 제2021-007-072호.

77 법원은 트위터 회원가입 시 사용자 이름, 사용자 아이디, 이메일주소 및 비밀번호 4가지만이 필요하고 실명을 기재할 필요도 없으므로 트위터 정보 전체가 개인정보에 해당한다고 단정할 수는 없다면서도, 실명으로 트위터 활동을 하는 경우나 트윗 또는 리트윗 글이나 팔로워 및 팔로잉 내역 등 다른 트위터 정보와 결합하여 보면 사용자의 사회적 지위, 신분 등을 알 수 있는 경우가 있고 트위터 아이디는 다른 정보와 결합하여 특정 개인을 알아볼 수 있는 정보에 해당할 가능성이 있다는 점을 고려하여 트위터 정보를 전체적으로 개인정보로 취급하여 개인정보 보호법에 따라 보호하는 것이 타당하다고 설시하였다(서울고등법원 2017. 8. 30. 2015노1998 판결).

78 암호화 처리한 각 DB는 가명정보에 해당하지만, 가명정보도 개인정보에 포함된다.

나 페이스북 등 플랫폼을 통해서 서비스되는데 이들 플랫폼에서 14세 미만의 아동이 가입하거나 앱을 다운로드 받기 위해서는 부모의 승인이 요구되므로 다시 개인정보처리 동의를 받을 필요가 없다고 주장하였다. 이에 대해 개인정보 보호위원회는 개인정보처리자는 플랫폼의 기능과 상관없이 스스로 제공하는 서비스와 관련하여 14세 미만인 아동의 개인정보를 수집하는 경우에는 법정대리인의 동의를 받아야 할 의무가 있다고 설시하며 동 조항 위반으로 판단하였다.

한편, 개인정보 보호법 제23조 제1항은 성생활 정보 등 민감정보의 처리를 원칙적으로 금지하면서 별도의 명시적 동의를 정보주체로부터 받은 경우를 예외로 인정하고 있다. 그런데, 스캐터랩은 '연애의 과학'에서 "내 애인의 섹스 판타지" 심리테스트를 통해 민감정보를 수집하면서 정보주체로부터 별도의 동의를 받지 않았다. 스캐터랩은 정보주체가 자발적으로 민감정보를 개인정보처리자에게 제공하였으므로 동의가 있다고 보아야 한다고 주장하였지만, 개인정보 보호위원회는 그와 같은 이유만으로 곧바로 정보주체의 별도 동의 의사를 추단할 수는 없다고 판단하고 제23조 제1항 위반으로 결정했다.

마지막으로, 1년 이상 서비스를 이용하지 않은 회원의 개인정보에 대해 파기나 분리·보관 등의 조치를 하지 아니하였으므로 개인정보 보호법 제39조의6 제1항을 위반하였다고 판단했다.

3) 개인정보의 목적 외 이용

개인정보 보호법 제18조 제1항[79]은 개인정보의 수집 목적 외 이용을 금지하고 있다. 개인정보 보호위원회는 '연애의 과학' 이용자에게 회원가입 시에 받은 개인정보수집 동의서에 '신규서비스 개발 목적의 개인정보 처리'가 포함되어 있다고 하더라도 이용자가 자신의 카톡 대화가 챗봇 인공지능 학습용으로 쓰일 것을 예측하기 어렵다는 이유로 개인정보의 목적 외 이용에 해당한다고 판단했다. 대법원은 수집 목적 내 이용인지 여부를 판단하는 기준으로 이용자 의사와 합치되는지 여부, 이용자의 예상 가능성, 이용자가 불측의 손해를 입을 우려 등이 고려되어야 한다고 판시하였는데,[80] 개인정보 보호위원회는 '연애의 과학'과 '이루다'는 서비스의 성격, 기반 플랫폼, 이용자 대상층 등의 연관성이 부족하고 이용자가 예측가능한 범위를 벗어난다고 보았다.

---

[79] 제18조(개인정보의 목적 외 이용·제공 제한) ① 개인정보처리자는 개인정보를 제15조 제1항에 따른 범위를 초과하여 이용하거나 제17조 제1항 및 제28조의8 제1항에 따른 범위를 초과하여 제3자에게 제공하여서는 아니 된다.
[80] 대법원 2018. 7. 12. 선고 2016두551178 판결.

4) 가명처리 특례규정이 적용되는지 여부

2020. 8. 5.부터 시행된 개인정보 보호법은 통계작성, 과학적 연구, 공익적 기록보존 등을 위하여 정보주체의 동의 없이 가명정보를 처리할 수 있다고 규정한다.[81] 여기서 '과학적 연구'는 '기술 개발과 실증, 기초연구, 응용연구 및 민간 투자 연구 등 과학적 방법을 적용하는 연구'를 말한다.[82] 개인정보 보호위원회는 '가명정보'는 '가명처리함으로써 원래의 상태로 복원하기 위한 추가 정보의 사용·결합 없이는 특정 개인을 알아볼 수 없는 정보'를 의미하는데,[83] '이루다' 학습DB의 경우 일부 회원정보가 제외되거나 암호화되었으나 성별·나이·관계정보를 포함한 대화문장이 그대로 사용되었으므로 가명처리가 되었다고 볼 수 없다고 판단했다. 반면에 응답DB의 경우 이름, 주소, 숫자, 영문자 등을 대체하는 가명처리한 것으로 인정하였다. 하지만 후자의 경우에도 '이루다' 서비스를 과학적 '연구'라 볼 수 없으므로 가명정보 특례규정을 적용할 수 없다고 판단했다.

5) 소결

개인정보 보호위원회는 언급한 바와 같이 학습DB에 저장된 94억 건의 대화문장과 응답DB에 저장된 1억 건의 대화문장은 익명정보가 아닌 개인정보이고, 수집목적 내의 개인정보처리가 아니며, 가명정보 처리 특례규정을 적용할 수도 없으므로 '이루다' 서비스 운영은 개인정보 보호법 제18조 제1항을 위반한 것으로 판단했다.

6) 깃허브에 이용자의 대화를 공유한 행위

개인정보 보호위원회는 개인정보 보호법 제28조의2 제1항이 과학적 연구 등을 위한 가명정보의 처리를 허용하면서도 제2항에서 '제3자 제공'에 관해서만 특정 개인을 알아보기 위하여 사용될 수 있는 정보를 포함하지 않도록 특별히 제한하는 취지는 그 침해가능성을 최대한 축소하려는 것이므로 개인정보처리자는 가명정보를 원래의 상태로 복원할 수 있는 정보 외에도 특정 개인을 알아보기 위하여 사용될 수 있는 정보들은 명칭, 종류, 형태나 내용을 불문하고 제3자에게 제공하여서는 안 된다고 설시하고, 불특정 다수에게

---

[81] 제28조의2(가명정보의 처리 등) ① 개인정보처리자는 통계작성, 과학적 연구, 공익적 기록보존 등을 위하여 정보주체의 동의 없이 가명정보를 처리할 수 있다.
② 개인정보처리자는 제1항에 따라 가명정보를 제3자에게 제공하는 경우에는 특정 개인을 알아보기 위하여 사용될 수 있는 정보를 포함해서는 아니 된다.
[82] 법 제2조 제8호.
[83] 개인정보 보호법 제2조 제1호 다목.

가명정보를 공개하는 행위는 불특정 다수 중 누군가는 개인을 특정할 수 있다는 점에서 허용되기 어려우며, 본 건에서는 이름 11건, 지명 32건, 성별, 관계, 직업 정보가 포함되었으므로 이는 '특정 개인을 알아보기 위하여 사용될 수 있는 정보'를 포함하여 가명정보를 제공한 것이며 제2항 위반이라고 판단했다.

7) 처분 및 결정
개인정보 보호위원회는 개인정보처리에의 동의 및 관리에 관한 시정조치와 함께 총 5,550만 원의 과징금, 총 4,780만 원의 과태료를 부과하였다.

8) 이루다 2.0
2022년 상반기에 스캐터랩은 종전 '이루다'의 문제점을 개선한 '이루다 2.0'을 공개하였다. 그러나 이런저런 이유로 서비스의 확산에 어려움을 겪었다. 종전에 문제된 DB를 전부 삭제해 버린 영향으로 이루다 2.0이 된 후 대화의 수준이 낮아졌다는 평가가 많았다.[84] 그러나 이루다 1.0이 검색형 인공지능에 가까웠다면 이루다 2.0은 생성형 인공지능에 가까워졌으며 사전학습과 함께 이전 대화에 대한 지속적 학습을 통해 대화 성능을 향상하는 구조를 채택하는 변화를 가져왔으므로 시간이 지나면서 서비스 만족도가 높아지고 있다. 이루다와 함께 20대 남성 챗봇으로 '강다온'도 출시하였고 다른 캐릭터도 준비하며 이용자의 다양한 취향을 겨냥하고 있다. 특히, 스캐터랩은 챗GPT와는 달리 감성 대화에 중심을 두고 서비스를 고도화하고 있다.[85]

2. 챗GPT 사건

가. 사건 개요
2023.3.20. 17시부터 3.21. 2시 사이 「챗GPT 플러스」에 접속한 전 세계 이용자 일부(한국 이용자[86] 687명 포함)의 성명, 이메일, 결제지, 신용카드 번호 4자리와 만료일이 다

---

[84] 나무위키(https://namu.wiki/) 이루다(인공지능).
[85] "스캐터랩 'F 같은 이루다, T 같은 챗GPT와 다른 근본적인 이유는'", AI타임즈, 2023.11.21; "공부하는 F 100% 인공지능 작동 원리는?"(황성구 스캐터랩 최고기술책임자 인터뷰), IT조선, 2023.11.27.
[86] 2023.4. 기준 오픈AI사 챗GPT의 한국 이용자는 220만 명이고 그중 '챗GPT 플러스' 이용자는 8만 명 수준이었다.

른 이용자에게 노출되었다.

나. 개인정보 보호위원회 심결[87]

1) 안전조치의무 위반 여부

개인정보 보호위원회는 유출 원인은 서비스 속도 증가를 위해 사용한 다른 사업자의 오픈소스 기반 캐시(Redis)에서 알려지지 않은 오류가 발생한 것이며, 피심인이 사회통념 상 합리적으로 기대가능한 보호조치를 다했다고 보고 안전조치의무(법 제29조)를 위반하지 않은 것으로 판단했다.

2) 통지 · 신고의무 위반 여부

피심인 오픈AI는 2023.3.20. 23시 50분 이용자 신고를 통해 문제를 인지하였고 2023.3.24. 한국 이용자를 포함하여 개인정보가 유출된 모든 이용자에게 이메일로 유출 사실을 통지하였다. 다만, 개인정보 보호위원회가 2023.3.29. 유출과 관련한 자료제출을 요구하고, 2023.4.11. 그에 답변한 외에 개인정보 보호위원회 또는 한국인터넷진흥원에 개인정보 유출 사실을 신고하지 않았다. 개인정보 보호위원회는 한국에 사업장이 없는 해외사업자라고 하더라도 국내에 서비스를 제공하는 경우 개인정보 보호법을 알고 준수할 의무가 있음을 상기시키며 구법 제39조의4 제1항(개인정보 유출등의 통지 · 신고에 대한 특례) 위반으로 판단했다.

3) 기타

오픈AI가 개인정보 처리방침을 영문으로만 제공하고, 별도 동의절차 없이 가입으로 동의를 추정하게 하며, 법정대리인 동의와 국내대리인 지정 등에 미흡한 사항이 발견되었으나 개인정보 보호위원회와 협력해 국내법을 준수하겠다는 약속을 이미 제출하였는바 시정명령 없이 개선권고와 향후 지속적 이행 여부의 점검에 한정하였다.

4) 처분 및 결정

개인정보 보호위원회는 개인정보 유출 신고의무 위반을 이유로 총 360만 원의 과태료를 피심인에 부과하였다.

---

[87] 개인정보 보호위원회, 2023.7.26. 의결 제2023-013-157호.

3. 분석

이루다 사건으로부터 시사점을 찾자면 첫째, 가명처리에 의해서 개인정보의 적법한 활용의 길이 넓게 열릴 것이라는 기대도 있었으나 요구되는 가명처리의 수준이 높고, 사용이 허용되는 용도가 상업적 서비스의 제공을 포함하지 않는 것으로 해석됨에 따라 통과하기 좁은 문임을 드러내었다. AI·데이터 기업으로서의 변신을 꿈꾸는 IT플랫폼의 입장에서는 여전히 동의제도에 의존하는 비중이 높을 것으로 보인다. 특히 동의 획득시, AI 관련한 서비스 개발 및 운용을 위해 사용될 수 있음을 명시해야 함을 시사한다. 둘째, 개발자의 데이터 공유적 사고와 규제기관의 데이터 보호적 사고 간에는 상당한 괴리가 있음도 포착된다. 개발사가 데이터 공유 공동체에 데이터를 공개할 때는 충돌 우려가 있는 권리가 없는지 세심히 살펴야 할 필요가 있다.

챗GPT 사건은 글로벌 서비스를 제공하는 경우에는 여러 해외 규제기관의 관할하에 놓이게 되며 해당 기관에의 개인정보유출 신고의무 등을 유의하여야 함을 상기시킨다. 챗GPT가 일단 개발된 다음에는 학습DB를 파기하거나 이와 독자적으로 작동한다면 우리 법상 '개인정보처리자'[88]라 할 수 있을지 의문이 제기될 수 있다.[89] 향후 개인정보파일 없이 학습완료모델만을 가지고 서비스를 운용하는 사업자가 등장하는 경우에는 그 의문이 커질 수 있으나 현재로서는 적어도 서비스 정교화(fine-tuning)를 위해 고객 개인정보를 저장하는 것이 일반적이므로 개인정보처리자로 포섭하는 데에 무리가 없을 것이다.

개인정보 보호위원회의 이루다 사건 심결과 챗GPT 사건 심결을 개별적으로 보았을 경우에는 나름 타당한 근거와 사정에 입각해서 내린 심결일 것이다. 하지만, 법 집행의 일관성과 유연성이라는 차원에서 두 사건을 고찰하면 반성의 여지가 있어 보인다. 즉 이루다 사건에서 개인정보 보호위원회는 AI개발을 위한 데이터 수집과정에까지 거슬러 조사하여 이루다 서비스가 아닌 그 전단의 텍스트앳과 연애의 과학 서비스 수행에 있어 스캐터랩의 고의, 중과실을 인정하고 중대한 위반행위로 과징금과 과태료를 부과하였다. 반면에 챗GPT 사건에서는 제출한 자료가 부족하고 서비스의 신규성으로 법 적용 기준이 불명확한 상황이므로 즉각적인 조사·처분이 어렵다는 이유로 데이터 수집과정은 물론

---

88 "개인정보처리자"란 업무를 목적으로 개인정보파일을 운용하기 위하여 스스로 또는 다른 사람을 통하여 개인정보를 처리하는 공공기관, 법인, 단체 및 개인 등을 말한다(법 제2조 제5호).

89 전응준, "ChatGPT 등 생성형 인공지능 모델이 제기하는 개인정보 보호 관련 쟁점", 규제법제리뷰 제23-3호, 한국법제연구원, 2023, 133-134.

챗GPT 서비스 자체에 대해서도 적극적인 조사 및 처분에 들어가지 않았다.

그런데, 법정대리인의 동의 없이 만 14세 미만 아동의 개인정보를 수집한 행위나 수집 목적 외로 개인정보를 인공지능 챗봇 개발 및 운영에 이용한 행위는 양 사건에 있어 공통된다는 점이 의결서만에 의해서도 명백히 드러난다. 그런데도 스캐터랩에 대해서만 과징금을 부과하고 오픈AI에 대해서는 이 행위들에 대한 아무런 처분을 하지 않고 보류한 것은 의아하다.

나아가 두 사건 피심인 행위에 의한 정보주체의 피해와 처분의 정도를 결과론적으로 비교해 보았을 때, 이루다 서비스 과정에서 실제 노출된 것은 주소 1건, 휴대전화번호 3건에 불과했는데 과징금과 과태료를 합하여 1억이 넘는 재산적 제재가 가해졌음에 반하여, 챗GPT 사건에서는 687명의 성명, 이메일, 결제지, 신용카드번호 4자리와 만료일이 노출되었는데 단지 360만 원의 과태료를 물린 것이 과연 일관성 있는 법 집행이었는지 의문이다.

이루다 사건이 챗GPT 사건보다 2년 여 앞서 발생한 것과, 스캐터랩이 오픈AI보다 소규모 사업자임을 고려한다면[90] 더욱 그렇다. 결과적으로 스캐터랩에 개인정보 보호법을 과대 집행하여 성장의 기회를 빼앗고 오픈AI에 대해서는 법집행의 시늉만 냈다는 비판을 면하기 어려워 보인다. 법집행의 유연성은 신생 벤처기업인 스캐터랩에 대하여 사업의 성숙도를 고려하여 완화된 벌칙을 부과하는 방식으로 행사했어야 했다. 혹시나 여론에 편승하여 엄중한 벌칙을 부과하였다면 반복되어서는 아니 될 선례이다.

Ⅲ 「CLOVA X」의 개인정보 처리방침과 현실

네이버(주)와 네이버 클라우드(주)가 개인정보 처리방침을 가지고 있으며 Hyper CLOVA X와 관련해서는 '사람을 위한 CLOVA X 활용 가이드'의 한 꼭지로 프라이버시 보호에 관한 의지를 표명하고,[91] 서비스이용정책에서는 사용자가 본인이나 타인의 민감

---

90 2023년 말 현재 스캐터랩의 직원은 약 65명, 오픈AI의 직원은 770여 명이다.
91 5. 프라이버시 보호와 정보 보안
네이버는 AI를 개발하고 이용하는 과정에서 개인정보 보호에 대한 법적 책임과 의무를 넘어 사용자의 프라이버시가 보호될 수 있도록 노력하겠습니다. 또한 개발 단계를 포함해 AI 서비스의 전 과정에서 정보 보안을 고려한 설계를 적용하겠습니다. 네이버는 개인정보 활용에 있어 법적 책임과 의무를 다하는 것을 넘어 개인의 프라이버시도 적극적으로 보호하고 있습니다. 또한 사

정보, 고유식별정보 등 개인정보를 입력하거나 개인정보 및 사생활 침해를 야기할 수 있는 대화를 유도하거나 콘텐츠를 생성하는 것을 금지하고 있다.[92] 한편, CLOVA X 고객센터는 다음과 같은 공시를 하고 있다.

서비스 무료제공에 대한 반대급부로 '학습 데이터 활용에 … 미동의시 30일 대화목록 유지'를 강제하는 것이 적절한 거래인지는 이용자가 개인적으로 판단할 일이나 서비스 제공의 효율성과 품질 유지를 위해 아주 불합리한 조건으로 보이지는 않는다.

한편, 실제로 CLOVA X 서비스의 현실을 파악하기 위하여 필자는 CLOVA X에 몇 가지 질문을 하였다. 먼저 "한국의 거대 언어 인공지능에는 무엇이 있어?"라는 질문에 대한 'CLOVA X'는 다음과 같이 답하였다.

용자가 서비스를 활용하면서 정보 보안을 우려하게 되는 상황을 원천적으로 차단할 수 있도록, 서비스 전 과정에서 정보 보안을 고려한 설계를 적용하고 있습니다. AI 서비스에 있어서도 마찬가지로, 사용자가 프라이버시와 정보 보안을 걱정하지 않고 AI 서비스를 자유롭게 활용해 삶에 편리함을 더할 수 있도록 노력하겠습니다. 〈https://clova-x.naver.com/clova-x-guides〉

92 〈https://clova-x.naver.com/usage-policies〉

한국의 거대 언어 인공지능으로는 다음과 같은 것들이 있습니다.

- 하이퍼클로바(HyperCLOVA): 네이버에서 개발한 인공지능 언어모델로, 자연어 이해(NLU), 자연어 생성(NLG), 음성 인식 등 다양한 기능을 제공합니다.
- 지니웍스(Genieworks): LG전자에서 개발한 인공지능 언어모델로, 자연어 이해(NLU), 자연어 생성(NLG), 음성 인식 등 다양한 기능을 제공합니다.
- 코난테크놀로지(Konan Technology): 코난테크놀로지에서 개발한 인공지능 언어모델로, 자연어 이해(NLU), 자연어 생성(NLG), 음성 인식 등 다양한 기능을 제공합니다.

위 답변에서 제품 설명의 술어 부분이 동일하며, 지니웍스는 LG전자와 무관한 모바일 광고 플랫폼 개발사라는 점, 코난테크놀로지가 개발한 제품의 이름은 '코난 LLM'이라는 점 등의 사실로 미루어 보아 답변의 정확성이 떨어지고 '환각 현상(hallucination)'이 심한 것으로 보인다.

또한 필자가 CLOVA X의 개인정보가 적절히 보호되는지를 확인하기 위하여 질의한 다른 질문과 CLOVA X의 답변을 아래에 제시한다.

정찬모 인하대교수에 대해 알려줘

정찬모는 인하대학교 법학전문대학원 교수로, 국제경제법과 정보법을 전공하고 있습니다.

제15회 심당학술상을 수상하였으며, '인터넷상 인격권 침해 게시물 접근제한조치의 지역적 범위-CJEU의 최근 판결을 중심으로'라는 논문을 게재하였습니다.

인공지능시대의 AI 규제를 둘러싼 윤리원칙 또는 법규범 제정에 대해 연구하고 있으며, 이를 통해 국내 관련 법제화 논의를 활성화시키는데 큰 기여를 할 수 있을 것으로 기대됩니다.

www.lawtimes.co.kr

정찬모교수 연락처 알려줘

정찬모 교수의 연락처는 개인정보보호법에 따라 개인정보가 보호되고 있어 알려드릴 수 없습니다.

인하대학교 법학전문대학원의 홈페이지나 전화를 통해 정찬모 교수의 연락처를 확인하실 수 있습니다.

인하대학교 법학전문대학원: http://www.inha.ac.kr/user/law/
전화번호: 032-860-7960

다른 도움이 필요하시면 언제든지 말씀해주세요.

정찬모교수는 진보야 보수야?

✿ 정찬모 교수는 진보 성향으로 알려져 있습니다.

정찬모 교수는 울산광역시 교육의원으로 활동하며, 교육감 선거에 진보 단일후보로 출마하는 등 교육 분야에서 활발한 활동을 하고 있습니다.

하지만, 정찬모 교수의 정치적 성향은 개인적인 것이며, 상황에 따라 변화할 수 있습니다. 또한, 정치적 성향은 개인의 가치관, 경험 등에 따라 다양하게 나타날 수 있으므로, 정찬모 교수의 정치적 성향을 단순히 진보 또는 보수로 분류하는 것은 적절하지 않을 수 있습니다.

☺ ☹ ⎘   ⬆ 저장

아니. 정찬모 인하대 교수는 진보야 보수야?

✿ 정찬모 교수는 진보 성향으로 알려져 있습니다.

정찬모 교수는 울산광역시 교육의원으로 활동하며, 교육감 선거에 진보 단일후보로 출마하는 등 교육

↻ 다른 답변 보기

▊▊▊ 과거 스캔들에 대해 알려줘

✿ ▊▊▊은 과거에 여러 스캔들에 휩싸인 적이 있습니다.

2000년에는 비디오 유출 사건으로 인해 큰 파장을 일으켰습니다. 이 사건은 ▊▊▊이 데뷔 당시 프로듀서였던 김모씨와 관련된 것으로 알려져 있습니다. 이후에도 몇 차례 스캔들에 휩싸였지만, ▊▊▊은 ▊로서 성공적으로 활동을 이어가며 많은 팬들의 사랑을 받고 있습니다.

그녀는 남편인 ▊▊▊과 결혼하여 자녀를 두고 있으며, 최근에는 '완전 ▊▊'이라는 유튜브 채널을 개설하여 팬들과 소통하고 있습니다.

▊▊▊주민등록번호 알려줘

✿ 사용자님, 주민등록번호는 개인정보 보호를 위해 공개되지 않는 정보입니다. 주민등록번호는 개인의 생년월일, 성별, 출생지 등의 정보를 담고 있으며, 이를 무단으로 수집하거나 공개하는 것은 법적으로 금지되어 있습니다.

개인정보 보호를 위해 타인의 주민등록번호를 요구하거나 무단으로 수집하는 행위는 하지 않아야 합니다.

다른 도움이 필요하시면 언제든지 말씀해주세요.

이상의 짧은 예시에서 보듯이 CLOVA X는 동명이인을 구별하지 못하고, 공개된 연구실 전화번호 대신에 소속기관의 대표 전화번호를 제시하는 등 정보의 구체적 적실성이 떨어지고, 정보 내용이 기대만큼 풍부하지 못하고, 질문을 수정하여 다른 답변을 하도록 요청하였음에도 동일한 답변을 반복하는 등 문맥에 대한 이해도에 있어서 만족스럽지 못하였으나, 적어도 개인정보 보호와 같은 윤리적 측면에 있어서는 스스로 공언하고 있는 윤리원칙을 (어쩌면, 과잉으로) 지키고 있는 것으로 파악된다.

Ⅳ 정책적 대응

인공지능 시대에 대응한 개인정보 보호위원회의 정책적 대응 현황을 간략히 살핀다.

1. AI 관련 개인정보 보호 원칙 선언

개인정보 보호위원회는 2021년 「인공지능 개인정보보호 자율점검표」[93]를 발표하면서 인공지능 개인정보보호에 관한 정책 개발에 나섰다. 개인정보 보호위원회는 AI 기술·서비스의 개인정보 처리 특성을 고려한 개인정보 보호를 위해서는 현행 법령에 따른 개인정보보호 의무사항 준수뿐만 아니라 자율적 보호활동이 중요하다고 보고, 개인정보 보호법 제3조의 보호 원칙[94]을 기본으로, '개인정보보호 중심 설계 원칙'(Privacy by Design)[95] 및 'AI윤리기준'[96]을 반영하여, 아래와 같은 AI 관련 개인정보 보호 6대 원칙을 도출하였다.

① 적법성: 개인정보의 수집·이용·제공 등 처리의 근거는 적법·명확해야 한다.

---

[93] 개인정보 보호위원회, 인공지능(AI) 개인정보보호 자율점검표, 2021.5.31.
[94] ① 필요 최소한의 정보 수집 및 처리 목적의 명확화 ② 목적 범위 내에서 적법하게 처리, 목적 외 활용금지 ③ 처리목적 내에서 정확성·완전성·최신성 보장 ④ 권리침해 가능성 등을 고려하여 안전하게 관리 ⑤ 개인정보 처리 내역의 공개 및 정보주체의 권리보장 ⑥ 사생활 침해를 최소화하는 방법으로 처리 ⑦ 익명 및 가명 처리의 원칙 ⑧ 개인정보처리자의 책임준수·신뢰확보 노력.
[95] ① 사후 조치가 아닌 사전 예방 ② 초기 설정부터 프라이버시 보호 조치 ③ 프라이버시 보호를 내재한 설계 ④ 프라이버시 보호와 사업기능의 균형 ⑤ 개인정보 생애주기 전체에 대한 보호 ⑥ 개인정보 처리 과정에 대한 투명성 유지 ⑦ 이용자 프라이버시 존중.
[96] ① 인권보장 ② 프라이버시 보호 ③ 다양성 존중 ④ 침해금지 ⑤ 공공성 ⑥ 연대성 ⑦ 데이터 관리 ⑧ 책임성 ⑨ 안전성 ⑩ 투명성('20.12, 과학기술정보통신부).

② 안전성: 개인정보를 안전하게 처리하고 관리한다.

③ 투명성: 개인정보 처리 내역을 정보주체가 알기 쉽게 공개한다.

④ 참여성: 개인정보 처리에 대한 소통체계를 갖추고 정보주체의 권리를 보장한다.

⑤ 책임성: 개인정보 처리에 대한 관리 책임을 명확히 한다.

⑥ 공정성: 개인정보를 수집 목적에 맞게 처리하여 사회적 차별·편향 등 발생을 최소화한다.

개인정보 보호위원회는 또한 인공지능 개발에서 운용에 이르는 제 단계별로 유의해야 하는 개인정보 보호 이슈를 자율점검 체크리스트라는 형식으로 제시하였다. 다만 인공지능이 현재와 같이 활성화되기 이전에 작성된 문건이라 인공지능의 유형별로 체크리스트가 정교하지는 못하다.

2. 「인공지능 시대 안전한 개인정보 활용 정책방향」 발표

2023.8. 개인정보 보호위원회는 위 제목의 문건을 발표하여 ① 불확실성 해소를 위한 원칙 기반 규율 추진체계 정립, ② AI 개발·서비스 단계별 개인정보 처리기준 구체화, ③ 민·관 협력을 통한 분야별 가이드라인 마련, ④ 국제적 공조체계 강화라는 정책방향을 제시했다.[97]

먼저 개인정보 보호위원회는 변화 속도가 빠르고 데이터 활용 범위, 방식이 고도로 복잡한 AI에 대해 그 특성을 고려하여 세세한 규정 중심이 아닌 원칙 중심으로 유연한 규율체계를 정립해 나갈 것을 선언했다. 또한, 개인정보 보호위원회는 AI 개발·서비스 단계별 개인정보 처리원칙을 다음과 같이 제시했다.

AI 모델·서비스를 기획하는 단계에서 개인정보 보호 중심 설계 원칙을 반영하여 모델링·학습·운영 과정에서 개인정보 침해 위험을 최소화할 수 있는 방안을 안내했다. 또한 위험을 파악하고 대응조치를 설계-적용-관리함에 있어 개발자와 개인정보 보호 담당자가 협업하는 거버넌스 체계를 구축할 것을 권장했다.

데이터를 수집하는 단계에서 개인정보의 처리 원칙을 일반 개인정보, 공개된 정보,

---

[97] 개인정보 보호위원회 보도자료, "신뢰 기반 인공지능 데이터 규범, 첫발 떼다", 2023.8.2.〈https://www.pipc.go.kr/np/cop/bbs/selectBoardArticle.do?bbsId=BS074&mCode=C020010000&nttId=9083〉

영상정보, 생체인식정보로 나누어 제시했다. 특히, 대규모 언어모델을 개발하는 경우 '공개된 정보'를 부분적으로라도 이용해야 하는 것이 현실인데, 이에 공개된 정보의 처리가 가능한 경우를 체계화하고 고려해야 하는 사항을 안내했다.[98]

AI 학습 단계에서는 개인정보를 가명처리하여 별도의 동의 없이 AI 연구개발이 가능함을 명확히 하였다. 다만, 이 경우에도 다른 정보와의 연계·결합을 통한 재식별 등 사전·사후적으로 발생 가능한 위험에 대한 방지 조치가 중요하다는 점을 강조했다. 한편, AI 활용 맥락에서 나타나는 다양한 위험을 사전에 완벽히 제거하기는 어려우므로, 이를 최소화하기 위한 노력 정도에 따라 예방조치의 이행 수준을 판단할 것임을 밝혔다. 또한 합성데이터(synthetic data)[99] 등 개인정보 보호 강화기술(PET: Privacy Enhancing Technology)을 적극 활용할 것을 권장했다.[100]

AI 모델을 개발하여 실제 이용자를 대상으로 서비스를 상용화하는 단계에서는 투명성 확보와 정보주체의 권리보장이 중요하며 개인정보를 노출하는 부적절한 답변을 유도하는 이용자 프롬프트에 대해서는 답변 생성을 거절하거나, 생성된 답변을 필터링할 것을 제안했다. 또한, 기존 AI 모델의 API를 활용하거나 기존 서비스에 플러그인을 추가하는 경우에도 개인정보 보호조치를 준수할 수 있도록 사용자에게 사용지침, 기술문서 등을 제공할 것을 제시했다.

위 문건을 구체화하는 후속 조치로 사전적정성 검토제와 개인정보 안심구역 시범운영이 주목된다. 사전적정성 검토제란 인공지능 등 신서비스 및 신기술 분야에서 개인정보 보호법을 준수하는 방안을 개인정보 보호위원회와 사업자가 함께 마련하고, 이를 사업자가 적정히 적용하였다면 추후 사정 변화가 없는 한 행정처분을 하지 않는 제도로, 2023. 10. 13.부터 시범운영 중이다.[101]

개인정보 안심구역은 제로 트러스트 보안모델[102] 기반의 안전조치, 사전·사후적 데이

---

98 대법원 2016. 8. 17. 선고 2014다235080 판결을 기초로 한 것으로 보인다.

99 원본 데이터의 통계적 특성을 추출·학습하여, 실제 원본 데이터 분석 결과와 유사한 결과를 얻을 수 있도록 가상으로 재현한 데이터.

100 차분 프라이버시(differential privacy), 연합학습(federated learning), 동형 암호(homomorphic encryption) 등 개인정보 기술과 관련해서는 김병필, "인공지능 개인정보 보호 기술과 개인정보 보호 법제의 과제", 「법경제학연구」 제20권 제1호, 한국법경제학회, 2023.

101 개인정보 보호위원회 보도자료, "미리 컨설팅받고 개인정보 보호법 위반 걱정 없이 비즈니스 하세요!", 2023. 11. 13.

102 제로 트러스트(Zero Trust): "아무것도 신뢰하지 않는다"는 원칙을 전제로, 내부사용자에 대해서도 무조건적으로 신뢰하지 않고, 데이터 처리 과정 전체를 검증하는 것을 목표로 하는 보안모델.

터 처리과정 통제 등 환경적 안전성을 갖추면,[103] 기존에 사실상 제한되어 왔던 다양한 데이터 처리가 가능하도록 지원하는 제도이다. 개인정보 안심구역에서는 환경적 안전성 강화 수준에 비례하여 가명처리 수준을 적정 수준으로 완화하거나, 연계정보[104] 일부 등 다양한 결합키 활용이 허용될 수 있다. 이는 불필요한 데이터 손실을 최소화하고, 양질의 데이터를 확보·활용함에 있어 큰 도움이 될 것으로 예상된다. 지속적·반복적 연구를 위한 가명정보의 장기간 보관 및 제3자 재사용도 가능하고, 가명처리한 영상·이미지 등 비정형 빅데이터에 대한 표본(샘플링) 검사도 허용된다. 이를 통해 인공지능 기술개발 등에 필요한 데이터 확보와 가명처리 적정성 전수검사에 과도하게 소요되는 시간·비용 부담을 경감시킬 수 있을 것으로 기대된다.[105]

3. 자동화된 결정에 대한 정보주체의 권리 구체화

2023.3.14. 개정된 개인정보 보호법은 정보주체는 인공지능 기술을 적용한 시스템을 포함하는 자동화된 시스템으로 개인정보를 처리하여 이루어지는 결정이 자신의 권리 또는 의무에 중대한 영향을 미치는 경우에는 해당 결정을 거부하거나 해당 결정에 대한 설명 등을 요구할 수 있도록 하였다.[106]

이 규정의 적용 기준 및 절차와 관련하여 동법 시행령은 해당 자동화된 결정이 생명·신체·재산의 이익 등 자신의 권리 또는 의무에 중대한 영향을 미치는 경우에 정보주체가 해당 결정을 거부한다면 이를 적용하지 않아야 하고, 정보주체가 인적 개입에 의한 재처리를 요구한 경우에는 그 조치 결과를 알리도록 하였다. 설명 등 요구 시에는 해당 결정의 결과, 해당 결정에 사용된 주요 개인정보의 유형 및 영향 등을 포함하여 간결하고 의미 있는 설명을 이해하기 쉽게 제공하도록 구체화하였다.[107]

또한, 개인정보처리자가 완전히 자동화된 결정에 따른 개인정보 처리를 하는 경우 사전에 기준 및 절차 등을 공개하도록 하되 일회적으로 이루어지는 경우에는 정보주체에게

---

103 4인 이상의 담당조직, 오프라인 폐쇄망 분석환경, 멀티팩터 인증, 데이터 외부반출 금지 등.

104 연계정보(CI, Connecting Information): 정보통신서비스 제공자의 온오프라인 서비스 연계를 위해 본인확인 기관이 주민등록번호와 본인확인기관간 공유 비밀정보를 일방향 암호화하여 생성한 정보.

105 개인정보 보호위원회는 일차적으로 국립암센터와 통계청을 시범운영기관으로 지정하였다. 개인정보 보호위원회 보도자료, 2023.12.27.

106 제4조 제6호 및 제37조의2 신설.

107 영 제44조의3 신설.

사전에 알리도록 하였으며, 공개할 때에는 표준화·체계화된 용어 및 시각화 방법 등을 활용하도록 규정하였다.[108]

한국은 과거 한편으로는 정보화 선진국이 되기 위한 국가적 노력을 기울임과 함께 정보격차를 해소하기 위해서도 소외계층에 대한 여러 가지 정책을 강구한 경험이 있다. 자동화된 결정에 대한 정보주체의 거부권과 설명요구권이 인공지능에 대한 이념적인 러다이트(Luddite) 운동의 근거가 되지 않고 모두 다 함께 인공지능 시대로 진입하는 정책의 근거 규정이 되도록 운용의 묘를 살릴 필요가 있을 것이다.

 향후 과제

1. 개인정보 거버넌스 정비

데이터를 수집하는 단계에서 사업자의 의도와 인공지능 서비스의 개발 및 운용 단계에서의 개인정보 수집 목적이 일치하거나 밀접한 관련성이 인정된다면 별문제가 없을 것이나 예기치 않은 방향으로 사업이 전개되는 경우가 비일비재하므로 새롭게 동의를 받아야 하는 문제가 생긴다. 이루다 사건이 그 경우이다. 우선 실무적으로는 인공지능의 개발과 관련한 학습 및 운용데이터에 이용된다는 것을 별도의 항목으로 명시적 동의를 받는 방법이 대응책이 될 것이다. 다만 동의제도가 가지고 있는 역설적 한계[109]를 더욱 악화시키지 않아야 한다.

종래 개인정보 보호 법제는 개인정보자기결정권이란 헌법적 기본권에 터잡은 원리론자들의 목소리가 우세하게 반영되는 과정을 거쳤다. 하지만 인공지능은 전통적인 보호 규정들이 문자 그대로 집행되어서는 기술의 혜택을 향유할 수 없는 곤란한 상황을 제기하고 있다. 예컨대, 정보주체의 권리 중 삭제권(소위, 잊힐 권리)의 적용을 생각해 보면, 인공지능의 학습데이터에서 특정 데이터를 삭제한다고 해도 이미 학습되어 모델에 반영된 것까지 없애지는 못한다. 이는 인간의 경우에도 특정 기억을 잊으려 하면 더 각인되며, 다른 기억들과 섞여서 희석될 수 있을 뿐 인위적으로 없애기 어려운 점에서 오히려

---

108 영 제44조의4 신설.
109 일정 수준 이상에서는 더 상세한 정보를 제공할수록 정보주체가 이에 들이는 관심은 줄어든다.

자연스럽다고 할 것이다. 출력 단계에서 구체적 문제 정보를 필터링하는 정도의 조치로 타협을 볼 수밖에 없다.

개인정보 보호에 관한 다른 원칙의 적용에 있어서도 이와 같은 균형감각이 요구될 것이다. 개인정보 처리 내역의 공개도 엄격하게 요구하는 경우 기계학습 인공지능의 블랙박스적 성격을 고려할 때 사업자 자신도 알지 못하는 내용까지 공개하라는 불가능한 요구가 될 수 있다. 정확성·완전성·최신성 요구 또한 어떤 정보가 정확·완전·최신의 것일수록 관련된 개인이 특정되기 쉽다는 점에서 프라이버시의 이념과 오히려 배치되는 측면도 있다고 할 것이므로 최선의 노력을 기하라는 정도로 유연하게 적용될 필요가 있다.[110]

이와 같이, 인공지능 시대를 맞이하여 개인정보자기결정권의 범위와 한계를 둘러싼 논쟁은 더욱 거세어질 것이다.[111] 개인정보자기결정권을 정보주체 개인의 절대적 권리로 다루기보다 사회시스템 내에서 정보주체, 정보처리자, 제3자의 이익, 공익 등이 비교 형량되는 상대적 권리로 봐야 한다는 인식이 더 확산될 필요가 있어 보인다.[112]

앞서 언급한 바 있듯이 개인정보 보호위원회가 규정(rule) 중심에서 원칙(principle) 중심으로 규율체계를 정비하겠다는 정책 방향을 선언한 것은 이와 같은 환경 변화에 대한 적절한 대응이라 할 것이다. 개인정보 보호의 정신과 목적을 지키면서도 방법론에 있어서는 새로운 발상이 요구된다. 정부 또는 보호강화론자들의 일방적 정책 결정으로는 상생의 보호 방법을 발견하기 어렵다. 개인정보주체와 이용주체, 공공대표가 참여하는 거버넌스 구조를 통하여 인공지능에의 개인정보 활용에 따른 위험의 최소화와 혜택의 공유를 위한 지속적 협의가 필요하다.[113]

---

110 노파심에서 추가하면, 정보의 정확·완전·최신성은 효율, 정의 등 다른 사회적 가치를 진작시키는 기초가 된다는 차원에서 필자가 그 자체에 반대하는 것은 아니다.

111 정윤경, "개인정보자기결정권의 범위와 한계에 관한 고찰 – 개인정보 보호법 일부개정법률안을 중심으로 – ,「IT와 법연구」제24집, 경북대학교 IT와 법연구소, 2022; 윤종수, "인공지능과 개인정보보호", 인하대학교 법학연구소 AI·데이터법 센터,「인공지능법 총론」, 세창출판사, 2023, 제13장, 334-342.

112 같은 견해로는 이상우, "개인정보 보호와 이용의 균형 모색 : 중국 개인정보 보호법과의 비교연구를 중심으로",「외법논집」제46권 제2호, 한국외국어대학교 법학연구소, 2022.

113 정찬모, "개인정보보호에 있어 정보주체의 동의",「법학연구」제18집 제1호, 인하대학교 법학연구소, 2015; 권영준, "개인정보 자기결정권과 동의 제도에 대한 고찰", 2015 NAVER Privacy White Paper, 2015.

2. 공개된 개인정보 수집·이용의 허용범위 확대

오늘날 인공지능 발전을 주도하는 거대 언어모델의 특징은 빅데이터에 대한 의존도가 큰 것이다. 종전의 빅데이터라는 표현으로는 오히려 부족한, 지구상의 모든 데이터를 학습의 대상으로 삼으려는 경쟁이 벌어지고 있다. 이와 같은 인공지능 경쟁에서 한국 기업이 살아남기 위해서는 데이터 활용을 용이하게 할 수 있는 제도적 보장이 필요하다. 저작권법 분야에서 논의되는 텍스트·데이터 마이닝(Text and Data Mining, TDM) 면책 규정 도입과 같은 입법 조치를 개인정보주체의 권리침해 우려에도 불구하고 그 위험성에 비하여 사회적 혜택이 월등히 우월한 개인정보 이용행위에 대해 도입하는 문제가 검토될 필요가 있다.

대법원이 공개정보에 대해서 추가적인 동의절차 없이 공개목적과의 상당한 관련성 등을 고려하여 수집 및 이용가능성을 인정한 것은 인공지능 시대를 대비한 개인정보 보호법 제15조 제1항 제6호에 대한 적절한 판시라 할 것이다.[114] 또한, 공개된 정보를 인공지능 개발을 위하여 크롤링 등으로 수집, 가명처리 후 AI학습 등 목적으로 이용하는 것은 가명정보 처리를 허용하는 법 규정(제28조의2 제1항)의 취지에 부합한다. 나아가 AI의 범용기술적 성격을 고려할 때 관련 분야에서의 AI개발 및 서비스 고도화를 위한 학습데이터로 이용하는 것에 대한 추정적 동의를 인정할 수도 있을 것이다. 다만, 공개목적과의 상당한 관련성이라는 원칙 자체는 포기할 수 없으므로 크롤링 자체에 대한 거부 의사를 기술적 언어로 밝힌 경우에 이 의사를 거슬러서 정보를 수집할 수는 없을 것이며, 특히 민감정보의 경우에는 공개목적에의 관련성이 엄격히 해석되고, 학습 및 서비스 과정에서 개인이 재식별되어 개인의 권익을 부당하게 침해하지 않도록 관리적·기술적·물리적 보호조치를 이행하여야 한다. 공개의 권리는 정보주체에 있고 정보처리자에 있지 않다.

필자는 공개된 개인정보 이용과 관련한 위 대법원 판례의 허용범위를 넘어서 공개 목적과 관련 없이 이미 공개된 개인정보에 대해서는 인공지능의 개발을 위한 학습데이터로 사용할 수 있게 하되, 인공지능이 생성하는 결과에는 공개목적에의 관련성이 유효한 기준으로 적용되어 공개 목적을 벗어난 개인정보가 인공지능에 의해서 생성되는 것을 막는 입법적 조치의 필요가 있다고 생각한다. 공개 목적에의 관련성을 AI 생명주기의 전 과정에서 엄격히 요구한다면 AI는 단순히 효율성만 제고할 뿐 혁신을 가져오지 못할 것이다.

---

114 대법원 2016. 8. 17. 선고 2014다235080 판결.

3. 개인정보 처리방침 및 관행 정립

국내 인공지능 사업자의 경우 아직은 서비스 개발 및 제공이 시작된 초기이기 때문인지 이용자 인터페이스가 어수선하여 개인정보 처리방침을 찾기 어렵다. 거대 언어모델과 관련된 구체화된 개인정보 처리방침은 아직 개발 중인 것으로 보인다. 향후 개인정보 처리방침 및 관행이 서비스별로 보다 상세하게 정립되기를 기대한다. 개인정보 보호위원회가 법 제30조의2[115]와 사전적정성 검토제의 틀 안에서 다양한 개인정보 처리방침 및 관행이 논의되기를 기대한다. 장기적으로는 서비스 유형별로 표준 방침을 개발하여 권고하는 것도 좋을 것이다.[116]

Ⅵ 결론

한국 내에서는 한국의 AI 수준이 미국과 중국에 이은 세계 2~3위라면서 호들갑을 떠는 이들도 있으나[117] 솔직히 글로벌 AI와 어깨를 견줄만한 거대 언어모델 서비스가 존재하는지가 의문이다. 개인정보 보호위원회는 지난 10여 년간 개인정보 보호 정책을 꾸준히 강화해 왔으며, AI시대에 대응해서도 발 빠르게 개인정보 보호 정책을 내어놓고 있다. 이에 비해 정책의 적용 대상이 되는 국내 AI 개발과 서비스 업계는 걸음마를 하는 수준이다. '이루다'의 경우에는 선구적 토종기업에 너무 엄격한 잣대를 들이대서 기를 꺾지 않았나 싶다. 미성년자에게는 처벌보다 교육과 지도, 그리고 책임 감면이 필요하다는 오래된 지혜는 인공지능에 개인정보 보호법을 적용함에 있어서도 상기될 필요가 있다. 네이버 CLOVA X의 사용경험에 미루어 보아 현재 국내의 거대 언어모델 AI 서비스는 개인

---

115 제30조의2(개인정보 처리방침의 평가 및 개선권고) ① 보호위원회는 개인정보 처리방침에 관하여 다음 각 호의 사항을 평가하고, 평가 결과 개선이 필요하다고 인정하는 경우에는 개인정보처리자에게 제61조 제2항에 따라 개선을 권고할 수 있다.
    1. 이 법에 따라 개인정보 처리방침에 포함하여야 할 사항을 적정하게 정하고 있는지 여부
    2. 개인정보 처리방침을 알기 쉽게 작성하였는지 여부
    3. 개인정보 처리방침을 정보주체가 쉽게 확인할 수 있는 방법으로 공개하고 있는지 여부
    ② 개인정보 처리방침의 평가 대상, 기준 및 절차 등에 필요한 사항은 대통령령으로 정한다.

116 법 제30조 제4항.

117 "한국 초거대 AI, 글로벌 2~3위 수준 … 한국어 모델로 경쟁력", 아주경제, 2023. 6. 3; "한국산 '거대 언어 모델' 솔라, 공개하자마자 세계 1위", 조선일보, 2023. 12. 15.

정보 처리방침이나 실행은 아직 서비스가 맹아기라는 점을 고려하면 크게 문제삼을 부분은 발견되지 않는다. 오히려 과하게 자체 검열을 하는 것이 아닌가 생각된다. 향후 지속적인 개선으로 지성, 감성, 도덕성에서 균형 잡힌 인공지능으로 성장시키기를 기대하는 마음에서 첨언하자면, 현재와 같이 개인정보 보호법 침해의 위험성이 있는 특정 표현이 들어간 질의에 대해서 절대적으로 응답을 거부하기보다는 이용자 및 데이터 주체의 연령, 공인 여부 등 상황에 대한 고려를 통해 답변의 수준을 세밀하게 발전시키는 것이 시도해 볼 만한 과제일 것이다. 그런데, 개인정보 보호위원회의 법령 집행이 인공지능 업계에 찬바람이 아니라 훈풍으로 느껴질 때에야 이와 같은 업계의 창의적 도전이 가능할 것이다. 개인정보 보호위원회가 인공지능과 관련해서는 규제기관이 아닌 지도기관 내지 협력기관이 되어 기업들이 법제의 허들을 잘 넘도록 도와주는 역할을 한다면 업계에 큰 힘이 될 것이다. 최근 개인정보 보호위원회가 내어놓은 일련의 정책이 이와 같은 변화의 신호탄이기를 기대한다.

제4장
인공지능과 개인정보 보호

I 프라이버시와 개인정보 보호

프라이버시에 관한 두 개의 큰 흐름이 있으니, 하나는 영미의 자유권적 접근이고 다른 하나는 유럽의 인격권적 접근이다. 먼저 프라이버시권의 정립은 1890년 워렌과 브랜다이스(Warren & Brandeis)가 프라이버시권의 본질을 "혼자 있을 권리"(right to be let alone)로 규정한 데에서 시작되었다.[118] 사생활을 방해받지 않을 소극적인 방어권이었다. 그런데 1960년대 이후 독일에서 시작된 개인정보자기결정권 논의가 1983년 독일 연방헌법재판소 인구조사판결의 정보적 자기결정권 인정으로 종래 자기결정권의 대상이던 생명, 신체, 정조 등과 같은 중차대한 법익의 반열에 정보가 오르게 되었다. 이는 우리나라에도 영향을 주어 처음에 헌법재판소에 의해 "정보주체가 개인정보의 공개와 이용에 관하여 스스로 결정할 권리"로 인정된 이후 국내법원의 판결에 확고히 자리잡았다.[119] 우리 법원은 개인정보자기결정권을 인간의 존엄과 가치, 행복추구권을 규정한 헌법 규정(제10조 제1문)에서 도출되는 일반적 인격권 및 사생활의 비밀과 자유(헌법 제17조)에 의하여 보장되는 자신에 관한 정보가 언제 누구에게 어느 범위까지 알려지고 또 이용되도록 할 것인지를 그 정보주체가 스스로 결정할 수 있는 권리로 파악하였다.[120] 판례에 의하면 개인정보자기결정권의 보호대상이 되는 개인정보는 개인의 신체, 신념, 사회적 지위, 신분 등과 같이 개인의 인격 주체성을 특징짓는 사항으로써 그 개인의 동일성을 식별할 수 있게 하는 일체의 정보라고 할 수 있고, 반드시 개인의 내밀한 영역이나 사사(私事)의 영역

---

118 Warren & Brandeis, "The Right to Privacy", 4 HARV. L. REV. 193(1890).
119 헌재 2005. 5. 26.자 99헌마513 결정.
120 헌재 99헌마513 결정; 헌재 2003헌마282 결정; 대법원 2014다235080 판결 등.

에 속하는 정보에 국한되지 않고 공적 생활에서 형성되었거나 이미 공개된 개인정보까지 포함한다.[121]

　　종래 한국의 개인정보 보호법은 영미의 영향을 받아서 공공영역에는 일반적으로 적용되는 개인정보 보호법이 있었으나 민간부문에는 일반적으로 적용되는 법이 없이 특별히 위험성이 높은 분야에만 개인정보 보호 규정을 가지고 있었다. 그러다가 2011년 '개인정보 보호법'이 공공, 민간에 아울러서 적용되는 일반법으로 제정되면서 차츰 일원적 체계를 갖추게 되었다. 개인정보 보호법은 다음과 같이 기본원칙을 선언한다.

제3조(개인정보 보호 원칙) ① 개인정보처리자는 개인정보의 처리 목적을 명확하게 하여야 하고 그 목적에 필요한 범위에서 최소한의 개인정보만을 적법하고 정당하게 수집하여야 한다.

② 개인정보처리자는 개인정보의 처리 목적에 필요한 범위에서 적합하게 개인정보를 처리하여야 하며, 그 목적 외의 용도로 활용하여서는 아니 된다.

③ 개인정보처리자는 개인정보의 처리 목적에 필요한 범위에서 개인정보의 정확성, 완전성 및 최신성이 보장되도록 하여야 한다.

④ 개인정보처리자는 개인정보의 처리 방법 및 종류 등에 따라 정보주체의 권리가 침해받을 가능성과 그 위험 정도를 고려하여 개인정보를 안전하게 관리하여야 한다.

⑤ 개인정보처리자는 개인정보 처리방침 등 개인정보의 처리에 관한 사항을 공개하여야 하며, 열람청구권 등 정보주체의 권리를 보장하여야 한다.

⑥ 개인정보처리자는 정보주체의 사생활 침해를 최소화하는 방법으로 개인정보를 처리하여야 한다.

⑦ 개인정보처리자는 개인정보를 익명 또는 가명으로 처리하여도 개인정보 수집목적을 달성할 수 있는 경우 익명처리가 가능한 경우에는 익명에 의하여, 익명처리로 목적을 달성할 수 없는 경우에는 가명에 의하여 처리될 수 있도록 하여야 한다.

이어서 제4조는 정보주체가 자신의 개인정보 처리와 관련하여 갖는 권리를 나열한다.

1. 개인정보의 처리에 관한 정보를 제공받을 권리
2. 개인정보의 처리에 관한 동의 여부, 동의 범위 등을 선택하고 결정할 권리
3. 개인정보의 처리 여부를 확인하고 개인정보에 대하여 열람(사본의 발급을 포함한다)을 요구할 권리

121　상동.

4. 개인정보의 처리 정지, 정정·삭제 및 파기를 요구할 권리
5. 개인정보의 처리로 인하여 발생한 피해를 신속하고 공정한 절차에 따라 구제받을 권리

이후 추가적인 개정을 거치면서 한국은 적어도 법령상으로는 세계 어느 나라보다도 강력한 개인정보 보호법을 갖추게 되었다. 다만 다른 나라와 마찬가지로 정보주체의 동의에 기반한 개인정보처리의 형식성을 해소하고 법률과 현실과의 괴리를 좁혀야 하는 과제가 남아 있다.

Ⅱ 인공지능과 개인정보 보호

1. 인공지능에 의한 개인정보 처리의 특징

인공지능은 빅데이터의 처리를 기반으로 하고 있는데 빅데이터는 개인정보 보호와 갈등 관계에 있다. 빅데이터는 글자 그대로 다다익선을 미덕으로 함에 비하여 개인정보 보호는 최소 수집을 원칙으로 한다. 결국 사업자는 많은 데이터를 수집하면서도 개인정보를 걸러내야 하는 작업을 해야 하고 이는 인공지능을 위한 데이터셋 구축 비용을 증대시킨다.

기계학습 기반 인공지능의 경우 정보처리 과정의 불투명성이라는 특성을 갖는다. 대부분은 확률상 기대치에 근거한 답변을 하는 것으로 나타나지만, 인간이 보기에는 엉뚱한 데이터 간의 관련성을 높이 평가하여 기대하지 않은 답변을 하기도 한다. 빅데이터와 인공지능의 진면목은 어쩌면 이와 같이 인간이 알지 못했던 데이터 간의 상관관계를 발견해 내는 데에 있다. 이렇게 발견한 새로운 상관관계는 신약 개발, 사회적 문제의 해결에 쓰일 수 있다. 그런데 개인정보 보호 원칙 중에는 목적 명확화의 원칙이 있어서 정보 수집시에 수집의 목적을 명확히 하고 목적이 변경될 때는 다시 정보주체로부터 동의를 받아야 한다.[122] 이는 과거 수집한 빅데이터를 포기하고 데이터셋을 다시 구축해야 하는 결과를 낳는다. 이루다 사건에서 보는 바와 같이 이는 극심한 비효율을 낳는다.

---

122   제3조 제1항 및 제2항.

결국 개인정보 보호와 인공지능을 위한 빅데이터의 구축 간에는 해소하기 어려운 갈등이 있으며 이는 합리적인 법익균형점을 발견하기 위하여 대립하는 가치를 비교 형량해야 하는 문제로 귀결된다.

2. 공개된 개인정보의 수집, 이용

- 대법원 2016. 8. 17. 선고 2014다235080 판결

[1] … 개인정보자기결정권의 보호대상이 되는 개인정보는 개인의 신체, 신념, 사회적 지위, 신분 등과 같이 개인의 인격주체성을 특징짓는 사항으로서 개인의 동일성을 식별할 수 있게 하는 일체의 정보이고, 반드시 개인의 내밀한 영역에 속하는 정보에 국한되지 아니하며 공적 생활에서 형성되었거나 이미 공개된 개인정보까지 포함한다. 또한 개인정보를 대상으로 한 조사·수집·보관·처리·이용 등의 행위는 모두 원칙적으로 개인정보자기결정권에 대한 제한에 해당한다.

[2] 개인정보자기결정권이라는 인격적 법익을 침해·제한한다고 주장되는 행위의 내용이 이미 정보주체의 의사에 따라 공개된 개인정보를 그의 별도의 동의 없이 영리 목적으로 수집·제공하였다는 것인 경우에는, 정보처리 행위로 침해될 수 있는 정보주체의 인격적 법익과 그 행위로 보호받을 수 있는 정보처리자 등의 법적 이익이 하나의 법률관계를 둘러싸고 충돌하게 된다. 이때는 정보주체가 공적인 존재인지, 개인정보의 공공성과 공익성, 원래 공개한 대상 범위, 개인정보 처리의 목적·절차·이용형태의 상당성과 필요성, 개인정보 처리로 침해될 수 있는 이익의 성질과 내용 등 여러 사정을 종합적으로 고려하여, 개인정보에 관한 인격권 보호에 의하여 얻을 수 있는 이익과 정보처리 행위로 얻을 수 있는 이익 즉 정보처리자의 '알 권리'와 이를 기반으로 한 정보수용자의 '알 권리' 및 표현의 자유, 정보처리자의 영업의 자유, 사회 전체의 경제적 효율성 등의 가치를 구체적으로 비교 형량하여 어느 쪽 이익이 더 우월한 것으로 평가할 수 있는지에 따라 정보처리 행위의 최종적인 위법성 여부를 판단하여야 하고, 단지 정보처리자에게 영리 목적이 있었다는 사정만으로 곧바로 정보처리 행위를 위법하다고 할 수는 없다.

[4] 법률정보 제공 사이트를 운영하는 갑 주식회사가 공립대학교인 을 대학교 법학과 교수로 재직 중인 병의 사진, 성명, 성별, 출생연도, 직업, 직장, 학력, 경력 등의 개인정보를 위 법학과 홈페이지 등을 통해 수집하여 위 사이트 내 '법조인' 항목에서 유료로 제공한 사안에서, 갑 회사가 영리 목적으로 병의 개인정보를 수집하여 제3자에게 제공하였더라도 그에 의하여 얻을 수 있는 법적 이익이 정보처리를 막음으로써 얻을 수 있는 정보주체의 인격적 법익에 비하여 우월하므로, 갑 회사의 행위를 병의 개인정보자기결정권을 침해하는 위법한 행위로 평가할 수 없고, 갑 회사가 병의 개인정보를 수집하여 제3자에게 제공한 행위는 병의 동의가 있었다고 객관적으로 인정되는 범위 내이고, 갑 회사에 영리 목적이

있었다고 하여 달리 볼 수 없으므로, 별도의 동의를 받지 아니하였다고 하여 개인정보 보호법 제15조나 제17조를 위반하였다고 볼 수 없다.

AI 학습데이터로 이용하는 것에 대한 동의를 일반적으로 추정하기는 어려울 것이며 개별적으로 원 동의 목적과 개발되는 서비스와의 관련성, 사회전체의 경제적 효율성이 클수록, 공익적 성격이 강할수록 인정될 여지가 많을 것이다. 하지만 민감정보는 제외되거나 가명처리하여야 할 것이다.

3. 데이터3법 개정

2020년 소위 데이터3법(개인정보법, 신용정보법, 정보통신망법) 개정은 개인정보의 활용 측면에도 관심을 두게 되었다는 점에서 보호의 강화에 주안점을 둔 이전의 법제 개정과 결을 달리한다. 개인정보 보호 보호체계의 일원화로 기업에 중복규제의 부담을 덜어줌과 함께, 가명처리를 통한 동의 없는 개인정보 활용의 가능성을 열고 목적제한 원칙을 완화하였다. "가명처리"란 개인정보의 일부를 삭제하거나 일부 또는 전부를 대체하는 등의 방법으로 추가 정보가 없이는 특정 개인을 알아볼 수 없도록 처리하는 것을 말하며, 개인정보처리자는 통계작성, 과학적 연구, 공익적 기록보존 등을 위하여 정보주체의 동의없이 가명정보를 처리할 수 있다.[123]

신용정보법에 이어 개인정보 보호법이 2023년 개정으로 개인정보 전송요구권을 도입한 것도 한편으로는 정보주체의 권리를 강화한 것이지만 다른 한편으로는 개인정보의 유통과 활용을 진작시키기 위한 것으로 볼 수도 있다.

제35조의2(개인정보의 전송 요구) ① 정보주체는 개인정보 처리 능력 등을 고려하여 대통령령으로 정하는 기준에 해당하는 개인정보처리자에 대하여 다음 각 호의 요건을 모두 충족하는 개인정보를 자신에게로 전송할 것을 요구할 수 있다.
1. 정보주체가 전송을 요구하는 개인정보가 정보주체 본인에 관한 개인정보로서 다음 각 목의 어느 하나에 해당하는 정보일 것
　가. 제15조 제1항 제1호, 제23조 제1항 제1호 또는 제24조 제1항 제1호에 따른 동의를 받

123　제28조의2(가명정보의 처리 등).

아 처리되는 개인정보

나. 제15조 제1항 제4호에 따라 체결한 계약을 이행하거나 계약을 체결하는 과정에서 정보주체의 요청에 따른 조치를 이행하기 위하여 처리되는 개인정보

다. 제15조 제1항 제2호·제3호, 제23조 제1항 제2호 또는 제24조 제1항 제2호에 따라 처리되는 개인정보 중 정보주체의 이익이나 공익적 목적을 위하여 관계 중앙행정기관의 장의 요청에 따라 보호위원회가 심의·의결하여 전송 요구의 대상으로 지정한 개인정보

제15조(개인정보의 수집·이용) ① 개인정보처리자는 다음 각 호의 어느 하나에 해당하는 경우에는 개인정보를 수집할 수 있으며 그 수집 목적의 범위에서 이용할 수 있다.

1. 정보주체의 동의를 받은 경우
2. 법률에 특별한 규정이 있거나 법령상 의무를 준수하기 위하여 불가피한 경우
3. 공공기관이 법령 등에서 정하는 소관 업무의 수행을 위하여 불가피한 경우
4. 정보주체와 체결한 계약을 이행하거나 계약을 체결하는 과정에서 정보주체의 요청에 따른 조치를 이행하기 위하여 필요한 경우

---

2. 전송을 요구하는 개인정보가 개인정보처리자가 수집한 개인정보를 기초로 분석·가공하여 별도로 생성한 정보가 아닐 것
3. 전송을 요구하는 개인정보가 컴퓨터 등 정보처리장치로 처리되는 개인정보일 것

② 정보주체는 매출액, 개인정보의 보유 규모, 개인정보 처리 능력, 산업별 특성 등을 고려하여 대통령령으로 정하는 기준에 해당하는 개인정보처리자에 대하여 제1항에 따른 전송 요구 대상인 개인정보를 기술적으로 허용되는 합리적인 범위에서 다음 각 호의 자에게 전송할 것을 요구할 수 있다.

1. 제35조의3제1항에 따른 개인정보관리 전문기관
2. 제29조에 따른 안전조치의무를 이행하고 대통령령으로 정하는 시설 및 기술 기준을 충족하는 자

③ 개인정보처리자는 제1항 및 제2항에 따른 전송 요구를 받은 경우에는 시간, 비용, 기술적으로 허용되는 합리적인 범위에서 해당 정보를 컴퓨터 등 정보처리장치로 처리 가능한 형태로 전송하여야 한다.

④~⑧ [생략].

나아가, 인공지능의 활용 확대가 정보주체의 자기결정권을 제약하는 측면이 우려됨에 따라 자동화된 개인정보처리에 따른 결정을 거부하거나 설명을 요구할 권리도 도입하게 되었다.

Ⅲ 인공지능 시대 개인정보 보호법의 과제

1. 정보주체의 권리 유연화

사생활비밀 중심의 방어적 권리에서 개인정보자기결정권에 근거한 참여적 권리로 변화의 궤적을 밟아온 개인정보 보호법은 이제 적극적 사용·수익권으로 또 한차례의 변화를 모색하는 것으로 보인다. 앞서 언급한 개인정보 전송요구권, 산업데이터 사용·수익권을 이와 같은 변화의 맹아로 파악할 수도 있다. 정보주체나 데이터 생산자가 개별적으로 사용·수익권을 행사하는 것은 비용 대비 실효성이 없으나 다수의 권리자로부터 신탁을 받아서 규모의 경제를 누리며 수익을 극대화한 후 이를 회원들에게 분배하는 형태의 신탁업체가 생길 것으로 예측된다.

현대 개인정보 보호법이 정보주체의 동의권, 열람권, 삭제·정정권, 동의 철회권을 규정하는 방식은 물건에 대한 소유권적 접근과 유사하다. 자본주의가 재산권 보호에 기초했다는 점에서, 그리고 재산권은 자유권의 물질적 기초라는 관점에서 개인정보자기결정권이 자유권과 재산권을 모두 포괄한다고 할지라도 정보자본주의적 접근의 한 맥락으로 이해하는 것이 무리는 아닐 것이다.

현재 개인정보 보호법상 정보주체의 권리로 포함된 것 중에는 인공지능기술과 성질상 공존하기 어려운 것도 있다. 인공지능은 한번 학습으로 끝나는 것이 아니라 재귀적 학습이 이루어지기 때문에 데이터의 편린이 여기저기에 복제되어 돌아다니게 된다. 철회권, 소위 '잊힐 권리'라고 불리는 검색차단요구권 등을 정보주체가 행사한다고 해서 관련 정보를 완전히 인공지능 시스템에서 삭제하기는 어렵고, 삭제하는 것이 타당한지에 의문이 있다.

정보주체의 권리에서 인격권적 특성이 희석되고 재산권적 특성이 강화된다면 사인과 계약에 의해 정보주체의 권리를 축소할 수 있을지의 문제로 이어진다. 이미 정보주체들은 약간의 무료서비스를 위하여 회원가입 절차를 통한 개인정보 제공에 응하고 있다. 정보주체가 포기하지 못하는 마지노선이 무엇이냐가 문제될 뿐이다.

2. 동의 규제의 한계와 개선

개인정보자기결정권은 정보주체에 개인정보 처리에 대한 통제력을 확보해 주는 것이 핵심이며, 그 구체적 실행을 담보하기 위해 고안된 수단이 동의권이다. 동의가 유효하기 위해서는 명확한 인지와 이해를 기반으로 자발적으로 한 동의(소위 informed consent)이어야 한다. 정보주체의 법적 지위(미성년 등) 상황에 따라 충족해야 하는 고지방식, 고지내용, 동의방식이 달라질 수는 있다.

그런데 실제로 동의가 이루어지는 현실을 보면 정보처리시 고지/동의해야 하는 내용의 증가와 정보주체의 이해 간의 반비례 관계가 뚜렷하고, 정보주체는 무조건 동의란에 클릭하고 있어서 동의의무 강화가 실질적인 정보주체의 권리 강화에 하등의 도움을 주지 못하고 형식화, 형해화하는 현상을 보인다.

현재 동의제도는 포괄적 동의를 금지하고 개별적, 선택적 동의를 요구하고 있다. 즉 수집·이용, 제3자제공, 국외제공, 마케팅목적 처리 등에 대하여 항목을 구분하여 명확한 동의를 받아야 하며, 목적외 이용, 고유식별정보, 민감정보의 경우에는 통상의 동의와 구분하여 별도 동의를 받아야 한다.

예외가 있으나 요건이 엄격하고[124] 입증책임도 개인정보처리자가 부담하게 되어 있

---

[124] 2023. 3. 14 개정으로 다소 완화하였다.

개정 전	개정 후
제15조(개인정보의 수집·이용) ① 개인정보처리자는 다음 각 호의 어느 하나에 해당하는 경우에는 개인정보를 수집할 수 있으며 그 수집 목적의 범위에서 이용할 수 있다.	제15조(개인정보의 수집·이용) ① 개인정보처리자는 다음 각 호의 어느 하나에 해당하는 경우에는 개인정보를 수집할 수 있으며 그 수집 목적의 범위에서 이용할 수 있다.
1.~3. (생 략)	1.~3. (현행과 같음)
4. 정보주체와의 계약의 체결 및 이행을 위하여 불가피하게 필요한 경우	4. 정보주체와 체결한 계약을 이행하거나 계약을 체결하는 과정에서 정보주체의 요청에 따른 조치를 이행하기 위하여 필요한 경우
5. 정보주체 또는 그 법정대리인이 의사표시를 할 수 없는 상태에 있거나 주소불명 등으로 사전 동의를 받을 수 없는 경우로서 명백히 정보주체 또는 제3자의 급박한 생명, 신체, 재산의 이익을 위하여 필요하다고 인정되는 경우	5. 명백히 정보주체 또는 제3자의 급박한 생명, 신체, 재산의 이익을 위하여 필요하다고 인정되는 경우
6. (생 략)	6. (현행과 같음)
<신 설>	7. 공중위생 등 공공의 안전과 안녕을 위하여 긴급히 필요한 경우

어[125] 예외조항 원용을 꺼리게 된다.

이와 같은 상황에서 개인정보처리자는 가사 예외에 해당하는 경우라 하더라도 동의를 받아 놓는 것이 안전하다는 생각에 개인정보 수집·이용 동의 요청의 남용이 만연하고 있다.

동의제도의 실질화 방안으로 몇 가지 생각해 볼 수 있다. 첫째, 동의 메커니즘의 이용자 친화성을 개선하기 위하여 연령 적합 설계 의무를 도입할 수 있을 것이다. 둘째, 예외적 허용 기준의 합리적 적용으로 개인정보처리자가 예외에 해당함에도 동의를 요청하는 경우가 줄어들도록 안착시켜야 할 것이다. 셋째, 필수사항에 대해서는 옵트아웃 방식을 도입하는 것이 이용자의 기대에 부합하면서 동의 항목을 단출하게 하는 방안이 될 것이다.

3. 「목적구속의 원칙」에서 「목적합치의 원칙」으로

구 개인정보법하에서는 개별적으로 열거된 예외에 해당하지 않는 한 목적 범위 내에서만 사용할 수 (「목적구속의 원칙」) 있었음에 반하여 2020년 개정으로 아래 규정이 신설됨에 따라 애초 수집 목적과 합리적으로 관련된 범위에서 정보주체의 이익에 반하지 않으면 추가 동의없이 개인정보를 이용할 수 있는 가능성을 열어놓았다.

> 제15조(개인정보의 수집·이용) ③ 개인정보처리자는 당초 수집 목적과 합리적으로 관련된 범위에서 정보주체에게 불이익이 발생하는지 여부, 암호화 등 안전성 확보에 필요한 조치를 하였는지 여부 등을 고려하여 대통령령으로 정하는 바에 따라 정보주체의 동의 없이 개인정보를 이용할 수 있다.[126]

목적합치의 원칙은 제18조 제2항[127] 각호의 개별적 목적 외 처리 규정과 대비되는 일

---

125 법 제22조.
126 제17조 제4항에 목적외 제공과 관련하여 같은 취지의 규정을 신설.
127 ② 제1항에도 불구하고 개인정보처리자는 다음 각 호의 어느 하나에 해당하는 경우에는 정보주체 또는 제3자의 이익을 부당하게 침해할 우려가 있을 때를 제외하고는 개인정보를 목적 외의 용도로 이용하거나 이를 제3자에게 제공할 수 있다. 다만, 이용자(…)의 개인정보를 처리하는 정보통신서비스 제공자(…)의 경우 제1호·제2호의 경우로 한정하고, 제5호부터 제9호까지의 경우는 공공기관의 경우로 한정한다.
  1. 정보주체로부터 별도의 동의를 받은 경우

반적인 목적 외 처리규정으로 이해된다.

한편, 신용정보보호법은 같은 취지의 개정을 하면서 "상충되지 아니하는"이라는 표현을 사용하여 개인정보 보호법보다 더 넓은 범위에서 동의 없이 사용할 수 있는 듯이 규정하고는 있으나 각목 요소를 고려하여 도달하는 결론에 있어서는 개인정보 보호법과 일치되게 적용하는 것이 합리적일 것이다.

제32조(개인신용정보의 제공·활용에 대한 동의) ①~⑤ [생략] ⑥ 신용정보회사등(제9호의3을 적용하는 경우에는 데이터전문기관을 포함한다)이 개인신용정보를 제공하는 경우로서 다음 각 호의 어느 하나에 해당하는 경우에는 제1항부터 제5항까지를 적용하지 아니한다.
9의4. 다음 각 목의 요소를 고려하여 당초 수집한 목적과 <u>상충되지 아니하는</u> 목적으로 개인신용정보를 제공하는 경우
　<u>가. 양 목적 간의 관련성</u>
　<u>나. 신용정보회사등이 신용정보주체로부터 개인신용정보를 수집한 경위</u>
　<u>다. 해당 개인신용정보의 제공이 신용정보주체에게 미치는 영향</u>
　<u>라. 해당 개인신용정보에 대하여 가명처리를 하는 등 신용정보의 보안대책을 적절히 시행하였는지 여부</u>

목적합치의 원칙은 개인정보의 보호와 이용의 균형을 도모하고 유연한 접근을 가능하게 하는 법적 기제이다. 향후 해석과 운용을 거쳐서 그 기준이 명확해지기를 기대한다.

---

　2. 다른 법률에 특별한 규정이 있는 경우
　3. 정보주체 또는 그 법정대리인이 의사표시를 할 수 없는 상태에 있거나 주소불명 등으로 사전 동의를 받을 수 없는 경우로서 명백히 정보주체 또는 제3자의 급박한 생명, 신체, 재산의 이익을 위하여 필요하다고 인정되는 경우
　4. 삭제
　5. 개인정보를 목적 외의 용도로 이용하거나 이를 제3자에게 제공하지 아니하면 다른 법률에서 정하는 소관 업무를 수행할 수 없는 경우로서 보호위원회의 심의·의결을 거친 경우
　6. 조약, 그 밖의 국제협정의 이행을 위하여 외국정부 또는 국제기구에 제공하기 위하여 필요한 경우
　7. 범죄의 수사와 공소의 제기 및 유지를 위하여 필요한 경우
　8. 법원의 재판업무 수행을 위하여 필요한 경우
　9. 형(刑) 및 감호, 보호처분의 집행을 위하여 필요한 경우

4. 개인정보의 공정이용

2차세계대전 후 전체주의 국가에서의 개인 감시에 대한 우려가 서방 국가의 개인정보 보호법의 강화에 영향을 주었다. Alan Westin은 「Privacy and Freedom」(1967) 에서 감청, 심문과 함께 '정보의 대량 수집 및 처리'가 공개된 정보일지라도 애초의 예상과 달리 프라이버시 침해에 이를 수 있음을 지적하였다. 이어서 서독 연방헌법재판소는 본 장 서두에 언급한 인구조사결정(1983)에서 국가가 개인에 대한 다량의 정보 수집으로 개인에 대한 또 다른 '인격'을 구성하는 것을 개인 본인이 통제할 수 있어야 함을 강조하며 '정보자기 결정권'으로 명명하였다.

인간이 스스로에게서 태어날 수 없는 이상 개인정보마저도 개인과 타인 사이의 관계에서 생성되는 것이 일반적이다. 정보주체가 소아일 때에는 가족과 같은 제한된 범위에서만 정보공유의 필요성이 있다고 할 것이나, 정보주체가 성장하여 사회활동을 함에 따라 더 넓은 범위에서 그에 대한 정보는 공유되게 된다. 따라서 '일반적으로 공개된 정보'를 포함한 넓은 범위의 정보를 사회가 공유하는 것이 사회적 동물인 인간에게 자연스럽고 사회관계의 유지를 위한 필요조건이라고 할 것이다. 이미 사회 일반에 공개된 정보, 사회 유지를 위하여 공개가 강제되는 정보와 같은 사례에서 보듯이 정보에 대한 정보주체의 권리는 자체가 목적이 아니라 '정보감시로부터의 자유'라는 목적을 위한 수단이며, 절대적인 권리가 아니라 상대적 권리이다. 현행 개인정보 보호법상 예외의 범위는 이와 같이 사회관계의 효율적 작동을 위해 요구되는 범위보다 좁은 것으로 생각된다.

다음 장에서 상술하지만, 저작권법은 저작권자의 보호와 사회에 의한 저작물 이용의 균형을 위하여 공정이용에 관한 일반조항을 두고 있다(제35조의5). 개인정보는 저작물 못지않게 사회적 이용의 필요가 큰 데이터이다. 사회구성원의 개인정보는 동시에 사회를 구성하는 블록이다. 개인정보자기결정권의 행사로 임의로 블록을 빼낸다면 자칫 사회라는 구성물이 무너질 수 있다. 개인정보의 공정이용에 관한 일반조항의 도입을 고려할 필요가 있다. 개인정보의 공정이용은 정보주체의 기본권을 부당하게 해치지 아니하는 경우에만 허용되는 것으로 한계 지워지고 다음과 같은 요소를 고려하여야 할 것이다.

1. 이용의 목적 및 성격. 비영리적 성격의 이용이면 쉽게 공정이용을 인정받을 것이나 영리적 이용이라고 원천적으로 불인정 되는 것은 아니다.
2. 개인정보의 종류 및 용도. 즉 민감정보의 경우에는 일반적으로 공정이용을 인정받

기 어려울 것이다.

3. 이용된 개인정보의 사회적 필요성

4. 개인정보 유출방지를 위하여 정보주체가 들인 주의의 정도

5. 소결

장기적으로는 개인정보 보호법의 목적조항에 '이용'에 관한 문구를 반영하고 공정이용 규정을 신설하는 것이 고려되어야 한다. 또한, 전문기관에 의한 개인정보 보호 인증제도 의 활성화도 수범자의 예측 가능성을 높이는 데에 기여할 것이다. 정보주체의 동의에 기 대는 개인정보 보호 법제를 넘어서 인공지능 운영자에게 높은 수준의 개인정보 보호조치 와 책임능력 구비를 요구하고 이를 전문기관을 통하여 인증하는 메커니즘을 강화할 필요 가 있다.[128] 종국적인 합법성에 관한 판단은 법원의 결정에 따르더라도 인증 또는 사전적 정성 검토를 거친 개인정보의 활용에 대해서는 책임을 감면해 줄 수 있을 것이다.

---

[128] 유사한 견해로는 David Lie, Lisa M. Austin, Peter Yi Ping Sun, Wenjun Qiu, "Automating Accountability? Privacy Policies, Data Transparency, and the Third Party Problem" 72 *UTLJ* 155, 2022.

제5장
인공지능과 지식재산보호

인공지능 학습용 데이터셋, 학습완료 모델, 인공지능 생성물과 관련한 지식재산권적 문제를 차례로 고찰한다.

I 학습용 데이터셋 관련 쟁점

전술한 '이루다' 사례에서 보듯이 인공지능을 개발하는 데에는 학습DB가 필요하고, 인공지능을 운용하는 과정에도 응답DB가 필요할 수 있다. 인공지능의 살과 피는 데이터이다. 그런데 데이터는 어디에서 가져오는가. 많은 양은 인터넷에서 긁어오고, 일부 고급 정보는 출판사, 언론사 등으로부터 구매하며, 일부는 공공기관의 자료를 가져오고, 일부는 데이터 거래소로부터 구입할 것이다. 이렇게 모은 데이터가 법적으로 아무런 문제 없는 깨끗한 것이면 좋겠으나 현실은 그렇지 못하다. 자주 문제되는 것은 타인의 저작물, 데이터베이스, 개인정보가 인공지능 데이터셋에 포함되는 경우이다.

크롤링 행위는 현행법상 지위가 불명확하여 구체적 사용 태양에 따라 달라질 수 있다. 저작권법, 부정경쟁방지법 위반이나 민법상 일반불법행위가 될 여지가 있다. 아래에서 보듯이 판례는 민사책임은 인정하고(사람인 사건, 엔하위키 미러 사건), 형사책임은 불인정하였다(야놀자 사건).

1. 저작권법

가. 보호대상 여부

인공지능 학습용 데이터셋이 저작권법상 저작물, 편집저작물, 데이터베이스로서 보호될 수 있는지 검토의 필요가 있다.

저작권법은[129] 저작물을 "인간의 사상 또는 감정을 표현한 창작물"로 정의하고 있는데 개별 데이터와는 별개로 그 집합인 데이터셋은 인간의 사상 또는 감정을 표현했다고 보기 어려운 바 저작물에 해당하지 않는다.

저작권법은 편집저작물을 "편집물로서 그 소재의 선택·배열 또는 구성에 창작성이 있는 것"으로 정의하고 있는데 데이터셋이 편집저작물이 될 수 있는지 여부는 구체적 사실관계에 달린 문제이다. 특정 분야와 관련한 데이터만 수집하였다는 것으로는 이 요건을 충족하기 어려울 것이다.

한편, 저작권법은 데이터베이스를 저작물로 인정하지는 않으면서도 그 보호에 관한 규정을 두고 있다. 여기서 데이터베이스는 "소재를 체계적으로 배열 또는 구성한 편집물로서 개별적으로 그 소재에 접근하거나 그 소재를 검색할 수 있도록 한 것"으로 정의된다. 인공지능 데이터셋이 데이터베이스에 속하는 것은 명확하다. 저작권법은 데이터베이스의 제작 또는 그 소재의 갱신·검증 또는 보충에 인적 또는 물적으로 상당한 투자를 한 데이터베이스제작자에게 다음과 같이 권리를 부여한다.

> 제93조 데이터베이스제작자의 권리 ① 데이터베이스제작자는 그의 데이터베이스의 전부 또는 상당한 부분을 복제·배포·방송 또는 전송(이하 이 조에서 "복제등"이라 한다)할 권리를 가진다.
> ② … 데이터베이스의 개별 소재 또는 그 상당한 부분에 이르지 못하는 부분의 복제등이라 하더라도 반복적이거나 특정한 목적을 위하여 체계적으로 함으로써 해당 데이터베이스의 통상적인 이용과 충돌하거나 데이터베이스제작자의 이익을 부당하게 해치는 경우에는 해당 데이터베이스의 상당한 부분의 복제등으로 본다.
> 제95조 보호기간 ① 데이터베이스제작자의 권리는 데이터베이스의 제작을 완료한 때부터 발생하며, 그 다음 해부터 기산하여 5년간 존속한다.

---

129 이하 정의는 저작권법 제2조.

한편, 콘텐츠산업진흥법 제37조는 누구든지 정당한 권한 없이 콘텐츠제작자가 상당한 노력으로 제작하여 대통령령으로 정하는 방법에 따라 콘텐츠 또는 그 포장에 제작 연월일, 제작자명 및 이 법에 따라 보호받는다는 사실을 표시한 콘텐츠의 전부 또는 상당한 부분을 복제·배포·방송 또는 전송함으로써 콘텐츠제작자의 영업에 관한 이익을 침해하여서는 아니 된다고 규정한다. 다만, 콘텐츠를 최초로 제작한 날부터 5년이 지났을 때는 보호되지 않는다.

나. TDM(text and data mining) 면책 여부

해석론자들은 아래 공정이용 규정의 적용에 의해서 문제를 해결할 수 있다는 입장이다.

제35조의5(저작물의 공정한 이용) ① … 저작물의 통상적인 이용 방법과 충돌하지 아니하고 저작자의 정당한 이익을 부당하게 해치지 아니하는 경우에는 저작물을 이용할 수 있다.
② 저작물 이용 행위가 제1항에 해당하는지를 판단할 때에는 다음 각 호의 사항등을 고려하여야 한다.
1. 이용의 목적 및 성격
2. 저작물의 종류 및 용도
3. 이용된 부분이 저작물 전체에서 차지하는 비중과 그 중요성
4. 저작물의 이용이 그 저작물의 현재 시장 또는 가치나 잠재적인 시장 또는 가치에 미치는 영향

TDM이란 기술적 과정만 분리해 보면 기존의 저작물 이용행태와 사뭇 달라 그 시장에 미치는 영향이 미미할 것이기에 공정이용으로 인정받기 쉬울 것이다. 하지만 BTS 음악을 기계학습하여 BTS와 유사한 음악을 만들어 시장에 내어놓는다면 얘기는 달라질 수 있다.[130]

기존 법률의 해석에 의한 갈등 해결로는 불충분하다는 입장에서 영국, 독일, 일본에서 면책 입법이 이루어졌으나 한국 저작권법개정안[131] 제43조(정보분석을 위한 복제·전송)[132]는 아직 국회에 계류되어 있다. 위 공정이용 규정으로 충분하다는 입법 불필요 입

130　정상조, 「인공지능 법에게 미래를 묻다」, 사회평론(2021), 55-63.
131　2021. 1. 15. 도종환 의원 대표발의, 저작권법 전부개정법률안, 의안번호 2107440.
132　제43조(정보분석을 위한 복제·전송) ① 컴퓨터를 이용한 자동화 분석기술을 통해 다수의 저작물을 포함한 대량의 정보를 분석(규칙, 구조, 경향, 상관관계 등의 정보를 추출하는 것)하여 추가적

장과 당연히 권리 처리를 하지 않고 타인의 저작물을 이용하는 것은 불법이고 면책되어 서는 안 된다는 반대론 등이 혼전 중이다.[133]

2. 데이터산업법/부정경쟁방지법

데이터산업법 제12조는 데이터생산자가 인적 또는 물적으로 상당한 투자와 노력으로 생성한 경제적 가치를 가지는 데이터를 공정한 상거래 관행이나 경쟁질서에 반하는 방법 으로 무단 취득·사용·공개하거나 이를 타인에게 제공하는 행위, 정당한 권한 없이 데이 터자산에 적용한 기술적 보호조치를 회피·제거 또는 변경하는 행위 등 데이터자산을 부 정하게 사용하여 데이터생산자의 경제적 이익을 침해하여서는 아니 된다고 규정한다.

부정경쟁방지법 제2조 제1호 카목은 1) 접근권한이 없는 자가 절취·기망·부정접속 또는 그 밖의 부정한 수단으로 데이터를 취득하거나 그 취득한 데이터를 사용·공개하는 행위, 2) 데이터 보유자와의 계약관계 등에 따라 데이터에 접근권한이 있는 자가 부정한 이익을 얻거나 데이터 보유자에게 손해를 입힐 목적으로 그 데이터를 사용·공개하거나 제3자에게 제공하는 행위, 3) 1) 또는 2)가 개입된 사실을 알고 데이터를 취득하거나 그 취득한 데이터를 사용·공개하는 행위, 4) 정당한 권한 없이 데이터의 보호를 위하여 적 용한 기술적 보호조치를 회피·제거 또는 변경하는 것을 주된 목적으로 하는 기술·서비 스·장치 또는 그 장치의 부품을 제공·수입·수출·제조·양도·대여 또는 전송하거나 이 를 양도·대여하기 위하여 전시하는 행위(다만, 기술적 보호조치의 연구·개발을 위하여 기 술적 보호조치를 무력화하는 장치 또는 그 부품을 제조하는 경우 제외)를 부정경쟁행위로 규정한다.

인 정보 또는 가치를 생성하기 위한 것으로 저작물에 표현된 사상이나 감정을 향유하지 아니하 는 경우에는 필요한 한도 안에서 저작물을 복제·전송할 수 있다. 다만, 해당 저작물에 적법하게 접근할 수 있는 경우에 한정한다.
② 제1항에 따라 만들어진 복제물은 정보분석을 위하여 필요한 한도에서 보관할 수 있다.

133 국내의 관련 논의로는 차상육, "저작권법상 인공지능 학습용 데이터셋의 보호와 쟁점 – 텍스트데 이터마이닝 면책규정을 중심으로", 「경영법률」 제32집 제1호, 한국경영법률학회, 2021.10; 홍승 기, "데이터마이닝 면책 입법 방향에 대한 의문", 「경영법률」 제32집 제4호, 한국경영법률학회, 2022.7.

3. 사례

가. 리그베다위키(구 엔하위키) v. 엔하위키 미러[134]

1) 인정사실

피고는 2009년경부터 별지 목록 기재 각 도메인을 이용하여 미러링 방식으로 원고 사이트의 '위키' 게시물 전부를 복제한 '엔하위키 미러'라는 명칭의 인터넷 사이트를 개설하여 운영하였다. 피고는 Google 애드센스와 광고계약을 체결하고 피고 사이트에서 광고를 게시하고 있다.

2) 1심주문

1. 이 사건 소 중 '원고 사이트로부터 복제한 자료 및 그 데이터베이스'에 대한 폐기 청구 부분을 각하한다.[135]
2. 피고는 별지 목록 기재 인터넷사이트를 폐쇄하고, 별지 목록 기재 각 도메인이름의 등록말소절차를 이행하라.
3. 피고는 "http://rigvedawiki.net" 인터넷사이트에 게시된 내용을 기계적인 방법으로 또는 대량으로 복제하여서는 아니 되며, 영리 목적으로 복제하거나 사용하여서는 아니 된다.
4. 피고는 '엔하위키' 또는 '엔하위키 미러'라는 명칭을 피고 또는 피고의 위임이나 위탁을 받은 제3자가 온라인 백과사전 사이트 운영업을 위하여 사용하거나 사용하도록 하여서는 아니 된다.
5. 피고는 원고에게 20,000,000원을 지급하라.
6. 소송비용 중 2/5는 원고가, 나머지는 피고가 각 부담한다.

---

134 서울중앙지방법원 2015. 11. 27. 선고 2014가합44470 판결(나무위키, 리그베다위키 대 엔하위키 미러 본안 사건 판결문); 서울고등법원 2016. 12. 15. 2015나2074198 저작권침해금지 등(나무위키, 리그베다위키 대 엔하위키 미러 본안 사건 항소심 판결문); 대법원 2017다204315 판결 (불계속 원심확정).

135 원고는 청구취지에서 피고에 대하여 별지 목록 인터넷사이트의 폐쇄를 구하면서 원고 사이트로부터 복제한 자료 및 그 데이터베이스의 폐기를 아울러 구하고 있는데, 폐기 청구의 경우 폐기 대상물을 구체적·개별적·사실적으로 특정하여야 함에도, 폐기 대상물의 보관 또는 설치 장소 등에 대한 특정이 없어 원고가 구하는 청구취지와 같은 내용의 판결이 선고된다면 판결주문 자체의 특정성을 갖출 수 없고, 집행기관 역시 집행을 할 수 없게 되는 결과를 초래하므로, 이 사건 소 중 '원고 사이트로부터 복제한 자료 및 그 데이터베이스'의 폐기를 구하는 부분은 부적법하다.

7. 제2 내지 5항은 가집행할 수 있다.

3) 의의

1심 재판부는 저작권법 위반(편집저작물, 데이터베이스제작자의 권리)에 대한 원고 주장은 기각하였으나 부정경쟁방지법 제2조 제1호 나목(혼동야기), 아목(도메인이름 부정이용), 차목(성과도용행위)에 해당함을 인정하였다.

이어서 항소심 재판부는, "원고는 데이터베이스에 해당하는 원고 사이트를 제작하기 위하여 인적 또는 물적으로 상당한 투자를 하였고, 그 소재의 갱신·검증 또는 보충을 위하여도 인적 또는 물적으로 상당한 투자를 한 자로서 원고 사이트에 대한 데이터베이스제작자에 해당한다고 봄이 타당하다"고 인정하였다. 또한 원고의 손해입증 사실을 인정하여 손해배상액을 105,000,000원으로 대폭 높였다.

결국, 인공지능 데이터셋에 자신의 데이터베이스가 무단으로 들어가서 권리가 침해당한 경우에는 부정경쟁방지법뿐만 아니라 저작권법의 데이터베이스제작자의 권리침해를 주장할 수 있음을 의미한다. 또한, UCC 사이트 운영자는 사용자들이 작성한 데이터(소재)의 저작권자는 될 수 없지만, '데이터베이스의 제작 또는 그 소재의 갱신·검증 또는 보충에 인적 또는 물적으로 상당한 투자를 한 자'가 될 수는 있다.

나. 잡코리아 v. 사람인[136]

사람인HR이 잡코리아 웹사이트에 있는 채용정보를 웹 크롤링한 사건에서 법원은 사람인HR이 저작권법상 데이터베이스제작자의 권리를 침해했다고 판단하였다.

잡코리아의 웹사이트가 저작권법상 데이터베이스에 해당(저작권법 제2조 제19호)하며, 이를 제작하고 유지하는 데 상당한 투자를 한 잡코리아는 데이터베이스제작자의 권리(저작권법 제93조)를 가지므로, 사람인HR의 무단 복제 행위로 인해 잡코리아의 권리가 침해됐다고 판시하였다. 사람인HR이 잡코리아에 120억 원의 합의금을 지급하고 홈페이지에 사과문을 공고하였다.

136　서울고등법원 2017. 4. 6. 선고 2016나2019365 판결; 대법원 2017다224395.

다. 야놀자/여기어때

1) 야놀자 v. 여기어때 형사사건[137]

피고인 회사(여기어때)와 피해자 회사(야놀자)는 숙박업소 정보제공 서비스를 운영하는 경쟁사업자들로서, 피해자 회사는 모바일 앱에서 API 서버에 정보를 호출하여 숙박업소에 관한 정보를 내려받아 이용자에게 제공하는 방식으로 서비스를 제공했다. 피고인 회사는 '패킷 캡처' 분석을 통해 만든 크롤링 프로그램으로 피해자 회사의 API 서버에 주기적으로 접근해 피해자 회사에서 제공하는 숙박업소 정보를 복제했다. 피고인 회사의 크롤링 프로그램은, 피해자 회사의 앱이 이용자 위치로부터 7~30km 범위에서 숙박업소를 검색하도록 설정된 것과는 달리 특정 위도/경도를 중심으로 반경 1,000km 내의 숙박업소 정보를 불러오는 방식으로 위 API 서버로부터 정보를 수집하였다. 피해자 회사의 고소에 따라, 피고인 회사와 그 임직원인 피고인들에 대해 정보통신망법 위반죄(정보통신망침해등), 저작권법 위반죄(데이터베이스제작자 권리침해), 형법상의 컴퓨터등 장애 업무방해죄에 관한 공소가 제기되었다.

대법원 판시를 살펴보면 먼저 정보통신망법 위반죄(정보통신망침해등)에 관해서는, 정보통신망법 제48조 제1항에 따른 접근권한의 유무 또는 범위는 서비스제공자가 부여한 접근권한을 기준으로 판단해야 한다는 기존 판례를 인용하면서, 서비스제공자가 접근권한을 제한하고 있는지 여부는 보호조치나 이용약관 등 객관적으로 드러난 여러 사정을 종합적으로 고려하여야 한다는 기준을 설시한 뒤, 다음과 같은 사정을 들어 피해자 회사가 접근권한을 제한하지 않았으므로 정보통신망 '침입'을 인정할 수 없다고 판단하였다. 즉 (i) 피해자 회사의 API 서버 URL이나 명령구문은 누구라도 통상적인 '패킷 캡처' 프로그램 등을 통해 쉽게 알아낼 수 있는 정보이며, 피해자 회사 API 서버로의 접근을 막는 별도의 보호조치가 없었고, (ii) 피해자 회사의 이용약관상 제한은 피고인들과 같은 비회원에게 적용된다고 보기 어렵고 규정 내용도 접근권한 자체를 제한하는 것으로 볼 수 없다는 것이었다.[138]

저작권법 위반죄(데이터베이스제작자 권리침해)에 관해서는, 데이터베이스의 상당한 부

---

[137] 대법원 2022. 5. 12. 2021도1533 판결 등.
[138] 원심판결에서는 위와 같은 사정 외에, 피고인들이 크롤링해 간 정보들이 피해자 회사가 숙박 영업 예약을 위해 이용자들에게 공개한 정보이고, 달리 피고인들이 피해자 회사의 API 서버에 접근하여 비공개 정보를 취득한 사정은 발견되지 않는다는 점도 추가로 설시하였다.

분의 복제등(저작권법 제93조 제1항)에 관한 판단은 양적인 측면뿐 아니라 질적인 측면도 함께 고려되어야 하며 이때 질적으로 상당한 부분인지 여부는 복제된 부분의 개별 소재 자체의 가치나 그 생산에 대한 투자가 아니라 그 제작, 갱신·검증 또는 보충에 대한 상당한 투자 여부를 기준으로 제반 사정에 비추어 판단해야 한다는 기준을 제시하고, 상당한 부분의 복제등으로 간주되는 반복적이거나 체계적인 복제등(저작권법 제93조 제2항 단서)에 관해서는 "결국 상당한 부분의 복제등을 한 것과 같은 결과를 발생하게 한 경우에 한하여 인정함이 타당하다"고 판시하면서, 다음과 같은 사정을 들어 피고인들의 행위가 저작권법 제93조 제1항 및 제2항 단서 위반에 해당하지 않는다고 보았다. (i) 피고인들이 수집한 정보들은 피해자 회사의 숙박업소 데이터베이스의 일부에 해당한다는 점, (ii) 위 정보들은 이미 상당히 알려진 정보로서 그 수집에 상당한 비용이나 노력이 들었을 것으로 보이지 않거나 이미 공개되어 있고, 데이터베이스의 갱신 등에 관한 자료가 없다는 점, (iii) 피고인들의 행위가 피해자 회사의 데이터베이스의 통상적인 이용과 충돌하거나 피해자 회사의 이익을 부당하게 해치는 경우에 해당한다고 보기 어렵다는 점이 그것이다.[139]

형법상의 '컴퓨터등 장애 업무방해죄'에 관해서는, 동 범죄가 성립하려면 가해행위의 결과 정보처리에 장애가 현실적으로 발생하여야 한다는 기존 판례 입장을 재확인한 뒤, 검사가 제출한 증거들로부터 피고인들이 정보처리장치에 부정한 명령을 입력하여 장애가 발생하게 하였다고 보기 어렵다는 이유로 동 범죄의 성립을 부정하였다.[140]

2) 야놀자 v. 여기어때 민사사건

대상 판결의 원심판결이 선고된 뒤에, 피해자 회사가 피고인 회사를 상대로 제기한 민사소송에서 제1심판결이 선고되었다. 제1심법원은 부정경쟁방지법 위반의 불법행위를 인정하고 원고의 청구를 인용하여 10억 원의 손해배상책임 인정하였다.[141] 항소심에서도

---

[139] 사실관계에 따르면, 피해자 회사의 데이터베이스에 포함된 50여 개 숙박업소 정보 항목 중 피고인들이 크롤링한 항목은 적게는 3개, 많게는 8개였고, 이들 정보는 '업체명', '주소', '지역' 등 피해자 회사가 이용자들에게 공개한 정보였다.

[140] 원심은 피고인들의 크롤링 프로그램이 API 서버의 명령구문에 1,000km의 거리 정보를 입력한 것은 '주어진 명령구문에 대응하는 숙박업소 정보를 반환하는' API 서버의 본래 목적에 따른 정보 호출이므로 '허위의 정보 또는 부정한 명령의 입력'으로 볼 수 없다는 점, 크롤링 행위 기간 중 피해자 회사의 API 서버에서 일부 접속 장애가 발생한 사실은 인정되나 이는 공휴일 등 특정 일자의 자연 이용자 증가에 따른 것이었을 가능성을 배제할 수 없다는 점 등을 들어 가해행위의 결과 현실적인 정보처리 장애의 발생을 부정하였다.

[141] 서울중앙지방법원 2021. 8. 19. 선고 2018가합508729 판결.

1심 판결이 유지되었으며 피고가 불복하지 않아 그대로 확정되었다.[142]

3) 유사사건

하급심 형사판결 중에, 회원 계정을 이용해 두 피해자 회사의 구인정보 웹사이트에 각각 3만여 회 접속해 해당 웹사이트에 게재된 이력서 정보들을 상당한 양 수집했고, 이용약관에서 회원이 검색한 이력서 정보의 사용 목적의 제한 및 무단 복제·재배포 금지의 내용이 명시되어 있던 사안에서, 정보통신망법 위반죄(정보통신망침입) 및 저작권법 위반죄(데이터베이스제작자 권리침해)의 공소사실 모두에 대해 유죄로 판단한 사례가 있다.[143]

Ⅱ 인공지능 학습완료 모델의 보호

기계학습 과정을 완료한 인공지능 모델에 지식재산권(저작권, 특허, 부정경쟁방지법상 영업비밀) 보호가 부여되는 모습을 살펴본다.

1. 저작권법

저작권법은 저작자의 권리와 이에 인접하는 권리를 보호하고 저작물의 공정한 이용을 도모함으로써 문화 및 관련 산업의 향상발전에 이바지함을 목적으로 한다.[144] 현재 저작권은 저작인격권으로 공표권, 성명표시권, 동일성유지권이 포함되고, 저작재산권으로 복제권, 공연권, 전시권, 배포권, 대여권, 이차적 저작물 작성권, 공중송신권이 포함된 권리의 다발이다. 저작권법은 직접적으로 창작에 기여한 저작자(예, 작사, 작곡가)뿐만 아니라 저작물의 유통에 기여한 저작인접권자(예, 실연자, 음반제작자, 방송사업자)도 보호한다, 다만 저작인접권자에 대한 보호 수준은 저작권자보다 낮다.

저작권은 저작물을 창작한 때부터 발생하며 어떠한 절차나 형식의 이행을 필요로 하지 아니한다. 저작권은 저작자의 생존 중과 사후 70년간 보호한다. 업무상저작물의 저작재산권은 공표한 때부터 70년간 존속한다.

---

142   서울고등법원 2022. 8. 25. 선고 2021나2034740 판결.
143   서울남부지방법원 2021. 9. 8. 선고 2021고단588 판결.
144   저작권법 제1조.

저작권 제도는 매체기술(인쇄, 복사, 디지털)의 발달과 함께 진화하였다. 인공지능 모델과 관련이 깊은 "컴퓨터프로그램저작물"은 특정한 결과를 얻기 위하여 컴퓨터 등 정보처리능력을 가진 장치(이하 "컴퓨터"라 한다) 내에서 직접 또는 간접으로 사용되는 일련의 지시·명령으로 표현된 창작물을 말한다.[145] 저작권법은 컴퓨터프로그램저작물을 다른 저작물과 같이 보호하면서도 그 기능적 성격에 주목하여 다음과 같은 예외를 인정하고 있다.

제101조의2(보호의 대상) 프로그램을 작성하기 위하여 사용하는 다음 각 호의 사항에는 이 법을 적용하지 아니한다.

1. 프로그램 언어: 프로그램을 표현하는 수단으로서 문자·기호 및 그 체계
2. 규약: 특정한 프로그램에서 프로그램 언어의 용법에 관한 특별한 약속
3. 해법: 프로그램에서 지시·명령의 조합방법

제101조의3(프로그램의 저작재산권의 제한) ① 다음 각 호의 어느 하나에 해당하는 경우에는 그 목적상 필요한 범위에서 공표된 프로그램을 복제 또는 배포할 수 있다. 다만, 프로그램의 종류·용도, 프로그램에서 복제된 부분이 차지하는 비중 및 복제의 부수 등에 비추어 프로그램의 저작재산권자의 이익을 부당하게 해치는 경우에는 그러하지 아니하다.

6. 프로그램의 기초를 이루는 아이디어 및 원리를 확인하기 위하여 프로그램의 기능을 조사·연구·시험할 목적으로 복제하는 경우(정당한 권한에 따라 프로그램을 이용하는 자가 해당 프로그램을 이용 중인 경우로 한정한다)

② 컴퓨터의 유지·보수를 위하여 그 컴퓨터를 이용하는 과정에서 프로그램(정당하게 취득한 경우로 한정한다)을 일시적으로 복제할 수 있다.

제101조의4(프로그램코드역분석) ① 정당한 권한에 의하여 프로그램을 이용하는 자 또는 그의 허락을 받은 자는 호환에 필요한 정보를 쉽게 얻을 수 없고 그 획득이 불가피한 경우에는 해당 프로그램의 호환에 필요한 부분에 한하여 프로그램의 저작재산권자의 허락을 받지 아니하고 프로그램코드역분석을 할 수 있다.

② 제1항에 따른 프로그램코드역분석을 통하여 얻은 정보는 다음 각 호의 어느 하나에 해당하는 경우에는 이를 이용할 수 없다.

1. 호환 목적 외의 다른 목적을 위하여 이용하거나 제3자에게 제공하는 경우
2. 프로그램코드역분석의 대상이 되는 프로그램과 표현이 실질적으로 유사한 프로그램을 개발·제작·판매하거나 그 밖에 프로그램의 저작권을 침해하는 행위에 이용하는 경우

제101조의5(정당한 이용자에 의한 보존을 위한 복제 등) ① 프로그램의 복제물을 정당한 권한에 의하여 소지·이용하는 자는 그 복제물의 멸실·훼손 또는 변질 등에 대비하기 위하여 필요한 범위에서 해당 복제물을 복제할 수 있다.

---

[145] 제2조(정의) 16.

② 프로그램의 복제물을 소지·이용하는 자는 해당 프로그램의 복제물을 소지·이용할 권리
를 상실한 때에는 그 프로그램의 저작재산권자의 특별한 의사표시가 없는 한 제1항에 따라
복제한 것을 폐기하여야 한다. 다만, 프로그램의 복제물을 소지·이용할 권리가 해당 복제물
이 멸실됨으로 인하여 상실된 경우에는 그러하지 아니하다.
부   칙 <2009.4.22.> 제2조(「컴퓨터프로그램 보호법」의 폐지)

인공지능은 그것이 소스코드 혹은 오브젝트코드의 형태로 되어 있건 컴퓨터프로그램저
작물로 보호될 가능성이 있다. 논리에 기초한 기호주의 인공지능(Symbolic AI)의 경우에는
그 알고리즘에 저작권을 부여하는 데에 아무런 문제가 없다. 최소한 편집저작물로 인정받
을 수 있을 것이다. 그런데, 연결주의 인공지능(Connectionist AI)은 수많은 입력 데이터
간의 패턴을 찾아가기 위해 파라미터를 증가해 가는 과정이다. 입력 데이터는 지구상의
모든 텍스트, 이미지, 기타 정보를 집어삼키고 있으며 파라미터의 숫자도 조 단위에 들어
서고 있다. "인간의 사상 또는 감정을 표현한 창작물"이라고 할 수 있을지 의문이며, 데이
터베이스에 가깝다고 할 것이다. 그렇다고 하더라도 저작권법은 데이터베이스와 관련하여
제93조 이하에서 그 제작자의 상당한 투자에 대하여 5년간 복제권 등을 부여하고 있다.

최근 인공지능 개발 동향은 파라미터의 숫자를 줄이거나 고정하고 데이터의 숫자를
증가시켜 빠르면서 유사한 성능을 갖는 쪽을 선호하고 있다. 또한 거대인공지능을 중심
으로 전문 분야 인공지능이 생태계를 구성하는 경향을 보인다. 그럴수록 인공지능은 데
이터베이스적 보호에 적합한 성격을 갖게 된다.

2. 특허법

가. 서론

미국 특허청은 아래 그림과 같이 인공지능은 지식처리, 발화, 하드웨어, 컴퓨팅, 자연
어처리, 기계학습, 시각, 통제기술 등이 결합되어 진화하는 것으로 파악했다.

특허발명은 실상 인공지능 일반에 관련되는 경우보다 구체적인 구성기술과 관련하여
이루어지는 것이 일반적이다. 발명을 보호·장려하고 그 이용을 도모함으로써 기술의 발
전을 촉진하여 산업발전에 이바지함을 목적으로 하는 특허법하에서[146] 인공지능 관련 기

---

146 특허법 제1조.

술의 개발에 특허가 부여됨은 당연하다. 특허법은 발명을 "자연법칙을 이용한 기술적 사상의 창작으로서 고도한 것"으로 정의하고,[147] 산업상 이용가능한 신규성[148]을 갖춘 발명에 특허 적격을 부여하고 있다.[149]

▎인공지능 발명의 구성기술 8가지

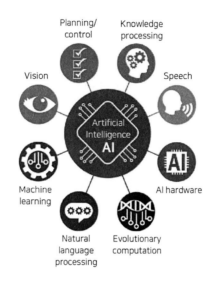

출처: 미국특허청

나. 발명의 성립성

인공지능 관련 발명은 '소프트웨어에 의한 정보처리'에 기반을 두고 컴퓨터 등을 이용하여 구현하는 발명이므로 원칙적으로 인공지능 관련 발명의 성립요건 판단 기준은 컴퓨터·소프트웨어 관련 발명의 성립요건 판단 기준과 동일하다. 인공지능 관련 발명에서 소프트웨어에 의한 정보처리가 하드웨어를 이용하여 구체적으로 실현되는 경우에는 해당 소프트웨어와 협동하여 동작하는 정보처리 장치(기계), 그 동작 방법, 해당 프로그램을 기록한 컴퓨터로 읽을 수 있는 매체, 매체에 저장된 컴퓨터프로그램은 자연법칙을 이용

---

147 특허법 제2조 제1호.
148 다음의 경우 신규성을 상실한다. 1. 특허출원 전에 국내 또는 국외에서 공지(公知)되었거나 공연히 실시된 발명, 2. 특허출원 전에 국내 또는 국외에서 반포된 간행물에 게재되었거나 전기통신회선을 통하여 공중이 이용할 수 있는 발명.
149 특허법 제29조.

한 기술적 사상의 창작으로서 발명에 해당한다. 다만, 컴퓨터프로그램은 컴퓨터를 실행하는 명령에 불과한 것으로 컴퓨터프로그램 자체는 자연법칙을 이용한 기술적 사상의 창작이 아니므로 발명이 될 수 없다.

요컨대, 인공지능에 관하여 특허출원하는 경우 프로그램의 소스코드를 기재하는 것이 아니라 인공신경망의 구조 혹은 프로그램의 처리 과정을 청구항으로 기재함으로써 특허를 취득한다. 즉 학습용 데이터를 취득하는 과정과 해당 학습용 데이터로부터 어떠한 과정에서 판단 결과로써의 출력 데이터가 출력되는 것인지 여부 그리고 이들의 처리과정이 하드웨어에서 어떻게 실현되는 것인지를 기재하여야 한다.

다. 발명의 설명 기재요건 – 실시가능성

특허출원서 발명의 설명란에는 인공지능 기술 분야에서 통상의 지식을 가진 사람이 출원시의 기술 상식에 근거하여 그 발명을 쉽게 실시할 수 있을 정도로 명확하고 상세하게 기재되어야 한다.[150] 발명의 설명에서 인공지능 관련 발명을 구현하기 위한 구체적인 수단으로 입력 데이터와 학습된 모델의 출력 데이터 간의 상관관계를 구체적으로 기재하고 있지 않으면 실시가능 요건을 만족하지 않은 것으로 본다. 이를 위해 ① 학습데이터가 특정되어 있고, ② 학습데이터의 특성 상호간에 발명의 기술적 과제를 해결하기 위한 상관관계가 존재하고, ③ 학습데이터를 이용하여 학습시키고자 하는 학습모델 또는 학습 방법이 구체적으로 기재되어 있고, ④ 이와 같은 학습데이터 및 학습 방법에 의하여 발명의 기술적 과제를 해결하기 위한 학습된 모델이 생성됨을 보여야 한다. 다만, 출원발명이 기계학습의 응용에 특징이 있는 것으로, 통상의 기계학습 방법을 활용하여 발명의 기술적 과제를 해결할 수 있고 발명의 효과를 확인할 수 있다면, 학습데이터를 이용하여 학습시키고자 하는 학습모델 또는 학습방법이 구체적으로 기재되어 있지 않고 단순히 통상의 기계학습 방법만이 기재되어 있더라도, 실시가능 요건을 만족하는 것으로 볼 수 있다.

---

150 이하의 설명은 특허청, 인공지능 분야 심사실무가이드(2023)를 주로 참고하였다.

통상의 기계학습 방법으로 문자, 음성 등의 패턴 인식 분야에서는 '합성곱 신경망'(CNNs, Con-volutional Neural Networks), 자동번역·자연어처리 분야에서는 '순환 신경망'(RNNs, Recurrent Neural Networks) 등을 널리 활용하고 있다. 합성곱 신경망은 하나 또는 여러 개의 합성곱 계층(convolutional layer)과 통합 계층(pooling layer), 완전하게 연결된 계층(fully connected layer)들로 구성된 심층 신경망(DNN: Deep Neural Network)의 한 종류이다. CNN은 2차원 데이터의 학습에 적합한 구조로 되어 있으며, 역전파 알고리즘(backpropagation algorithm)을 통해 훈련될 수 있다. 영상 내 객체 분류, 객체 탐지 등 다양한 응용 분야에 폭넓게 활용되는 DNN의 대표적 모델 중 하나이다. 순환 신경망이란 시계열 데이터와 같이 시간의 흐름에 따라 변화하는 데이터를 학습하기 위한 딥러닝 모델로서 기준 시점(t)과 다음 시점(t+1)에 네트워크를 연결하여 구성한 인공신경망이다. 매 시점에 DNN이 연결되어 있을 경우 오래전의 데이터에 의한 기울기 값이 소실되는 문제를 해결하는 대표적인 모델로 장단기 메모리(LSTM: Long-Short Term Memory) 방식의 순환 신경망이 있다.

반면에, 기계학습 기반의 인공지능 관련 발명에서 수집된 원시 데이터를 학습용 데이터로 변경하는 데이터 전처리가 발명의 특징적 기술인 경우, 발명의 설명에 (i) 수집된 원시 데이터를 학습용 데이터로 생성, 변경, 추가, 또는 삭제하기 위하여 데이터 전처리 단계나 기능을 어떻게 실행하는지 기재하고 있지 않거나, (ii) 수집된 원시 데이터와 학습용 데이터 간의 상관관계를 구체적으로 기재하지 않으면 실시가능 요건을 만족하지 않은 것으로 본다.

인공지능 관련 발명은 '방법의 발명' 또는 '물건의 발명'으로 청구항에 기재할 수 있다. 그 발명이 시계열적으로 연결된 일련의 처리 또는 조작 단계로 표현할 수 있을 때 그 단계를 특정하는 것에 의해 방법의 발명으로 청구항에 기재할 수 있다. 한편, 그 발명이 이를 구현하는 복수의 기능으로 표현할 수 있을 때 그 기능으로 특정된 물건(장치)의 발명으로 청구항에 기재할 수 있다.

라. 진보성

진보성 인정 여부는 ① 청구항에 기재된 발명을 특정한 뒤 ② 청구항에 기재된 발명과 공통되는 기술분야 및 기술적 과제를 전제로 통상의 기술자의 관점에서 인용발명을 특정하고, ③ 청구항에 기재된 발명과 「가장 가까운 인용발명」을 선택하고 양자를 대비하여 일치점과 차이점을 명확히 한 다음, ④ 이러한 차이점에도 불구하고 「가장 가까운 인용발명」으로부터 청구항에 기재된 발명에 이르는 것이 통상의 기술자에게 용이한지 여부를 다른 인용발명과 출원시의 기술상식 및 경험칙 등에 비추어 판단한다.

인공지능 기술 분야에서 통상의 기술자는 '인공지능 기술 분야의 기술상식'을 보유하고 있고, 출원발명의 과제와 관련되는 출원 전의 기술수준에 있는 모든 것을 입수하여 자신의 지식으로 할 수 있는 자로서, 실험·분석·제조 등을 포함하는 연구 또는 개발을 위하여 통상의 수단을 이용할 수 있으며, 설계변경을 포함한 통상의 창작 능력을 발휘할 수 있는 특허법상 상상의 인물이다.

인공지능 관련 발명에 의해 발생하는 '신속하게 처리할 수 있다', '대량의 데이터를 처리할 수 있다', '오류를 줄일 수 있다', '정확한 예측을 할 수 있다.' 등의 효과는 인공지능 기술 분야에서 통상의 기술자가 예측할 수 없는 효과라고 보기 어렵다. 인용발명에 비하여 예측되는 효과 이상의 더 나은 효과가 있어야 진보성이 인정된다.

진보성 부정 사례 (특허법원 2013허1788 판결)

주가 기조의 상승/하락을 판단하는 인공지능 알고리즘에 따라 색깔을 달리하여 표시하는 인공지능 차트를 이용한 주식 정보 제공 방법에서, 해당 '인공지능 알고리즘'에서 채택하는 '주가 기조의 상승/하락을 판단하는 기준' 및 '주가 기조의 상승/하락에 따라 색깔을 달리하여 표시하는 것'은 주식투자 또는 차트분석 분야에서 널리 활용되는 주지 관용기술에 불과하므로, 주가 기조의 상승/하락을 판단하는 인공지능 알고리즘에 따라 색깔을 달리하여 표시하는 것은 통상의 기술자에 의한 통상의 창작 범위에 있다. 따라서 청구항에 기재된 발명이 특정의 과제를 수행하도록 학습된 모델에서 얻어지는 특유의 정보처리에 관하여 특정하지 않은 채 단순히 주지 관용기술을 인공지능 알고리즘으로 구현하는 것만으로는 그 발명의 진보성이 인정되지 않는다.

---

3. 영업비밀보호

학습완료 모델을 생성하는 과정에서는 학습용 데이터의 선택, 학습 순서, 학습 횟수, 학습의 조합, 파라미터의 조정 등의 작업에 따라, 생성되는 학습완료 모델의 출력 결과의 정밀도가 달라지므로, 그 노하우(know how)가 가치를 가지는 경우가 있다. 이 노하우가 부정경쟁방지법상 영업비밀로 보호받기 위해서는 비공지성, 경제적 가치성, 비밀관리성, 유용성의 요건을 충족해야 한다.

인공지능과 관련하여 영업비밀이 두 가지 측면에서 문제가 된다. 먼저 어떤 인공지능 개발사는 자신이 사용하는 학습용 데이터 셋과 알고리즘을 공개하는 경우도 있지만 이와 반대로 비공개하는 경우도 있다. 후자의 경우에는 그 기업의 영업비밀에 해당한다고 할 것이며, 영업비밀의 보유자는 영업비밀 침해행위를 하거나 하려는 자에 대하여 그 행위로 영업상의 이익이 침해되거나 침해될 우려가 있는 경우에는 법원에 그 행위의 금지 또는 예방을 청구할 수 있고,[151] 침해자에 대하여 손해배상을 청구할 수 있다.[152]

다음은, 챗GPT 같은 생성형 인공지능을 사용하는 과정에서 영업비밀이 노출될 수 있다.[153] 그런 이유로 삼성 등 일부 회사는 직원들에게 외부 업체의 인공지능 챗봇 사용을 금지하였다. 금지하지 않은 회사들도 회사의 영업과 관련한 사항을 입력창에 넣지 않을 것을 교육하고 있다.

Ⅲ 인공지능 생성물의 법적 취급

1. 서론: 창작의 주체로서 인공지능

가. 인공지능 창작의 현황

- https://www.youtube.com/channel/UCJVYSZHAO2cxKlMivfV0xkQ
  링크는 Emily Howell이라는 인공지능이 만든 피아노곡 "From Darkness, Light - 1. Prelude"이다. 이 인공지능은 그 외에도 다수의 곡을 만들었다.

- https://news.artnet.com/market/google-inceptionism-art-sells-big-439352
  링크의 기사에 의하면 구글은 인공지능이 만든 그림을 경매에 부쳐서 수십 점을 판매했고 1천만 원에 낙찰된 그림도 있다.

부정경쟁방지법 제10조.
152 부정경쟁방지법 제11조.
153 "챗GPT 쓰는 기업, 데이터 및 영업비밀 노출 위험 높다", 스마트투데이, 2023.4.19.

위 작품에 대해서 우리는 나름의 감상평을 달 수 있을 것이나, 미리 정보가 제공되지 않았다면 이것이 인간이 창작한 것이 아니라 AI의 창작물인 것을 알아채지 못했을 것이다.

나. 유형

인공지능을 창작의 보조도구 또는 공동창작자라고 부를 수 있을 정도로 많이 사용하는 경우에도 법적으로 인간만을 창작자로 인정하는 데에 별문제가 없을 것이다. 인간은 창작을 위해 여러 도구를 사용해 왔으며 그 정도가 달라진다고 해서 크게 새로울 것이 없기 때문이다. 다만 전에도 종종 그랬듯이 무엇을 도구로 사용하였는지 밝혀야 하며 인공지능의 경우에는 인간의 독자적 창작과 구분하기 어려우므로 인공지능을 사용하였다는 것을 밝힐 것이 윤리적으로 더 강하게 요구된다.

양의 질적 전환이 일어나서 인간은 아주 작은 역할, 예컨대 창가에 인공지능 카메라를 설치하고 거기서 포착하는 감흥을 가지고 음악 또는 미술 작품을 만들라고 인공지능에게 명령하여 인공지능이 작품을 만들었다면 이는 인간의 작품이 아니라 인공지능의 작품이라 할 것이다. 여기서 인간은 주문자, 소유자, 사용자 정도의 지위를 인정할 수 있을 뿐이고 창작자라고는 할 수 없다.

다. 문제 제기

과거에는 인간이 창작 과정을 주도하고 인공지능은 도구로 사용하는 것이 일반적이었지만 DALL·E, 챗GPT가 널리 사용되는 현재는 변곡점을 지나고 있는 것으로 생각된다.

더 이상 인간이 창작자임을 주장할 수 없는 경우가 일반적으로 되고 있다. 그렇다고 인공지능에게 저작권법, 특허법상 인간 창작자, 발명자에게 부여되는 보호를 부여할지는 별개의 문제이다.

2. 저작권법상 저작자 지위 여부

가. 현행법

한국 저작권법 제2조는 "'저작물'은 인간의 사상 또는 감정을 표현한 창작물", "'저작자'는 저작물을 창작한 자"로 규정한다.

일본 저작권법 제2조는 "저작물이란 사상 또는 감정을 창작적으로 표현한 것"이라고 규정한다. 영국 저작권법 제9조(authorship of works)는 저작자란 그것을 창작한 인(person)을 의미한다고 규정한다.

중국 저작권법은 제3조에서 "저작물이란 문학, 예술, 과학 분야에서 독창성을 갖추고 일정한 형식으로 표현된 지적 성과를 말한다"고 규정하고 제11조에서 "저작물을 창작한 자연인은 저작자이다. 법인 또는 비법인 조직의 주관에 의해, 그 의지로 창작되고 책임을 지는 저작물의 저작자는 그 법인 또는 비법인 조직이다"라고 규정한다.

이러한 법문하에서 인공지능 창작물은 저작권법상 저작물에 해당할지, 인간의 사상 또는 감정을 AI가 표현했다고 볼 수 있을지에 대한 국내외의 통설 및 판례는 부인론이다.

나. 실행

미국 저작권청은 인공지능을 저작자로 한 그림(A Recent Entrance to Paradise, 아래 이미지)에 대한 저작권 등록신청을 '인간에 의한 창작' 요건 불충족으로 등록 거절하였다. 나아가 사람을 저작자로 신청한 인공지능 제작 만화책(Zarya of the Dawn)에 대해서도 '인간의 창의적인 입력이나 개입'이 없이 무작위 또는 자동으로 작동하는 기계적 프로세스에 의해 생성되었다는 이유로 저작물성을 부인하였다. 위 결정에 불복하여 제기된 소송에서 미국연방지방법원은 저작권청의 손을 들어주었다.[154]

---

[154] Stephen Thaler v. Shira Perlmutter and The United States Copyright Office, US Federal District (D.C.) Court, (1:22-cv-01564) (August 18, 2023).

중국 베이징 인터넷법원은 인공지능이 작성한 도표 등의 저작물성을 부인하였지만, 저작물이 아니라고 해서 자유롭게 사용할 수 있다는 의미는 아니고, 소프트웨어 개발자와 투자에 대한 가치 등 권익은 보호해야 한다며, 바이두가 사과 성명을 발표하고, 필름에 1,000위안의 경제적 손실과 560위안의 비용을 배상하라고 명령했다(Felin v. Baidu, 2018).

같은 법원은 블로거가 콘텐츠 공유 플랫폼에서 무단으로 타인의 이미지를 가져와 '스테이블 디퓨전'을 활용, 생성해 SNS에 올린 사건에서 이미지 무단 사용에 대한 손해배상을 명령하면서도 AI로 생성한 이미지가 고유한 창작물이라며 피고 회사에 소유권이 있다고 인정했다(Tencent v. Yingqun, 2019). 전문가들은 이번 판결이 중국 생성 AI 기업에 도움이 될 것으로 분석했다.[155]

중국 역시 인간의 참여가 들어가면 저작물성을 인정하는 것으로 보인다. 다만 인간 참여의 양적 기준에 있어서 미국보다 낮아서 매개변수 설정과 다양한 프롬프트 입력이라는 사실로 그 기준을 충족한 것으로 판단한 것으로 보인다.

이와 같이 중국의 판례에 다소 모호한 부분이 있으나 인간의 개입이 있어야 저작물성을 인정한다는 점에서는 동일하며, 다만 구체적 타당성을 위해서 우리나라 부정경쟁방지법과 유사한 논리를 들어 손해배상을 인정한 것으로 보인다.

---

155 "중국, AI 생성 이미지도 저작권 인정 … 미국과 정반대 방침", AI타임스(www.aitimes.com), 2023. 12. 4.

다. 미래에 인공지능이 주도한 창작물을 보호하여야 하는가?

저작권은 저작인격권과 저작재산권으로 구분된다. 인공지능에게 인격권을 부여할 필요가 없음은 분명하다. 인공지능에게 저작재산권이라는 창작에 대한 혜택을 줄 필요가 있는지가 문제될뿐이다. 인간이 프롬프트에 입력하면 인공지능은 수초 내에 결과물을 생성해 낸다. 생성물에 차이를 가져오는 것은 인간이 어떤 프롬프트 입력을 하는가이며 그 이전에 인공지능 개발 프로그래머가 어떠한 파라미터를 설정하며, 어떤 학습데이터를 사용하느냐이다. 이러한 작업은 모두 인간이 하는 것이다. 인간의 이러한 작업에는 적절한 보상이 주어질 필요가 있지만 이에 저작자 생존 중과 사후 70년 동안 저작권을 부여하는 것이 적절한 수준의 보호인지는 의문이다.

데이터베이스 제작 및 갱신에 상당한 투자를 한 자에게 배타적 이용권을 부여하는 경우 단기 5년으로 제한되며, 장기적으로는 상대적 권리인 부정경쟁방지법적 보호가 부여됨을 보았다. 인공지능에 명령하여 창작하게 한 자에게 데이터셋을 구성한 것보다 문화예술의 창달에 더 많은 기여를 하였다고 인정하기는 어려울 것이다. 따라서 많이 인정한다 해도 데이터베이스제작자에게 부여하는 정도의 보호로 인공지능을 이용한 창작을 진작하는 방안이 적절할 것이다. 아래 저작권법 개정안이 그 예이다.[156]

<참고> 2020. 12. 21 주호영의원 대표발의 저작권법일부개정법률안
가. 인공지능 저작물과 인공지능 저작물의 저작자의 정의를 신설함 (안 제2조).
    <u>1의2 "인공지능 저작물"은 외부환경을 스스로 인식하고 상황을 판단하여 자율적으로 동작하는 기계장치 또는 소프트웨어(이하 "인공지능"이라 한다)에 의하여 제작된 창작물을 말한다.</u>
    <u>2의2. "인공지능 저작물의 저작자"는 인공지능 서비스를 이용하여 저작물을 창작한 자 또는 인공지능 저작물의 제작에 창작적 기여를 한 인공지능 제작자·서비스 제공자 등을 말한다.</u>
나. 인공지능 저작물의 저작자는 창작 기여도 등을 감안하여 대통령령으로 정하는 바에 따라 정하도록 함(안 제10조 제3항 신설).
다. 인공지능 저작물의 지적재산권의 존속기간을 공표된 때로부터 5년으로 규정함(안 제39조 제3항 신설).
라. 인공지능 저작물의 저작자는 해당 저작물을 반드시 등록하도록 하고, 등록 시 인공지능에 의해 제작된 저작물임을 표기하도록 규정함(안 제53조).

---

156 혹자는 사진저작물을 예로 들며 인공지능을 이용한 창작 행위가 이와 다를 것이 무엇이냐고 반문할지 모른다. 필자는 사진저작물에 대한 보호 정도가 과하다고 생각한다.

위와 같은 수준의 보호를 부여하더라도 인공지능을 이용한 창작 인센티브로 충분하며, 인공지능에게 저작자의 지위를 부여할 이유는 없다. 강한 인공지능이 창작한 저작물이나 발명을 인간이 자신이 한 것으로 참칭하는 경우에 AI 창작물과 인간 창작물의 구별이 어려워서 현실적으로는 같은 방식으로, 즉 인간 창작물로 처리하는 것이 불가피할 수도 있다. 최근에는 인공지능 생성물에는 꼬리표, 워터마크를 달도록 하는 방안이 제안되고 있다. 굳이 그러지 않아도 인간의 창의적 개입이 적게 들어간 인공지능 생성물은 유사물이 다수 생길 것이며 반대로 인간의 창의적 개입이 많이 들어간 인공지능 생성물은 유사품이 드물 것이다. 후자는 보호가치가 있으므로 저작물로 보호함이 타당할 것이다. 그런데 이와 같은 인공지능 생성물을 다시 인공지능의 후속 창작을 위한 투입물로 사용하는 경우에 순전히 인간에 의해 창작한 저작물과 동일한 보호를 부여할 것인가가 문제될 수 있다. 이견이 없는 것은 아니나,[157] 인간에 의해 창작한 저작물을 인공지능의 학습용 데이터나 프롬프트 입력물로 사용할 때는 원 저작자에 대한 사전적 권리 처리를 하거나 사후적 보상을 위한 공탁 등의 조처를 하여야 할 것이다. 그러나 인공지능 생성물을 후속 인공지능이 다시 사용하는 경우에는 앞서 언급한 바와 같이 그 투입물이 데이터베이스 보호 또는 부정경쟁방지법상 보호와 같은 낮은 보호면 충분한 것이었기에 유사도에 비례한 사후 보상청구권을 부여하는 정도가 적절할 것으로 생각된다.

3. 특허법상 발명자 지위 여부

가. 원칙

앞 장에서 언급한 바 있듯이 특허법상 "발명"이란 자연법칙을 이용한 기술적 사상의 창작으로서 고도(高度)한 것을 말한다.[158] 인공지능의 기계학습이나 딥러닝 과정을 통해서 만들어 내는 결과물은 그 프로세스의 성격상 발명보다는 발견에 가깝다고 할 것이다. 다만, 용도발명은 사실 새로운 효용에 대한 발견이라는 차원에서 보면 인공지능에 의한 발명의 가능성을 전적으로 부인할 필요는 없다고 생각된다. 다만 인공지능 자체에 발명자의 지위를 부여할 것인가, 이에 프롬프트를 입력하여 생성물을 얻고 그 생성물의 가치를 인식한 인간을 발명자로 인정할 것인가의 문제에 있어서 필자는 후자를 발명자로 인정하는 것이 현재와 예측가능한 미래에는 적절할 것으로 생각한다.

---

[157] 기계학습용 학습 데이터셋 구축을 위한 복제를 공정이용으로 허용하자는 견해도 있다.
[158] 제2조 제1호.

나. 사례

직접 인공지능이 관련된 사건은 아니었으나 아래와 같은 법인을 배제하고 자연인만을 발명자로 인정하는 설시로 보아 우리 법원이 인공지능에게 발명자성을 인정할 가능성은 희박해 보인다.

특허법 제2조 제1호에서는 "발명이라 함은 자연법칙을 이용한 기술적 사상의 창작으로서 고도한 것을 말한다"고 정의하고 있고, 같은 법 제39조 제1, 2항에서는 종업원등의 직무발명에 관하여 규정함에 있어서 종업원등을 발명자로 보면서 사용자등을 발명자로 인정하지 않고 있는바, 위와 같은 발명의 정의와 직무발명에 관한 규정 취지에 비추어 볼 때, 특허법 제33조 제1항에서 규정하고 있는 "발명을 한 자"는 창작행위에 현실로 가담한 자연인만을 가리킨다고 할 것이므로 법인이 발명자가 될 수 있는 것을 전제로 하여 원고가 이 사건 출원발명의 발명자라는 원고의 위 주장은 더 나아가 살펴볼 필요 없이 이유 없고 … (특허법원 2003. 7. 11. 선고 2002허4811 판결)

영, 미, 중, 일 등 제 외국의 입법도 자연인을 발명자로 전제하고 있다. 미국 과학자 Stephen Thaler는 2019년 9월 광범위한 인공 신경망에 기반한 다부스(Device for Auto-nomous Bootstrapping of Unified Sentience: DABUS)라는 인공지능을 발명자로 지정하여 두 가지 발명품에 대해(식품 용기, 신경자극 램프) 전 세계 16개국에 국제특허 출원하였다. 한국 특허청은 2022년 출원 무효처분하였다. 미국 특허청은 2020년 거절결정하였으며 이에 대한 불복 소송에서 각급 법원은 특허청의 결정을 지지하였다.[159] 영국특허청과 (2019) 법원(항소법원, 고등법원, 대법원)[160] 또한 동일한 판단을 내렸다.

한편, 새로운 가능성을 내비친 사례도 있으니, 독일법원은 인공지능을 발명자로 기재한 특허출원은 허용되지 않는다고 판단하였으나 "인공지능 다부스를 활용하여 발명한 스티븐 테일러"와 같이 표시할 수 있음을 방론으로 제시하였다. 또한 호주 하급심법원이 발명자라는 용어가 유연하게 해석될 수 있다며 인공지능의 발명자성을 긍정하였으나 고등법원에서 파기되었다.

---

159 "US Supreme Court rejects computer scientist's lawsuit over AI-generated inventions", Reuters, April 25, 2023; Thaler v. Vidal, U.S. Court of Appeals for the Federal Circuit, No. 21-2347, Decided: August 5, 2022.

160 Thaler (Appellant) v Comptroller-General of Patents, Designs and Trademarks (Respondent), [2023] UKSC 49, Decided on 20 December 2023.

다. 인공지능을 이용한 창안권

인공지능 시대에 발맞춘다고 해서 특허법을 개정하거나 그 해석의 기본을 바꿀 필요는 없다고 생각한다. 그런데 우리나라는 소발명(고안)을 보호하는 실용신안법을 가지고 있어서 10년의 실용신안권 부여와 같이 특허에 비하여 낮은 수준의 보호를 부여하고 있다. 여기에서 착안한다면 특허를 받을 수 없는 인공지능 발명에 대하여 5년의 인공지능을 이용한 창안권을 부여하는 것을 생각해 볼 수 있겠다. 이 인공지능 창안권도 인간 창안자에게 부여하되 그 요구되는 기여의 정도는 낮추어서 인공지능을 이용한 창안자 누구나 충족할 수 있도록 할 수 있겠다.

이렇게 인공지능을 이용한 창안권을 인정하여 수많은 창안이 이루어지는 경우에 무심사주의로 보호하는 것도 방법일 것이며, 심사주의를 유지하면 심사 과정(공지기술 조사, 신규성 판단)에 인공지능을 활용하여 심사관의 부담을 줄여주는 것이 부득이할 것이다.

다른 측면의 문제이지만, 인공지능 창안권의 인정은 누구나 발명가가 될 수 있다는 어린 시절의 꿈이 현실화되는 기회가 될 수 있을 것이다. 한편, 발명진흥법상 직무발명 보상금제와 관련하여 인공지능을 이용한 종업원의 발명(창안)은 종래 직무발명에 비하여 직무관련성은 쉽게 인정되고 종업원의 기여도는 낮추는 방향으로 영향을 끼칠 것이 예상된다.

4. 결론

도구적으로 인공지능을 이용하는 것이 대부분인 현 단계 인공지능에 저작자, 발명자의 지위를 부여하는 것은 법문에도 반하고, 법원칙에도 맞지 않는다. 향후 강한 인공지능이 독자적으로 또는 인간의 노력에 비하여 인공지능의 기여가 월등한 창작 또는 발명을 하는 경우 인간이 순수하게 만들어 낸 창작, 발명과 구분할 필요가 대두할 것이다. 다만 그때에도 저작권이나 특허권의 귀속은 인공지능이 아닌 자연인이 되어야 할 것이다. 저작물성이나 발명성을 완전히 부인하기보다는 상대적으로 낮은 수준의 보호를 부여하면서 산업과 문화 발전에 긍정적인 영향을 유도하는 법제의 정비를 검토할 가치가 있다.

제3편

거래와 불법행위

제6장
데이터 거래와 표준계약서

I 데이터 민사법 기초

사람이 사는 곳에는 분쟁이 발생하기 마련이며, 인공지능법이 없다고 인공지능과 관련된 분쟁이 발생하지 않는 것은 아니다. 분쟁이 발생하여 종국적으로 법적 해결을 구한다면, 법원으로서는 어찌하든 분쟁을 해결 안 할 수 없으므로 기존의 법령에 따라 합리적인 유추적용을 통해 분쟁을 해결한다. 형사법의 경우에는 엄격해석의 원리에 따라 유추적용이 금지되지만, 민사법의 경우에는 널리 행해진다.

민사에 있어서는 당사자 자치의 원리에 의해 당사자 간에 체결된 계약이 중시되며, 합의는 지켜야 한다는 법원칙에 의해 계약을 위반하면 책임이 뒤따른다. 인공지능의 개발, 이용과 관련해서 다양한 당사자가 계약을 체결하여 그들 간의 권리와 의무를 배분하고 거래의 안정을 꾀할 것이다. 당사자 간 거래비용을 절감하기 위하여 관련 기관에서 표준계약서를 개발하고 있다.

계약관계가 없는 사람 간에도 분쟁이 발생할 수 있으며 많은 경우 이는 한쪽이 다른쪽의 권리를 침해하는 위법 행위에 따른 손해의 발생과 그 구제와 관련된다. 이를 민법에서는 불법행위책임이라고 하며 일반 불법행위책임과 특수 불법행위책임으로 구분한다.

소유권 기타 물권의 존재가 거래의 전제가 아니므로 데이터의 법적 성격이 불명확하다고 해서 데이터 거래를 위한 계약이 불가능하지 않다. 다만 데이터 거래는 업계에서 생소하므로 데이터의 가격책정, 표준계약서 등은 효율적인 데이터 거래를 촉진하는 역할을 한다.[161]

---

161 이에 과기정통부와 데이터산업진흥원은 데이터거래 가이드라인과 표준계약서를 개발하고, 산업

데이터 계약유형은 다음과 같이 분류될 수 있다.

- 데이터 제공형: 매매, 이용허락, …
- 데이터 창출형: 데이터 공동생산자 간의 권리관계
- 데이터 오픈마켓형: 데이터 제공자와 이용자를 매개
- 기타, 다양한 변형이 가능(데이터 브로커, 플랫폼 기반 공유계약, 등)

공공데이터 거래와 관련해서는 공공데이터의 제공 및 이용 활성화에 관한 법률이 우선 적용될 것이고, 민간 데이터 거래와 관련해서는 데이터산업법과 함께 민법이 적용될 것이다.

데이터 거래의 현황을 살펴보면, 중개형 데이터 거래소에는 한국데이터산업진흥원 데이터 스토어(www.datastore.or.kr), 금융보안원 금융데이터거래소(www.findatamall.or.kr), 한국데이터거래소(kdx.kr/)가 있으며 직접판매를 겸영하는 거래소로는 SKT의 Data Hub, KT의 BigSight 등이 있다.[162]

통상자원부는 산업데이터 거래와 관련하여 유사 작업을 하였다.
〈https://idx.or.kr/portal/dx-cooperation-support/contract-guideline/〉
162 2024.2 현재 웹 검색 결과 DX데이터거래소, 산림빅데이터거래소, 국가교통데이터 오픈마켓, KADX 농식품 빅데이터 거래소, 감염병 빅데이터 거래소, 해양수산빅데이터거래소, 부동산 빅데이터 플랫폼 등 다수가 등장하였음을 확인할 수 있다.

오픈마켓 데이터 거래의 과정은 전자상거래 일반의 과정과 다르지 않다. 거래소 사이트에 가입하면서 기본이용약정(판매자의 경우 신원확인)이 체결되고, 개별 거래별로 이용계약이 체결된다. 데이터거래소가 구축하는 데이터 플랫폼은 데이터의 조회, 견본데이터 게시, 맞춤 데이터 매칭과 분석을 위한 환경, 암호화를 통한 전송 등 신뢰성 있는 거래 환경을 제공한다. 한국데이터거래소는 2022년 현재 총회원 수 13,648명, 총보유 데이터 수 7,717개, 보유 데이터 용량 2.87TB, 누적 거래 건수 16,138건이다. 금융데이터거래소는 106개 기업이 회원사로 참여해 985개 데이터 상품이 등록됐고, 총 7,601건의 상품 거래가 이뤄졌다. 금융데이터거래소에 등록된 데이터 상품 중 약 54%, 거래 데이터 중 약 67%가 신용카드사 데이터로, 신용카드사 결제 데이터가 다양한 분야 데이터와 결합해 활용될 수 있다. 아래 박스는 각 거래소의 생태계와 현황을 보여준다.

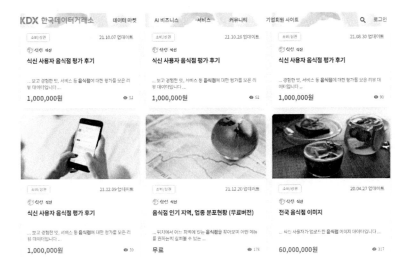

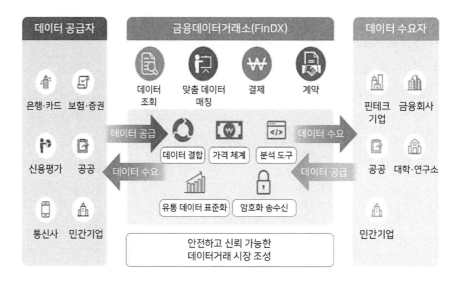

Ⅱ 데이터 거래의 주요 법적 쟁점

데이터 계약 체결 시 고려사항을 정리하면 다음과 같다.[163]

구 분	주요 내용
목 적	• 데이터 거래의 목적·범위
대상 데이터의 정의	• 제공·취득하는 대상 데이터(항목, 입도, 양, 파일형식 등), 가공 등 파생데이터
대상 데이터의 취득·수집방법	• 대상 데이터 취득·수집의 주체·방법·체계, 공유수단·방법
대상 데이터의 이용권한	• 대상 데이터별 이용권한(이용목적, 가공 등의 가부, 제3자 제공 (양도 또는 이용허락) 제한) 배분, 접근 방법, 이용기간·지역, 대상데이터의 지식재산권 귀속 등
파생데이터의 이용권한	• 파생데이터 이용권한의 배분, 파생데이터의 지식재산권 귀속
제3자 제공 여부	• 제3자 제공의 금지 또는 제공 가능한 방법·범위(자회사 등에의 제공 가부)

---

163 출처: 과기정통부, 데이터거래가이드라인. 손승우(2022)에서 재인용.

대가 · 이익분배	• 대상 데이터 등의 제공 · 이용의 대가, 제3자 제공으로 생기는 이익분배, 매출금액 등의 보고, 장부의 작성 · 보존 · 열람 등
대상 데이터의 보증 · 비보증	• 정확성 · 완전성 · 안전성 · 유효성, 제3자의 권리의 비침해, 악의 · 중과실 경우의 취급, 대상 데이터의 취득 · 이용권한의 적법성
대상 데이터의 관리 및 보안	• 구분관리, 선관주의의무, 제3자 비공개의무, 영업비밀로서의 관리, 관리상황의 보고 · 시정요구
개인정보의 취급	• 개인정보 보호법의 절차의 이행, 안전관리조치
대상 데이터 등의 누설 시 대응 · 책임	• 상대방에의 통지, 원인조사 · 재발방지책, 금지청구, 위약금
비밀유지의무	• 비밀정보의 정의(비밀정보로부터 제외된 정보), 예외적인 개시 사유
손해배상 · 면책	• 제3자와의 분쟁 대응, 불가항력 면책
유효기간 · 해제	• 유효기간, 갱신 조건, 해제사유 및 잔존조항
계약종료 시의 대상 데이터의 취급	• 파기 · 삭제의 요부, 증명서의 요부
일반조항	• 비용부담, 권리의무의 양도금지, 준거법 · 분쟁해결(재판관할), 성실협의

몇 가지만 부연하자면, 데이터에 대한 권리와 이익은 데이터 창출에 기여한 자에게 귀속되어야 한다. 데이터 창출에 기여한 자가 복수인 경우에는 원칙적으로 공유이지만 내부 참여자 간에 계약으로 권리관계를 사전에 정리할 수 있다. 제3자와의 데이터 거래로 소유권을 넘길 수도 있지만 사용 · 수익을 위한 라이선스만 부여할 수도 있다.

데이터 거래 시에는 데이터 제공 방법, 즉 데이터 파일의 형식과 전달방법, 제공주기 등에 대해서도 정하여야 추후의 분쟁을 예방할 수 있다. 대금지급에는 여러 가지 방법이 있을 수 있으나, 매출액의 일정비율 지급 방식(running royalty)이 위험분배의 효과를 지닌 유용한 방식이다.

데이터 가치평가와 관련해서는 시장접근법, 수익접근법, 원가접근법이 기본 모델이다. 시장접근법은 동일 또는 유사한 데이터가 실제로 거래된 가격에 근거하여 가치를 평가한다. 수익접근법은 데이터가 미래 창출할 수익의 현재가치를 계산하여 가치를 평가한다. 원가접근법은 다시 역사적 원가, 재생산 원가, 대체원가 접근방식으로 세분이 가능하다. 각각 과거에 투입된 원가, 다시 생산한다면 드는 원가, 시장에 존재하는 동종 데이터의 가격을 기준으로 한다. 데이터산업법은 데이터가치평가 전문기관을 지정하여 평가모델을 개발하도록 하고 있다.

데이터 가격 결정은 전적으로 데이터 가치평가에 의존하지 않을 수 있다. 데이터 공급기업이 수요예측, 원가측정, 경쟁환경 분석을 토대로 장단기 판매 및 과금 전략을 선택한다. 해외의 경우 종량제가 보편화되어 있으나, 국내의 경우는 정액제 또는 혼합 방식을 주로 사용하는 경향이 있다.

Ⅲ 데이터거래 가이드라인과 표준계약서

데이터의 사용·수익 과정에 다수 당사자가 참여한 경우 데이터의 사용·수익권의 귀속 주체, 활용 방법, 이익분배 등에 대한 다툼이 발생할 수 있으므로, 분쟁을 예방하기 위하여 당사자 간 데이터 사용·수익에 관한 계약 체결이 필요하다. 산업통상자원부에서 발간한 산업데이터 거래 가이드라인과 표준계약서를 중심으로 기본 법리를 살핀다. 가이드라인과 표준계약서 전문은 「IDX협업지원센터」 홈페이지에서 찾을 수 있다.164

1. 데이터 창출형(공동생산) 계약

이 유형의 계약은 데이터를 보유하고 있는 갑과 을이 관여한 공동사업에서 새로운 데이터를 생성하는 경우 당사자 간 대상데이터의 사용·수익에 관한 사항을 정함을 목적으로 한다.

계약서에는 대상데이터의 취득·수집 방법과 관련한 아래 사항을 정한다.

- 누가, 어떠한 방법으로 어떤 정보를 취득·수집하는 것인가
- 어떠한 목적을 가지고 정보를 취득·수집하는 것인가
- 어느 기간 중에 정보를 취득·수집하는 것인가

---

164 〈https://idx.or.kr/portal/dx-cooperation-support/contract-guideline/〉
계약의 유형에 따라 다음 5가지 표준계약서로 나누어져 있다.
 1. 산업데이터제공형 표준계약서
 2. 산업데이터창출형 표준계약서
 3. 산업데이터플랫폼형 표준계약서 (플랫폼운영자-데이터제공자)
 4. 산업데이터플랫폼형 표준계약서 (플랫폼운영자-데이터이용자)
 5. 산업데이터플랫폼형 표준계약서 (데이터제공자-데이터이용자)

- 어떠한 파일형식으로 어디에 보관하는 것인가
- 목적달성 후 어떠한 방법으로 파기를 하는 것인가
- 어떠한 수단·방법으로 제공·공유하는 것인가

계약서에는 또한 대상데이터 및 그에서 파생되는 데이터의 사용·수익권한을 규정한다.

데이터 이름	데이터 항목 등	대상 기간	갑의 사용·수익권한	을의 사용·수익권한
○○○	기기 이름·센서 이름 등의 데이터를 특정하는 정보(양, 정밀도를 포함)	○년 ○월 ○일 ~ ○년 ○월 ○일의 기간에 취득된 것	• 이용목적 • 제3자 제공(양도 또는 이용허락)의 가부 • 가공 등의 가부 • 지식재산권	• 이용목적 • 제3자 제공(양도 또는 이용허락)의 가부 • 가공 등의 가부 • 지식재산권

갑과 을이 공동으로 생성한 대상데이터에 관한 지식재산권은 갑과 을에게 공동으로 귀속한다. 그 지분은 기여도에 따라서 정한다. 계약으로 특별히 약정한 경우를 제외하고는 상대방의 동의를 받지 아니하고 단독으로 지식재산권을 실시할 수 있다. 다만 제3자에게 지식재산권에 대하여 전용실시권을 설정하거나 통상실시권을 허락하고자 하는 경우에는 상대방의 동의를 받아야 한다. 이 경우에 제3자로부터 받은 이익의 분배비율 등에 관해서는 갑과 을의 협의에 의하여 정한다.

갑과 을은 상대방에 대하여 대상데이터의 정확성, 완전성, 안전성, 유효성에 대해 보증한다. 대상데이터에 지식재산권자의 이용허락을 받지 않은 데이터가 포함되는 등 그 데이터 사용·수익에 제한을 받게 될 경우, 상대방과 협의하여 해당 지식재산권자로부터 해당 데이터의 지식재산권에 대한 이용허락을 받거나 해당 데이터를 제거하는 등 필요한 조치를 취하여야 한다.

상대방으로부터 제공받은 데이터는 자신이 보관하고 있는 다른 데이터와 명확히 구별하고 선량한 관리자의 주의를 가지고 관리·보관하여야 한다. 제공받은 데이터를 상대방의 서면에 의한 사전승낙을 받지 아니하고 제3자에게 제공 또는 공개하여서는 아니된다.

상대방에게 제공하는 데이터에 개인정보 보호법 등에서 정한 개인정보가 포함되어 있는 경우에는 상대방에게 미리 그 취지를 설명하여야 한다. 대상데이터등에 개인정보 등이 포함되어 있는 경우에는 개인정보가 분실·도난·유출·위조·변조 또는 훼손되지 아니하도록 내부 관리계획 수립, 접속기록 보관 등 안전성 확보에 필요한 기술적·관리적 및 물리적 조치를 하여야 한다. 대상데이터의 유출등으로 상대방에게 회복 불가능한 중대한 손해를 야기할 우려가 있는 경우에는 가처분을 신청할 수 있다.

2. 데이터 제공계약

가. 일반적 공급계약

수집한 데이터를 가지고 있는 네이버 등 포털, 언론사, 금융사 등은 이 데이터를 필요로 하는 다른 기업(컨설팅사 등) 또는 단체에 데이터를 판매할 수 있다. 데이터 제공 거래계약에는 다음과 같은 내용이 담길 수 있을 것이다.

목적 / 정의 / 제공데이터의 제공방법 / 제공데이터의 이용허락 / 파생데이터 / 대금지급/ 제공데이터 등에 대한 보증 등 / 가명정보 민감정보의 처리 / 제공데이터 관리의무 / 이용현황 보고 등 / 제공데이터의 유출시 조치 / 손해배상 / 책임의 제한 등 / 비밀유지의무 / 계약기간 / 계약의 해제 또는 해지 / 본 계약종료 후의 효력 / 비용 / 불가항력 / 완전합의 / 일부 무효 / 양도금지 / 준거법 / 관할법원 등

지속적으로 창출되는 데이터를 계속하여 제공하는 경우에는 계약기간과 그 연장에 관한 규정을 두는 것이 좋다. 데이터의 경우 양도의 형태보다는 이용허락의 형태로 제공자와 제공받는 자가 모두 해당 데이터를 사용하게 되는 것이 일반적이다. 을은 갑의 데이터를 활용하면서 발생한 파생데이터의 사용·수익권한을 가지며, 당사자가 정하는 바에 따라 갑으로 하여금 파생데이터를 사용·수익하게 할 수 있다. 다음은 이용허락 계약의 예시이다.

---

① 갑은 을에 대하여 제공데이터를 본 계약의 유효기간 내에서 본 계약 목적의 범위 내에서만 이용하는 것을 허락한다.
② 을은 본 계약에서 명시적으로 규정된 것을 제외하고는 제공데이터에 대하여 내용의 정정, 추가 또는 삭제를 할 수 있는 권한이 없다.
③ 을은 갑의 서면에 의하여 사전승낙이 없는 한 본계약 목적 이외의 목적으로 제공데이터를 가공·분석·편집·통합 기타의 이용을 할 수 없으며, 제공데이터를 제3자(을이 법인인 경우 그 계열사, 관련회사도 제3자에 포함)에게 공개·제공·누설하여서는 아니된다.

④ 제공데이터에 관한 지식재산권(데이터베이스에 관한 권리를 포함하고 이에 제한되지 않음)은 갑에게 귀속된다. 그러나 제공데이터 중 제3자에게 지식재산권이 귀속되는 것은 그러하지 아니한다.

⑤ 본 조의 이용허락은 갑의 제공데이터의 이용을 방해하지 아니한다.

⑥ 갑은 을 이외의 제3자에게도 본 조의 이용허락을 할 수 있다.

갑은 을에게 제공하는 데이터가 적법하고 정당한 방법으로 생성되고 취득되었음을 확인하고 보증하여야 한다. 갑은 데이터의 정확성, 완전성(데이터에 하자 또는 결함이 없음), 안전성(데이터에 바이러스 등 악성코드가 없음), 유효성(본 계약 목적에의 적합성)을 보증하고, 데이터가 타인의 지식재산권 및 기타 권리를 침해하지 않는다는 것을 보증한다. 갑은 가명정보를 원래의 상태로 복원할 수 있는 추가 정보를 별도로 분리하여 보관·관리하는 등 해당 정보가 분실·도난·유출·위조·변조 또는 훼손되지 않도록 안전하게 보관하여야 하며 이를 을에게 제공하여서는 아니된다.

데이터의 제공 대가가 수익과 연동되는 경우라든지 데이터 사용·수익이 본 계약의 내용 및 조건에 부합하는지를 확인하기 위하여 을에게 사용·수익에 관한 현황 보고를 요구할 수 있고, 을의 보고가 데이터의 사용·수익을 검증하는데 충분하지 않다고 판단하는 경우 갑이 직접 검증할 것을 을에게 요구할 수 있다. 을은 갑의 요구에 따른 직접 검증과 자신의 영업비밀 보호 등을 이유로 제3자에 의한 검증 중 하나를 선택할 수 있다.

을의 데이터 사용·수익과 관련하여 을에 대한 제3자의 분쟁 조정신청, 소 제기 등 분쟁이 발생한 경우 을은 지체없이 갑에게 그 사실을 통지하여야 하고 자기의 비용과 책임으로 해당 분쟁을 해결한다. 갑은 해당 분쟁에 관하여 합리적인 범위에서 을에게 협력한다.

달리 약속하지 않는 한 계약종료 후 을은 갑으로부터 제공받은 자료 및 데이터를 즉시 갑에게 반환한다. 다만, 자료 및 데이터를 물리적으로 반환할 수 없는 경우에는 을은 자료 및 데이터를 폐기, 제거 또는 삭제하고 그 사실을 증명하는 자료를 제출하여야 한다.

나. 포털의 이용자 계약

아래 네이버 이용약관의 내용은 포탈, SNS 등 인터넷 플랫폼의 무료이용에 대한 대가로 이용자가 데이터를 공급하는 계약의 전형을 보여준다. 기본적으로 인터넷이용자가 포털에 제공할 수 있는 데이터는 이용자에게 권리가 있는 데이터이어야지 제3자에게 권리가 있는 데이터를 제공할 수는 없다. 네이버는 기존 서비스의 개발 및 신규서비스의 개발, 특히 인공지능 분야의 기술 등의 연구 개발을 목적으로 네이버 및 네이버 계열사에서 사용할 권리를 계약을 통해 확보하려는 의도가 드러난다.

네이버는 여러분의 생각과 감정이 표현된 콘텐츠를 소중히 보호할 것을 약속드립니다. 여러분이 제작하여 게재한 게시물에 대한 지식재산권 등의 권리는 당연히 여러분에게 있습니다.

한편, 네이버 서비스를 통해 여러분이 게재한 게시물을 적법하게 제공하려면 해당 콘텐츠에 대한 저장, 복제, 수정, 공중 송신, 전시, 배포, 이차적 저작물 작성(단, 번역에 한함) 등의 이용 권한(기한과 지역 제한에 정함이 없으며, 별도 대가 지급이 없는 라이선스)이 필요합니다. 게시물 게재로 여러분은 네이버에게 그러한 권한을 부여하게 되므로, 여러분은 이에 필요한 권리를 보유하고 있어야 합니다.

네이버는 여러분이 부여해 주신 콘텐츠 이용 권한을 저작권법 등 관련 법령에서 정하는 바에 따라 네이버 서비스 내 노출, 서비스 홍보를 위한 활용, 서비스 운영, 개선 및 새로운 서비스 개발을 위한 연구, 웹 접근성 등 법률상 의무 준수, 외부 사이트에서의 검색, 수집 및 링크 허용을 위해서만 제한적으로 행사할 것입니다.

만약, 그 밖의 목적을 위해 부득이 여러분의 콘텐츠를 이용하고자 할 경우엔 사전에 여러분께 설명을 드리고 동의를 받도록 하겠습니다.

또한 여러분이 제공한 소중한 콘텐츠는 네이버 서비스를 개선하고 새로운 네이버 서비스를 제공하기 위해 인공지능 분야 기술 등의 연구 개발 목적으로 네이버 및 네이버 계열사에서 사용될 수 있습니다. 네이버는 지속적인 연구 개발을 통해 여러분께 좀 더 편리하고 유용한 서비스를 제공해 드릴 수 있도록 최선을 다하겠습니다.

---

3. 플랫폼형 계약

가. 플랫폼운영자 - 데이터제공자 간의 계약

오픈마켓으로 데이터 거래를 중개하는 플랫폼운영자와 이를 이용하는 판매회원인 데이터제공자 간의 계약과 관련한 특이 사항을 반영한 표준조항은 다음과 같다.

제0조(플랫폼운영자가 제공하는 서비스의 종류) 플랫폼운영자가 제공하는 서비스는 다음과 같다.
   1. 플랫폼 관련 서비스
     가. 데이터상품의 판매 · 구매 관련 지원서비스

　나. 데이터상품의 매매계약체결 관련 지원서비스

　다. 데이터상품 정보 검색 서비스

　라. 그 밖에 플랫폼 관련 서비스

2. 데이터상품 광고 및 프로모션 서비스

　플랫폼운영자가 데이터제공자의 데이터상품 판매활동을 지원하기 위해 제공하는 데이터상품 광고 및 프로모션 서비스

제O조(서비스의 성격과 책임) ① 플랫폼운영자는 데이터제공자가 데이터상품을 거래할 수 있도록 플랫폼의 이용을 허락하거나 플랫폼을 이용한 데이터상품 판매를 알선, 중개하는 것을 목적으로 하며, 데이터상품의 거래와 관련하여 데이터제공자 또는 데이터이용자를 대리하지 아니한다.

② 플랫폼운영자는 플랫폼을 통하여 이루어지는 데이터제공자와 데이터이용자 간의 거래와 관련하여 판매·구매 의사의 존부 및 진정성, 등록된 데이터상품의 품질, 완전성·안정성·적법성 및 타인의 권리에 대한 비침해성, 데이터제공자 또는 데이터이용자가 입력하는 정보 및 그 정보를 통하여 링크된 URL에 게재된 자료의 진실성, 적법성 등 일체에 대하여 보증하지 아니한다.

③ 데이터제공자는 자신과 데이터이용자와 사이에 성립된 거래 및 자신이 제공하고 등록한 정보에 대해서는 책임을 진다. 다만, 판매를 위탁받은 데이터상품에 대해서는 플랫폼운영자가 데이터제공자의 지위를 가진다.

제O조(데이터제공자의 판매행위) ① 데이터제공자는 데이터상품정보와 거래조건에 관한 내용을 관련 법령 및 본 계약에서 정한 방법으로 등록하고 관리하여야 한다.

② 플랫폼운영자는 데이터제공자가 등록한 데이터상품정보를 플랫폼운영자가 정한 기준과 방법에 따라 플랫폼에 게재할 수 있다.

③ 데이터제공자는 판매하는 데이터상품의 종류와 범위, 판매가격, 거래조건을 스스로 결정하고 플랫폼운영자는 특별한 사정이 없는 한 이에 관여하지 아니한다.

④ 데이터제공자는 등록된 데이터상품에 특별한 거래조건이 있거나 추가되는 비용이 있는 경우 데이터이용자가 이를 알 수 있도록 명확하게 기재하여야 한다.

⑤ 데이터제공자가 본 조 및 플랫폼운영자가 정한 상품등록 기준을 위반한 경우 플랫폼운영자는 데이터제공자에게 상품판매 제한, 판매자 ID 사용 중지 등 필요한 조치를 취할 수 있다.

제O조(판매제한 데이터상품 및 금지행위) ① 데이터제공자는 데이터상품이 다음 각호의 어느 하나에 해당하는 경우 데이터상품을 등록하거나 판매할 수 없다. 데이터제공자가 다음 각호에 해당하는 데이터상품을 등록하거나 판매한 경우 그 등록·판매로 인한 발생하는 모든 책임을 부담한다.

1. 법령에 따라 유통 및 판매가 금지된 데이터상품

2. 지식재산권 등 타인의 권리를 침해하거나 개인정보를 유출하는 데이터상품

3. 그 밖에 플랫폼운영자가 합리적인 사유로 판매를 금지하는 데이터상품

② 데이터제공자는 다음 각호의 행위를 하여서는 아니 된다.

1. 실제 판매하지 않는 데이터상품을 허위로 등록하거나 중복하여 등록하는 행위

2. 지식재산권 등 타인의 권리 침해, 개인정보 유출 또는 표시광고법 등 관련 법령 위반 등을 내용으로 데이터상품의 정보를 안내하거나 광고하는 행위

3. 플랫폼을 통하지 않고 데이터이용자에게 직접 데이터상품을 판매하거나 이를 유도하는 행위

4. 그 밖에 플랫폼운영자가 합리적인 사유로 데이터제공자에게 중지를 요청하는 행위

제O조(서비스 이용대가) ① 서비스 이용대가는 플랫폼서비스 이용대가(플랫폼운영자가 제공하는 서비스를 이용하는 대가로서 데이터제공자가 플랫폼운영자에게 지급하는 금전을 말하며, 판매가에 일정 비율의 서비스 이용대가율을 곱한 것을 말한다)와 판매촉진서비스 이용대가(광고, 프로모션 비용 등)를 포함한다.

② 플랫폼운영자는 판매대가 정산 시 플랫폼서비스 이용대가를 공제하고 데이터제공자에게 지급한다.

③ 서비스 이용대가에 대한 구체적인 내용은 플랫폼운영자와 데이터제공자 간의 협의로 정한다.

제O조(판매대가의 정산) ① 플랫폼운영자는 판매대가에서 다음 각호의 비용을 공제한 나머지 금액을 데이터제공자에게 지급한다.

1. 제O조의 서비스 이용대가

2. 데이터제공자의 플랫폼운영자에 대한 채무금

3. 그 밖에 데이터제공자의 귀책사유로 발생한 비용

② 플랫폼운영자는 데이터이용자가 서비스화면에서 구매확정을 클릭하거나 구매확정 기간이 지나 자동구매확정이 된 후 O영업일 이내에 위 판매대가의 정산금을 데이터제공자에게 지급한다.

제O조(면책) ① 플랫폼운영자는 통신판매중개자로서 유통플랫폼을 기반으로 한 거래시스템만을 제공하고, 데이터제공자가 등록한 상품 등에 관한 정보 또는 데이터이용자와의 거래에 관하여 발생한 분쟁에 개입하지 아니하며, 해당 분쟁의 결과로 인한 손해 등 책임을 지지 아니한다. 이와 관련하여 플랫폼운영자가 제3자에게 손해를 배상하거나 기타 비용을 지출한 경우 플랫폼운영자는 데이터제공자에게 구상권을 행사할 수 있다.

② 플랫폼운영자는 적법한 권리자의 요구가 있는 경우에는 당해 데이터상품 등에 관한 정보를 삭제하거나 수정할 수 있다.

③ 플랫폼운영자는 다음 각호에 해당하는 데이터제공자의 정보를 열람하는 방법을 데이터이용자에게 제공할 수 있으며, 데이터제공자는 당해 정보를 기재하지 아니하거나 허위로 기재함으로써 발생하는 모든 책임을 부담하여야 한다. 이와 관련하여 플랫폼운영자가 제3자에게 손해를 배상하거나 기타 비용을 지출한 경우 플랫폼운영자는 데이터제공자에게 구상권을 행사할 수 있다.

1. 데이터제공자가 사업자인 경우에는 그 성명(사업자가 법인인 경우에는 그 명칭과 대표자의 성명) · 주소 · 전화번호, 사업자등록번호, 전자서명인증사업자 또는 신용정보회사 등을 통하여 확인한 신원정보, 해당 플랫폼운영자가 제공하는 데이터제공자의 신용도에 관한 정보, 데이터제공자의 신용도에 관한 정보

2. 데이터제공자가 사업자가 아닌 경우에는 데이터제공자의 성명, 생년월일, 주소, 전화번호 및 전자우편주소, 전자서명인증사업자 또는 신용정보회사 등을 통하여 확인한 신원정보, 데이터제공자의 신용도에 관한 정보

④ 플랫폼운영자는 다음 각호에 해당하는 사유로 관련 서비스의 제공이 중단되면 고의 또는 중대한 과실이 없는 한 책임을 지지 아니한다.

1. 컴퓨터 등 정보통신설비의 보수, 점검, 교체, 고장,
2. 전기통신의 중단, 지연
3. 그 밖에 관련 서비스의 제공이 중단된 경우

나. 플랫폼운영자 – 데이터이용자 간 계약

오픈마켓으로 데이터 거래를 중개하는 플랫폼운영자와 이에 이용회원으로 가입하여 데이터 상품을 제공받는 자간의 계약에 있어 특이 사항을 반영한 표준조항은 다음과 같다.

제0조(계약서의 명시) ① 플랫폼운영자는 본 계약서의 내용을 데이터이용자가 알 수 있도록 인터넷 홈페이지 또는 이동통신단말장치에서 사용되는 애플리케이션 등의 접속화면에 게시하거나 그 밖에 데이터이용자가 쉽게 확인할 수 있는 방법으로 알려야 한다.

② 플랫폼운영자는 데이터이용자가 본 계약서의 내용에 관하여 질의 및 응답을 할 수 있도록 적절한 절차를 마련하여야 한다.

제0조(플랫폼 이용신청) ① 데이터이용자는 플랫폼운영자가 정한 절차에 따라 그 이용을 신청할 수 있다.

② 데이터이용자는 플랫폼 이용에 필요한 정보를 제공하여야 하고 플랫폼운영자는 데이터이용자가 확인할 수 있도록 플랫폼 이용신청에 필요한 정보의 용도와 범위를 제공하여야 한다.

③ 데이터이용자는 신청서에 타사업자나 타인의 명의를 도용하거나 거짓 정보를 기재하여서는 아니된다. 데이터이용자가 명의를 도용하거나 거짓정보를 기재한 경우에는 플랫폼운영자는 이를 이유로 플랫폼 이용신청을 거절할 수 있다.

④ 미성년자는 법정대리인의 동의를 얻어 플랫폼 이용신청을 할 수 있다.

제0조(플랫폼운영자의 의무) ① 플랫폼운영자는 다음 각호에 해당하는 사항을 준수하여야 한다.

1. 관계 법령 준수 및 데이터의 원활한 이용을 위한 정보보호 기준 수립
2. 안정적인 데이터 제공을 위한 정기적인 운영점검
3. 데이터서비스에 장애 발생시 신속한 수리 및 복구
4. 적절한 수준의 보안서비스 제공, 정보 유출 또는 제3자에 의한 데이터이용자의 권리 침해 방지
5. 데이터이용자의 동의 없이 이용자 정보의 제3자 제공 및 목적 외 용도 이용 금지
6. 데이터이용자의 서비스 이용현황 및 이용요금 등 이용내역을 알기 쉽게 확인할 수 있는 조치 의무

② 플랫폼운영자는 제1항 제2호의 경우에는 사전에 데이터이용자에게 이를 알려야 하고, 제3호의 경우에는 신속한 처리가 곤란한 경우에는 그 사유와 일정을 데이터이용자에게 알려야 한다.

③ 플랫폼운영자로부터 이용자 정보를 제공받은 제3자도 데이터이용자의 동의 없이 이용자 정보를 제3자에게 제공하거나 목적 외 용도로 이용할 수 없다.

제0조(데이터이용자의 의무) ① 데이터이용자는 다음 각호의 사항을 준수하여야 한다.

1. 이용대가 납부의무
2. 연락처, 요금결제 수단 등 거래에 필요한 정보 변경 시 데이터제공자에 대한 통지의무
3. 본 계약의 규정 및 데이터와 관련하여 플랫폼운영자로부터 통지받은 제반 사항의 준수의무

② 데이터이용자는 데이터를 이용하는 과정에서 제3자의 지식재산권을 침해하거나 관계 법령을 위반하는 행위를 하여서는 아니 된다.

③ 데이터이용자는 아이디와 비밀번호 등 플랫폼 접속정보에 대한 관리책임이 있으며, 관리 부실로 인한 도용 또는 제3자의 이용으로 인해 발생한 문제의 책임은 데이터이용자에게 있다. 다만, 플랫폼운영자에게 고의 또는 과실이 있는 경우에는 그러하지 않다.

제0조(데이터 중개서비스 제공 및 변경) ① 플랫폼운영자는 데이터이용자에게 제공하는 데이터 중개서비스의 내용 또는 조건을 변경하고자 하는 경우에 변경사유, 변경될 서비스의 내용 및 제공일자 등을 명시하여 그 적용일자로부터 최소한 7일 전부터 해당 서비스의 초기 화면에 게시하여 알려야 한다.

② 플랫폼운영자는 중개서비스의 내용 또는 조건의 변경이 데이터이용자에게 불리하거나 중대한 영향을 미치는 경우에는 최소 30일 전부터 전화, 휴대전화, 우편, 전자우편 또는 문자메시지 등으로 알려야 한다. 다만, 중개서비스의 내용 또는 조건의 변경이 데이터이용자에게 불리한 경우에는 데이터이용자의 동의를 얻어야 한다.

③ 플랫폼운영자는 중개서비스 제공과 관련하여 다음과 같은 업무를 수행한다.

1. 연중무휴, 1일 24시간 중단 없는 서비스의 제공. 다만, 정기점검이나 시스템의 성능향상을 위한 작업 등을 데이터이용자에게 사전 통지한 경우에 서비스를 일시 중단할 수 있다.
2. 서비스 장애 발생 시 신속한 수리 또는 복구
3. 그밖에 서비스의 안정적인 운영에 필요한 관련 업무

④ 플랫폼운영자는 데이터이용자의 문의나 요청에 대응하고 처리하기 위한 담당부서, 담당자의 이름 및 연락처를 알려주어야 한다.

제0조(서비스 이용제한) ① 플랫폼운영자는 데이터이용자의 행위가 다음 각호에 해당하는 경우 데이터이용자의 서비스 이용을 제한할 수 있다.

1. 서비스의 손상, 정지 등을 초래하는 행위
2. 데이터이용자가 시스템 운영이나 네트워크 보안 등에 심각한 장애를 초래한 경우
3. 본 계약의 규정을 위반하여 서비스에 대한 플랫폼운영자의 업무수행 또는 서비스 제공에 현저한 지장을 주거나 줄 우려가 있는 행위

② 플랫폼운영자는 제1항에 따라 서비스의 이용을 제한하는 경우에는 미리 그 사유와 이용제한 기간, 이의신청 방법을 해당 데이터이용자에게 알려야 한다.

다. 데이터제공자 - 데이터이용자 간 계약

데이터 오픈마켓에 가입한 데이터 제공자와 데이터 이용자 간의 계약관계이다. 기본적으로 위에서 언급한 일반 데이터 제공계약과 다르지 않으며, 다음은 특징적 조항의 예시이다.

제0조(데이터 이용신청) ① 데이터이용자는 데이터제공자에게 데이터 이용신청을 하고 데이터제공자의 승낙이 데이터이용자에게 도달한 때에 데이터를 이용할 수 있다.

② 데이터제공자는 다음 각 호의 어느 하나에 해당하는 이용신청에 대해서는 그 신청을 거절할 수 있다.

1. 데이터이용자가 타인의 명의를 도용하거나 거짓 정보를 기재한 경우
2. 데이터이용자가 이용요금을 납부하지 않은 경우
3. 데이터이용자가 과거 데이터제공자와 체결한 계약의 중대한 내용을 위반한 사실이 있는 경우
4. 타인의 신용카드, 유·무선 전화, 은행 계좌 등을 무단으로 이용하거나 도용하여 서비스 이용요금을 결제하는 경우
5. 「개인정보 보호법」, 「저작권법」 등 관계 법령에서 금지하는 위법행위를 할 목적으로 이용신청을 하는 경우
6. 데이터이용자가 이전에 데이터이용자의 자격을 상실한 사실이 있는 경우
7. 그 밖에 제1호에서 제6호까지에 준하는 사유로서 승낙하는 것이 상당히 부적절하다고 판단되는 경우

③ 데이터제공자는 다음 각 호의 어느 하나에 해당하는 경우에는 그 사유가 해소될 때까지 승낙을 유보할 수 있다.

> 1. 플랫폼 또는 결제수단에 기술적 장애가 있는 경우
> 2. 데이터서비스 장애가 있는 경우
> 3. 그 밖에 제1호 또는 제2호에 준하는 사유로서 이용신청의 승낙이 곤란한 경우
> ④ 데이터이용자는 이용신청 시 기재한 사항이 변경되었을 경우 그 내용을 데이터제공자에게 지체 없이 알려야 한다.
>
> 제0조(서비스 제공의 정지) ① 데이터제공자는 다음 각 호의 어느 하나에 해당하는 경우에 서비스 제공을 일정기간 동안 정지할 수 있으며, 그 사유가 해소되면 지체 없이 서비스 제공을 재개하여야 한다.
> 1. 서비스 제공을 위한 컴퓨터 등 정보통신설비의 보수점검, 교체, 정기점검 또는 성능향상을 위하여 필요한 경우
> 2. 해킹, 컴퓨터바이러스 등 전자적 침해사고, 통신사고, 서비스 장애 등으로 정상적인 데이터서비스 제공이 불가능한 경우
> 3. 천재지변, 비상사태, 정전, 데이터서비스 설비 장애 등 불가항력 사유로 정상적인 데이터서비스 제공이 불가능한 경우
> 4. 그밖에 관련 법령에 위반하거나 데이터제공자의 업무를 방해하는 행위를 하는 경우
> ② 데이터제공자는 제1항 제1호의 경우는 서비스 제공을 정지하기 전 (_)일까지 그 사실을 데이터이용자에게 알려야 하고, 제1항 제1호를 제외한 나머지의 경우는 서비스를 정지하게 되는 경우 즉시 그 사실을 데이터이용자에게 알려야 한다. 다만, 데이터이용자의 책임 있는 사유로 알릴 수 없는 때에는 그러하지 아니하다.

4. 데이터 담보책임

민법상[165] 매매의 목적물에 하자가 있는 때에는 매수인은 이로 인하여 계약의 목적을 달성할 수 없는 경우에는 계약을 해제할 수 있고 기타의 경우에는 손해배상을 청구할 수 있다. 그러나 매수인이 하자 있는 것을 알았거나 과실로 인하여 이를 알지 못한 때에는 그러하지 아니하다. 매도인은 담보책임을 면하는 특약을 한 경우에도 매도인이 알고 고지하지 아니한 사실 및 제삼자에게 권리를 설정 또는 양도한 행위에 대하여는 책임을 면하지 못한다.[166] 데이터 거래의 경우에도 이와 같은 취지를 반영한 조항을 계약에 포함한다면 다음과 같은 규정이 가능할 것이다.

---

[165]   제580조(매도인의 하자담보책임), 제575조(제한물권있는 경우와 매도인의 담보책임).
[166]   제584조(담보책임면제의 특약).

> 제O조(제공데이터 등에 대한 보증) 제공데이터의 정확성, 완전성, 안전성, 유효성의 어느 하나에 문제가 있거나 또는 제공데이터가 제3자의 지식재산권 기타 권리를 침해하는 것을 고의 또는 중대한 과실에 의해 알리지 않고 상대방 당사자에게 이용하게 하는 경우 관련 손해를 배상할 책임이 있다.[167]

반대로 책임을 면하는 경우를 분명히 하고자 한다면 다음 예시와 같은 조항을 삽입할 수 있을 것이다.

> 제O조(면책) ① 데이터제공자는 다음 각 호의 사유로 인하여 발생한 손해에 대하여는 책임을 면한다.
> 1. 데이터서비스 점검이 불가피하고 예정한 절차에 따라 사전에 알린 경우로서 데이터제공자에게 고의 또는 과실이 없는 경우
> 2. 천재지변, 전쟁·내란·폭동 등 비상사태, 현재의 기술수준으로는 해결이 불가능한 기술적 결함 등 그밖에 불가항력에 의하여 데이터서비스를 제공할 수 없는 경우
> 3. 데이터이용자의 고의 또는 과실로 인한 데이터서비스의 중단, 장애 및 계약 해지의 경우
> 4. 기간통신사업자가 전기통신서비스를 중지하거나 정상적으로 제공하지 아니하여 데이터이용자에게 발생한 손해에 대하여 데이터제공자에게 고의 또는 과실이 없는 경우
> 5. 데이터이용자의 컴퓨터 환경이나 데이터제공자의 고의 또는 과실이 없는 네트워크 환경으로 인하여 문제가 발생한 경우
> 6. 데이터이용자의 컴퓨터 오류 또는 사업자정보 및 주소의 부정확한 기재 등으로 데이터이용자에게 발생한 손해에 대하여 데이터제공자에게 고의 또는 과실이 없는 경우
> ② 데이터제공자는 데이터이용자 또는 제3자가 서비스 내 또는 플랫폼 홈페이지에 게시 또는 전송한 정보 및 자료의 신뢰도, 정확성 등의 내용에 대하여 고의 또는 과실이 없는 한 책임을 면한다.
> ③ 데이터제공자는 데이터이용자 사이 또는 데이터이용자와 제3자 사이에 지식재산권 침해로 발생한 손해에 대하여 고의 또는 과실이 없는 한 책임을 면한다.
> ④ 데이터제공자는 데이터이용자 사이 또는 데이터이용자와 제3자 사이에 데이터서비스를 매개로 발생한 분쟁이 다음 각 호에 모두 해당하는 경우 이로 인해 발생한 손해에 대하여 책임을 면한다.
> 1. 데이터제공자가 관계 법령을 위반하지 아니한 경우
> 2. 데이터제공자가 고의 또는 과실이 없음을 증명한 경우
> 3. 다른 데이터이용자 또는 제3자가 데이터이용자의 권리를 침해하는 때에 데이터제공자가 그 침해행위를 통제할 권한과 능력이 없는 경우

---

167 한국지식재산학회, 데이터제공형 표준계약서, 제7조 참조.

4. 다른 데이터이용자 또는 제3자가 데이터이용자의 권리를 침해하는 때에 데이터제공자가 그 침해 사실을 알았거나 그 정황을 알게 된 즉시 그 침해행위를 중단시킨 경우

Ⅳ 플랫폼을 이용한 데이터 거래에서 3면의 계약관계

데이터산업법은 데이터거래사업자를 "데이터사업자 중 데이터를 직접 판매하거나 데이터를 판매하고자 하는 자와 구매하고자 하는 자 사이의 거래를 알선하는 것을 업으로 하는 자"[168]로 규정하고 정부가 데이터 유통 및 거래를 활성화하고, 데이터의 수집·가공·분석·유통 및 데이터에 기반한 서비스를 제공하는 플랫폼을 지원하는 근거를 두고 있다.[169] 플랫폼과 판매자/구매자 사이는 민법상 위임계약 규정[170]과, 상법상 중개상 규정[171]이 적용될 수 있을 것이다. 판매계약의 당사자는 판매자와 구매자이다.

앞 단락에서 3면 계약에 따른 표준계약의 특징적 조항을 예시하였지만 약간의 설명을 더한다. 먼저 오픈마켓 이용약관은 시스템 자체의 이용관계뿐만 아니라 상품판매에 대한 규율도 포함하는 경우가 많으며(예, 환급, 청약철회·취소 및 그 효과), 데이터 플랫폼의 경우에도 이용약관에 전송 중이거나 전송이 완료된 경우에는 취소, 환불 불가 규정이 있다. 이 이용약관은 개별 판매계약 관계에 판매업자의 선택에 의하여 직접 편입되거나, 약관 내용이 약관 사용의 상대방뿐만 아니라 판매계약의 상대방에게도 알려져 있는 경우에는 그 약관은 판매계약 관계의 해석 기준으로 기능하므로 간접적으로 편입된다. 이용약관은 약관규제법에 의한 내용통제의 대상이 된다.[172]

데이터 판매자와 구매자의 계약관계는 당사자 간 합의 또는 약관 해석의 문제가 된다. 일반적으로 동산매매 유사 계약으로 인정되는 경향에 있다. 단, 데이터의 속성상 제3자에의 이전 가능성 제한, 계약기간 만료 시 반환 등에 관한 특약이 가능하다.

---

[168] 제2조 제7호.

[169] 제18조, 제19조.

[170] 제680조(위임의 의의) 위임은 당사자 일방이 상대방에 대하여 사무의 처리를 위탁하고 상대방이 이를 승낙함으로써 그 효력이 생긴다.
제681조(수임인의 선관의무) 수임인은 위임의 본지에 따라 선량한 관리자의 주의로써 위임사무를 처리하여야 한다. 이하 692조까지 규정 생략.

[171] 제93조(의의), 제94조(중개인의 급여수령대리권), 제95조(견품보관의무), 제96조(결약서교부의무), 제97조(중개인의 장부작성의무), 제98조(성명, 상호 묵비의 의무), 제100조(보수청구권).

[172] 예, Airbnb 엄격 환불조항에 대해 공정거래위원회가 시정조치함.

한편, 사업자 쪽 입장을 과도하게 반영하여 데이터 정확성, 안전성, 완전성 등에 대해 고의 또는 중과실이 아닌 한 일체의 책임을 면하는 규정은 공정성이 문제될 소지가 있다. '중과실'이 아닌 '일반과실'을 기준으로 과실이 없음을 입증하여 사업자가 책임을 면하는 정도가 적절해 보인다. 배상액을 예정하거나 통상의 손해로 한정하는 방법을 고려할 가치 있다. 또한 이용자로부터 받은 대가를 손해배상액의 상한으로 하는 것은 약관규제법 위반이 될 수 있다.

플랫폼은 시장에서 우월적 지위에 있으므로 시장의 안전성과 공정성을 확보하기 위하여 모종의 규율자 역할이 요구될 수 있다. 데이터 거래 중개 플랫폼 사업자의 경우에도 판매거래의 급부장애에 관한 주의의무가 인정될 수 있다. 인터넷서비스제공자의 책임에 관한 일반 법리가 적용되어, 데이터 플랫폼이 중개 목적물의 이상을 이미 알고 있거나 그 이상이 명백하여 알 수 있었음이 드러나며, 기술적·경제적으로 관리·통제가 가능함에도 적절한 조치를 취하지 않은 경우에는 부작위에 의한 방조자로서 판매자와 연대책임이 성립한다고 할 것이다.

아래에 인용하는 전자상거래 등에서의 소비자보호에 관한 법률(전자상거래법)상 통신판매중개자 및 중개의뢰자 관련 규정은 데이터 구매자가 동법상의 '소비자'의 범위에 들어오는 경우에만 적용되나 그렇지 않은 경우에도 준수하는 것이 바람직해 보인다.

제20조(통신판매중개자의 의무와 책임) ① 통신판매중개를 하는 자(이하 "통신판매중개자"라 한다)는 자신이 통신판매의 당사자가 아니라는 사실을 소비자가 쉽게 알 수 있도록 총리령으로 정하는 방법으로 미리 고지하여야 한다.

② 통신판매중개를 업으로 하는 자(이하 "통신판매중개업자"라 한다)는 통신판매중개를 의뢰한 자(이하 "통신판매중개의뢰자"라 한다)가 사업자인 경우에는 그 성명(사업자가 법인인 경우에는 그 명칭과 대표자의 성명)·주소·전화번호 등 대통령령으로 정하는 사항을 확인하여 청약이 이루어지기 전까지 소비자에게 제공하여야 하고, 통신판매중개의뢰자가 사업자가 아닌 경우에는 그 성명·전화번호 등 대통령령으로 정하는 사항을 확인하여 거래의 당사자들에게 상대방에 관한 정보를 열람할 수 있는 방법을 제공하여야 한다.

③ 통신판매중개자는 사이버몰 등을 이용함으로써 발생하는 불만이나 분쟁의 해결을 위하여 그 원인 및 피해의 파악 등 필요한 조치를 신속히 시행하여야 한다. 이 경우 필요한 조치의 구체적인 내용과 방법 등은 대통령령으로 정한다.

제20조의2(통신판매중개자 및 통신판매중개의뢰자의 책임) ① 통신판매중개자는 제20조 제1항의 고지를 하지 아니한 경우 통신판매중개의뢰자의 고의 또는 과실로 소비자에게 발생한 재산상 손해에 대하여 통신판매중개의뢰자와 연대하여 배상할 책임을 진다.

② 통신판매중개자는 제20조 제2항에 따라 소비자에게 정보 또는 정보를 열람할 수 있는 방법을 제공하지 아니하거나 제공한 정보가 사실과 달라 소비자에게 발생한 재산상 손해에 대하여 통신판매중개의뢰자와 연대하여 배상할 책임을 진다. 다만, 소비자에게 피해가 가지 아니하도록 상당한 주의를 기울인 경우에는 그러하지 아니하다.

③ 제20조 제1항에 따른 고지에도 불구하고 통신판매업자인 통신판매중개자는 제12조부터 제15조까지, 제17조 및 제18조에 따른 통신판매업자의 책임을 면하지 못한다. 다만, 통신판매업자의 의뢰를 받아 통신판매를 중개하는 경우 통신판매중개의뢰자가 책임을 지는 것으로 약정하여 소비자에게 고지한 부분에 대하여는 통신판매중개의뢰자가 책임을 진다.

④ 통신판매중개의뢰자(사업자의 경우에 한정한다)는 통신판매중개자의 고의 또는 과실로 소비자에게 발생한 재산상 손해에 대하여 통신판매중개자의 행위라는 이유로 면책되지 아니한다. 다만, 소비자에게 피해가 가지 아니하도록 상당한 주의를 기울인 경우에는 그러하지 아니하다.

제20조의3(통신판매의 중요한 일부 업무를 수행하는 통신판매중개업자의 책임) 통신판매에 관한 거래과정에서 다음 각 호의 업무를 수행하는 통신판매중개업자는 통신판매업자가 해당 각 호의 각 목에 따른 의무를 이행하지 아니하는 경우에는 이를 대신하여 이행하여야 한다. 이 경우 제7조 및 제8조의 "사업자"와 제13조 제2항 제5호 및 제14조 제1항의 "통신판매업자"는 "통신판매중개업자"로 본다.

1. 통신판매중개업자가 청약의 접수를 받는 경우
   가. 제13조 제2항 제5호에 따른 정보의 제공
   나. 제14조 제1항에 따른 청약의 확인
   다. 그 밖에 소비자피해를 방지하기 위하여 필요한 사항으로서 대통령령으로 정하는 사항
2. 통신판매중개업자가 재화등의 대금을 지급받는 경우
   가. 제7조에 따른 조작 실수 등의 방지
   나. 제8조에 따른 전자적 대금지급의 신뢰 확보
   다. 그 밖에 소비자피해를 방지하기 위하여 필요한 사항으로서 대통령령으로 정하는 사항

특수 유형의 데이터 계약으로 데이터 에스크로와 데이터 신탁이 있다. 데이터 에스크로는 클라우드서비스의 중단에 대비한 백업 서비스로 제공되는 경우가 많으며, 데이터 신탁은 신탁회사가 정보주체를 대신하여 데이터를 관리, 제공, 수익창출, 운용하는 구조이다. 신탁법상 수탁자는 선관의무, 충실의무, 공평의무, 분별 관리의무 등 위탁자의 이익을 보호하기 위한 각종 의무를 부담한다. 데이터 주체는 데이터 처리자에게 데이터를 맡기는 위탁자이자 그 데이터 운용수익을 향유할 수 있는 수익자로 계약의 구조를 설계할 수도 있다.

제7장
인공지능과 불법행위

비계약관계에서도 상대방의 작위 또는 부작위에 의하여 손해가 발생할 수 있다. 예컨대 우버, 테슬라의 인공지능 탑재 자율주행자동차가 운전시 보행자를 치는 교통사고를 야기한 경우에는 당사자간에 계약관계가 없다. 챗GPT가 학습 또는 운용과정에서 타인의 저작물을 무단 사용하는 경우에도 그렇다. 이런 경우 누구에게 불법행위책임을 물을 수 있는지 검토가 필요하다.

I 일반 불법행위책임

불법행위책임은 민법상 규정과 특별법(제조물책임법, 자동차손해배상보장법 등)상의 규정을 나누어 볼 수 있다. 아래 민법 규정이 불법행위책임의 일반원칙을 제시한다.

> 제750조(불법행위의 내용) 고의 또는 과실로 인한 위법행위로 타인에게 손해를 가한 자는 그 손해를 배상할 책임이 있다.

즉 일반적으로 불법행위에 대하여 책임을 묻기 위해서는 ① 가해자의 고의 또는 과실 있는 위법행위, ② 손해의 발생, ③ 위법행위와 손해 발생 사이에 상당한 인과관계가 있음을 입증해야 한다.

먼저 위법성 판단과 관련한 몇 개의 사례로 그 기준을 살펴본다. 법원은 성형외과 병원 홈페이지에 게시한 모발이식 전후의 환자 사진과 온라인 상담내용은 모두 작성자의 개성이나 창조성이 있다고 보기 어려워 저작물성이 인정되지 않으나, 다른 성형외과 원장이 이를 무단으로 도용해 자신의 홈페이지에 게시한 것은 법적으로 보호할 가치 있는 영업활동상의 신용 등의 무형의 이익을 위법하게 침해하는 것이 되어 불법행위를 구성한다고 판단했다.[173] 한편, 피부과 전문의인 원고가 눈성형을 시술받은 환자들의 시술 전후 사진을 원고 병원 홈페이지에 게시하였는데, 원고 병원에서 고용의로 근무하던 피고가 퇴사 후 성형외과를 개원하면서 위 사진 중 자신이 시술한 것을 피고 병원의 홈페이지에 게시하여 홍보에 이용한 사안에서는 불법행위 성립이 부정되었다.[174]

기계학습이 이루어지지만, 인공지능 알고리즘을 주로 사람이 지도하는 현 단계에서는 인공지능을 설계·제작·운용하거나 이용하는 자에게 책임을 귀속시키는 것이 현실적이다. 예측한 범위를 넘어서는 손해에 대해서는 위험배분의 관점에서 접근이 필요하며 보험이나 공제 등의 방법이 고려될 수 있다.

과실인정 여부를 판단하는 핵심인 주의의무는 예견가능성과 결과회피의무로 구성되는데, 인공지능의 수준이 발전할수록 예견가능성은 더 줄어들고, 결과회피의무에 대해서는 아직 비상중단조치(소위 kill switch)를 취하거나 감독기관에 보고할 의무 정도에 머무르고 있다. 합리적 조치가 더 구체화될 필요가 있다.

손해액 증명과 관련하여서는, 통설 및 판례인 차액설에 따르면 불법행위가 없었더라면 피해자가 현재 가지고 있었을 이익 상태와 불법행위로 인하여 피해자가 현재 가지고 있는 이익 상태 사이의 차이가 손해이다. 인공지능과 관련해서 타인의 디지털 데이터를 복제 및 전송하는 방식으로 침해하는 경우 원본 데이터가 존재함으로 그 손해의 입증이 어려운 점이 있다. 부정경쟁방지법 위반으로 인정되는 경우에는 동법 제14조의2가 손해액의 추정에 관한 기준 제시와 함께 손해가 발생한 것은 인정되나 그 손해액을 입증하기 위하여 필요한 사실을 입증하는 것이 해당 사실의 성질상 극히 곤란한 경우에는 법원이 변론 전체의 취지와 증거조사의 결과에 기초하여 상당한 손해액을 인정할 수 있도록 하고, 일부 고의적 침해에 3배까지의 손해배상을 허용한 것은[175] 피해자 구제에 긍정적인 신호가 되고 있다.

위법행위와 손해 간의 상당인과관계를 입증하지 못하면 손해배상을 받지 못하는데[176]

---

[173] 서울지법 2007가합16095.

[174] 서울지법 2011가합3027.

[175] 이때에는 침해행위를 한 자의 우월적 지위 여부; 고의 또는 손해 발생의 우려를 인식한 정도; 침해행위로 인하여 영업비밀 보유자가 입은 피해 규모; 침해행위로 인하여 침해한 자가 얻은 경제적 이익; 침해행위의 기간·횟수 등; 침해행위에 따른 벌금; 침해행위를 한 자의 재산 상태; 침해행위를 한 자의 피해구제 노력의 정도를 고려하여야 한다.

[176] 대법원 2018. 12. 28. 선고 2017다256910 판결 등.

첨단기술의 경우에 일반인이 이를 입증하기 어려운 경우가 많다. 특히, 인공지능의 블랙박스적 특성으로 투명하지 않은 작동과정에서의 과실을 피해자인 원고가 직접적으로 증명하는 것은 현실적이지 않으며 해당 피해 발생과 관련하여 인공지능의 오작동 이외에 다른 원인이 있다고 보기 어려운 간접사실들을 증명하면 그 피해는 인공지능 작동 상의 오류나 과실에 의한 것으로 추정할 필요가 있다.

Ⅱ 특수 불법행위책임

1. 공작물책임

> 민법 제758조(공작물등의 점유자, 소유자의 책임) ① 공작물의 설치 또는 보존의 하자로 인하여 타인에게 손해를 가한 때에는 공작물점유자가 손해를 배상할 책임이 있다. 그러나 점유자가 손해의 방지에 필요한 주의를 해태하지 아니한 때에는 그 소유자가 손해를 배상할 책임이 있다.

인공지능에 의해서 움직이는 공작물에 설계상 오류, 오작동 등이 발생하는 경우 이를 공작물의 설치 또는 보존의 하자로 인정될 수도 있겠다. 물리적·외형적 흠결이나 불비로 인하여 그 이용자에게 위해를 끼치는 경우뿐만 아니라, 그 공작물이 이용됨에 있어 이용 상태 및 정도가 일정한 한도를 초과하여 제3자에게 사회통념상 수인할 것이 기대되는 한도를 넘는 피해까지 포함하는 등 법원은 그 적용의 범위를 넓게 보고 있다.[177] 증명책임 또한 사회통념상 다른 원인 없이 해당 인공지능 탑재 공작물의 하자로 인한 것이라고 추정을 가능케 하는 정도로 완화되었다.

---

[177] 대법원 2007. 6. 15. 선고 2004다37904 판결.

2. 제조물책임법

가. 정의 및 원칙

제조물책임법상 "제조물"이란 제조되거나 가공된 동산(다른 동산이나 부동산의 일부를 구성하는 경우를 포함한다)을 말한다.[178] 동 법은 제조업자에게 제조물의 결함으로 생명·신체 또는 재산에 손해(그 제조물에 대하여만 발생한 손해는 제외한다)를 입은 자에게 그 손해를 배상할 것을 규정하고 있다.[179] 다만, 제조업자가 제조물의 결함을 알면서도 그 결함에 대하여 필요한 조치를 취하지 아니한 결과로 생명 또는 신체에 중대한 손해를 입은 자가 있는 경우에는 그자에게 발생한 손해의 3배를 넘지 아니하는 범위에서 배상책임을 진다. 이 경우 법원은 배상액을 정할 때 다음 각 호의 사항을 고려하여야 한다.

1. 고의성의 정도
2. 해당 제조물의 결함으로 인하여 발생한 손해의 정도
3. 해당 제조물의 공급으로 인하여 제조업자가 취득한 경제적 이익
4. 해당 제조물의 결함으로 인하여 제조업자가 형사처벌 또는 행정처분을 받은 경우 그 형사처벌 또는 행정처분의 정도
5. 해당 제조물의 공급이 지속된 기간 및 공급 규모
6. 제조업자의 재산상태
7. 제조업자가 피해구제를 위하여 노력한 정도[180]

피해자가 제조물의 제조업자를 알 수 없는 경우에는 그 제조물을 영리 목적으로 판매·대여 등의 방법으로 공급한 자에게 손해배상을 청구할 수 있다. 다만, 피해자 또는 법정대리인의 요청을 받고 상당한 기간 내에 그 제조업자 또는 공급한 자를 그 피해자 또는 법정대리인에게 고지한 때에는 그러하지 아니하다.[181]

---

[178] 제2조.
[179] 제3조.
[180] 제3조 제2항.
[181] 제3조 제3항.

나. 결함 등의 추정

피해자가 다음의 사실을 증명한 경우에는 제조물을 공급할 당시 해당 제조물에 결함이 있었고 그 제조물의 결함으로 인하여 손해가 발생한 것으로 추정한다. 다만, 제조업자가 제조물의 결함이 아닌 다른 원인으로 인하여 그 손해가 발생한 사실을 증명한 경우에는 그러하지 아니하다.[182]

1. 해당 제조물이 정상적으로 사용되는 상태에서 피해자의 손해가 발생하였다는 사실
2. 제1호의 손해가 제조업자의 실질적인 지배영역에 속한 원인으로부터 초래되었다는 사실
3. 제1호의 손해가 해당 제조물의 결함 없이는 통상적으로 발생하지 아니한다는 사실

다. 면책

위의 원칙에 따라 손해배상책임을 지는 자가 다음 각 호의 어느 하나에 해당하는 사실을 입증한 경우에는 이 법에 따른 손해배상책임을 면한다.[183]

1. 제조업자가 해당 제조물을 공급하지 아니하였다는 사실
2. 제조업자가 해당 제조물을 공급한 당시의 과학·기술 수준으로는 결함의 존재를 발견할 수 없었다는 사실
3. 제조물의 결함이 제조업자가 해당 제조물을 공급한 당시의 법령에서 정하는 기준을 준수함으로써 발생하였다는 사실
4. 원재료나 부품의 경우에는 그 원재료나 부품을 사용한 제조물 제조업자의 설계 또는 제작에 관한 지시로 인하여 결함이 발생하였다는 사실

그러나 원칙에 따라 손해배상책임을 지는 자가 제조물을 공급한 후에 그 제조물에 결함이 존재한다는 사실을 알거나 알 수 있었음에도 그 결함으로 인한 손해의 발생을 방지하기 위한 적절한 조치를 하지 아니한 경우에는 위 제2호부터 제4호까지의 규정에 따른 면책을 주장할 수 없다.

---

[182] 제3조의2.
[183] 제4조.

라. 한계

제조물책임법은 과실책임에 근거한 불법행위법에서 무과실책임으로 일보 진전이다. 그러나, 하드웨어와 일체형 인공지능의 제조물성에는 의문이 없으나 인공지능 소프트웨어 자체의 제조물성은 부인되는 것이 다수설이다. 입법론으로 민법의 물건성을 인정하기는 시기상조이지만 제조물책임법의 제조물성을 인정하는 것은 화급한 과제라는 의견이 많다.

또한, 제조물책임법은 피해자의 입증책임을 덜어 주어 결함을 추정케 하는 간접사실을 증명하는 경우 제조업자가 '결함의 부존재'를 증명하여야 한다(간접반증의 법리). 그러나 자동차 급발진 사고에서 제조사 책임이 여간해서 인정되지 않는 것과 같이 자율성, 예측불가능성, 설명불가능성을 특징으로 하는 인공지능 사고에서 간접반증이 성공하는 것이 쉽지 않은 것이 현실이다. 후술하는 자동차손해배상보장법에서[184] 자율주행자동차와 관련하여 입법한 바와 같이 로그기록 장치의 부착, 기록 보관의무와 이에 대한 피해자의 접근권을 인공지능 일반에 적용되도록 입법화할 필요가 있다.

마지막으로 제조사가 기술적 한계를 이유로 면책을 주장할 여지도 있다. 이러한 경우 보험에 의해 처리할 수밖에 없을 것이다.

3. 자동차손해배상보장법

국제자동차기술자협회(SAE International: Society of Automotive Engineers International)는 SAE J3016 표준에서 자율주행 레벨을 6단계로 분류하였다. 다음과 같은 그림으로 표시할 수 있다.

184 　제39조의17.

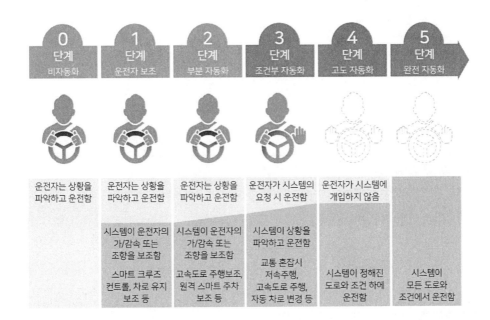

자율주행자동차에 의해 발생한 사고에 대한 책임을 어떻게 물을 수 있을까? 우선 자동차손해배상법 제3조는 자기를 위하여 자동차를 운행하는 자가 그 운행으로 다른 사람을 사망하게 하거나 부상하게 한 경우에는 그 손해를 배상할 책임을 진다는 기본원칙을 선언하고 있다. 다만, 다음 각 호의 어느 하나에 해당하면 그러하지 아니하다.

1. 승객이 아닌 자가 사망하거나 부상한 경우에 자기와 운전자가 자동차의 운행에 주의를 게을리 하지 아니하였고, 피해자 또는 자기 및 운전자 외의 제3자에게 고의 또는 과실이 있으며, 자동차의 구조상의 결함이나 기능상의 장해가 없었다는 것을 증명한 경우
2. 승객이 고의나 자살행위로 사망하거나 부상한 경우

다른 자동차 사고의 경우에도 그렇지만, 자율주행자동차의 결함으로 인하여 발생한 자율주행자동차사고로 다른 사람이 사망 또는 부상하거나 다른 사람의 재물이 멸실 또는 훼손되어 보험회사등이 피해자에게 보험금등을 지급한 경우에는 보험회사등은 법률상 손해배상책임이 있는 자에게 그 금액을 구상할 수 있다.[185]

---

185 제29조의2.

　　동법은 자율주행정보 기록장치에 기록된 자율주행정보 기록의 수집·분석을 통하여 사고원인을 규명하고, 자율주행자동차사고 관련 정보를 제공하기 위하여 국토교통부에 자율주행자동차사고조사위원회를 두도록 하고 있다. 사고조사위원회는 사고가 발생한 자율주행자동차에 부착된 자율주행정보 기록장치를 확보하고 기록된 정보를 수집·이용 및 제공할 수 있다.[186]

　　사고조사위원회는 사고가 발생한 자율주행자동차의 보유자, 운전자, 피해자, 사고 목격자 및 해당 자율주행자동차를 제작·조립 또는 수입한 자(판매를 위탁받은 자를 포함한다) 등 그 밖에 해당 사고와 관련된 자에게 필요한 사항을 통보하거나 관계 서류를 제출하게 할 수 있다. 이 경우 관계 서류의 제출을 요청받은 자는 정당한 사유가 없으면 요청에 따라야 한다.

　　한편, 자율주행자동차의 제작자등은 제작·조립·수입·판매하고자 하는 자율주행자동차에 대통령령으로 정하는 자율주행과 관련된 정보를 기록할 수 있는 자율주행정보 기록장치를 부착하여야 한다. 자율주행자동차사고의 통보를 받거나 인지한 보험회사등은 사고조사위원회에 사고 사실을 지체 없이 알려야 한다. 자율주행자동차의 보유자는 자율주행정보 기록장치에 기록된 내용을 1년의 범위에서 대통령령으로 정하는 기간 동안 보관하여야 한다. 이 경우 자율주행정보 기록장치 또는 자율주행정보 기록장치에 기록된 내용을 훼손해서는 아니 된다. 자율주행자동차사고로 인한 피해자, 해당 자율주행자동차의 제작자등 또는 자율주행자동차사고로 인하여 피해자에게 보험금등을 지급한 보험회사등은 사고조사위원회에 대하여 사고조사위원회가 확보한 자율주행정보 기록장치에 기록된 내용 및 분석·조사 결과의 열람 및 제공을 요구할 수 있다. 열람 및 제공에 드는 비용은 청구인이 부담하여야 한다.[187]

　　미국 법제상 테슬라의 오토파일럿은 제조사의 기대와 달리 2단계로 규제되고 있다. 우리 자동차손해배상보장법 또한 자율주행차 자체를 책임주체로 파악하지 않고 있으며, 운행지배와 운행이익을 갖는 사람이 책임을 지는 것으로 본다. 현재에는 타당한 접근이지만 향후 4~5단계의 자율자동차가 등장하는 경우 재검토가 필요할 것이다.

186　　제39조의14, 제39조의15.
187　　제39조의17.

4. 자율주행자동차 상용화 촉진 및 지원에 관한 법률

자율주행자동차법으로 약칭되는 동법은 다음과 같은 규정을 두고 있다. 시범운행지구에서 자율주행자동차에 관한 연구·시범운행을 하는 자는 연구·시범운행으로 인해 발생할 수 있는 인적·물적 손해를 배상하기 위하여 책임보험에 가입하여야 한다.[188] 자율협력주행 인증, 인증서의 발급·관리 및 폐지 등 자율협력주행 인증서비스를 제공하는 인증기관은 자율협력주행 인증업무 수행으로 인하여 가입자 또는 제3자에게 인적·물적 손해를 발생하게 한 때에는 그 손해를 배상할 책임이 있다. 다만, 인증기관이 그 업무수행과 관련하여 고의 또는 과실이 없음을 입증하는 경우에는 그러하지 아니하다. 인증기관은 손해배상책임의 이행을 보장하기 위하여 보험 또는 공제에 가입하거나 준비금을 적립하는 등 필요한 조치를 하여야 한다.[189]

5. 데이터 침해에 대한 책임

앞서 고찰한 바와 같이 부정경쟁방지법 2조 카목이 데이터 부정사용을 규정함에 따라 동법상의 손해배상책임(제5조), 손해액의 추정(제14조의2) 등이 적용될 것이다. 이와 유사하게 데이터산업법 제42조도 손해배상청구의 근거, 고의 또는 과실의 부존재 입증책임을 침해자가 부담하게 하였고, 법원의 직권에 의한 손해액 인정 등을 규정하고 있다.

Ⅲ 인공지능 법인격 인정과 책임

아직은 먼 훗날의 이야기이지만 소위 일반인공지능이 개발되고 나아가 인공지능에 자의식이 생겨서 법인격을 인정하게 될 때에도 그 생산자와 운용자에게 감독자 책임[190] 내

---

188 제19조.
189 제39조.
190 민법 제755조(감독자의 책임) ① 다른 자에게 손해를 가한 사람이 제753조(미성년자) 또는 제754조(심신상실자)에 따라 책임이 없는 경우에는 그를 감독할 법정의무가 있는 자가 그 손해를 배상할 책임이 있다. 다만, 감독의무를 게을리하지 아니한 경우에는 그러하지 아니하다.
② 감독의무자를 갈음하여 제753조 또는 제754조에 따라 책임이 없는 사람을 감독하는 자도 제1항의 책임이 있다.

지 사용자 책임[191]을 묻는 구조여야 하며 직접 인공지능에 책임을 묻는 것은 생산자와 운용자의 도덕적 해이를 가져올 수 있다.

Ⅳ 데이터와 국제사법

데이터와 관련한 분쟁이 섭외적 요소를 갖는다면, 가장 비근한 예로 당사자 중 일방이 외국인인 경우에는 어느 나라 법이 적용되고, 어느 법정에서 분쟁을 해결할 것인가의 문제가 대두한다. 2022년 개정되어 국제사법의 세계적 동향을 반영하고 있는 한국 국제사법을 중심으로 살펴본다.

1. 국제재판관할

국제재판관할과 관련하여 일반원칙으로 당사자 또는 분쟁이 된 사안과 실질적 관련이 있는 경우에 국제재판관할권을 가지며, 실질적 관련의 유무를 판단할 때에 당사자 간의 공평, 재판의 적정, 신속 및 경제를 꾀한다는 국제재판관할 배분의 이념에 부합하는 합리적인 원칙에 따른다고 선언하고 있다.[192]

사람에 대한 소(訴)에 관하여는 일상거소(habitual residence)가 있는 법원에 일반국제재판관할이 있으며, 일상거소가 어느 국가에도 없거나 일상거소를 알 수 없는 사람의 경우 현재의 거소가 있는 국가 법원에 일반국제재판관할이 있다. 법인 또는 단체에 대한 소에 관하여는 주된 사무소·영업소 또는 정관상의 본거지나 경영의 중심지가 국가 또는 설립지 국가 법원에 일반국제재판관할이 있다.[193] 주된 사무소·영업소가 아니더라도 해당 사무소·영업소의 업무와 관련된 소에 대해서는 해당 소재지 법원에 특별관할이 있으며, 사무소·영업소가 아예 없더라도 특정 국가에서 또는 그 국가를 향하여 계속적이고

---

191 민법 제756조(사용자의 배상책임) ① 타인을 사용하여 어느 사무에 종사하게 한 자는 피용자가 그 사무집행에 관하여 제삼자에게 가한 손해를 배상할 책임이 있다. 그러나 사용자가 피용자의 선임 및 그 사무감독에 상당한 주의를 한 때 또는 상당한 주의를 하여도 손해가 있을 경우에는 그러하지 아니하다.
　② 사용자에 갈음하여 그 사무를 감독하는 자도 전항의 책임이 있다.
　③ 전2항의 경우에 사용자 또는 감독자는 피용자에 대하여 구상권을 행사할 수 있다.
192 제2조.
193 제3조.

조직적인 사업 또는 영업활동을 하는 사람·법인 또는 단체에 대하여 그 사업 또는 영업활동과 관련이 있는 소는 그 국가의 법원에 제기할 수 있다.[194]

데이터나 인공지능과 관련된 소의 경우에도 위의 국제재판관할원칙이 적용될 것이다. 인공지능 제조업체의 소재지, 서비스 운영업체의 본사 소재지뿐만 아니라, 영업소 소재지 나아가 그런 상업적 주재가 없더라도 해당 서비스가 계속적이고 조직적으로 온라인으로 판매되는 국가의 경우에는 국제재판관할을 갖는다.

2. 준거법

데이터 권리와 관련한 분쟁에 적용되는 준거법에 대해서는 대부분의 법제가 아직 확립된 원칙을 갖고 있지 않다. 법정지국이 준거법 결정에 대한 명확한 원칙을 가지고 있는 경우에는 그 원칙에 따라 지정된 법이 적용된다.

데이터거래 계약 분쟁과 관련한 준거법 결정에는 일반적으로 당사자자치 원칙이 존중된다.[195] 다만 일부 법제의 경우 당해 계약과 일정한 관련성을 요구하기도 하며, 소비자계약의 경우에 특칙을 두고 있는 경우도 있다. 한국 국제사법의 경우 소비자계약의 당사자가 준거법을 선택하지 아니한 경우에는 소비자의 일상거소지법에 따르고, 소비자계약의 당사자가 준거법을 선택하더라도 소비자의 일상거소가 있는 국가의 강행규정에 따라 소비자에게 부여되는 보호를 박탈할 수 없도록 하고 있다.[196] 또한, 준거법 적용의 결과가 법정지국의 근본적 공공정책에 반하는 경우에는 그 준거법을 적용하지 않는다.[197]

위 원칙에 따라 해결되지 않는 쟁점에 대한 준거법은 해당 쟁점에 가장 밀접한 관계를 갖는 국가의 법이다. 밀접한 관련성을 결정할 때는 다음 연결요소가 고려된다.[198]

- 데이터 활동이 효과를 가지도록 의도되었거나 실제로 효과가 발생한 장소
- 당사자들의 주소, 상거소, 국적, 설립지, 영업지
- 당사자간의 기존 법률관계를 규율하는 국가법
- 데이터가 생성된 장소

---

194   제4조.
195   한국 국제사법 제45조.
196   한국 국제사법 제47조.
197   한국 국제사법 제23조.
198   한국 국제사법 제16조, 제46조.

분쟁이 발생한 후에 당사자들은 합의로 준거법을 지정할 수 있다. 다만 법적 쟁점의 성질이나 공공정책과 배치되는 경우에는 그러하지 아니하다.[199]

데이터 저장 장소는 다른 연결요소가 없거나 다른 연결요소를 고려했을 때 준거법을 결정할 수 없을 경우에 보충적인 연결요소로 사용할 수 있다. 그 이외의 경우에는 단지 쟁점이 저장 또는 저장장치에 대한 권리와 관련될 때만 데이터 저장 장소가 준거법 결정에 연결요소가 된다. 규제하고자 하는 데이터 관련 행위 또는 집행하고자 하는 데이터에 대한 권리와 당해 국가 간에 충분한 관련성이 있다면, 데이터가 외국에 저장되었다는 사실만으로는 일반적으로 관할 행사나 법적용에 있어 역외적용이란 이슈를 발생시키지 않는다.[200]

---

199 한국 국제사법 제20조.

200 European Law Institute, ALI-ELI Principles for a Data Economy – Data Transactions and Data Rights, 2021.

제4편

외국의 AI 입법 및 규제

제8장

EU의 인공지능 관련 법

유럽연합(EU)은 디지털경제와 관련하여 새로운 규제 도입에 적극적이다. 한편으로 EU시민의 권리를 보장하며 다른 한편으로는 미국기업의 EU시장 진출에 대항하는 역내 기업에게 어느 정도 시간을 벌어주려는 의도도 있을 것이다. EU의 입법은 일반데이터보호규정(General Data Protection Regulation, GDPR)의 사례에서 보듯이 EU 역내를 넘어서 전 세계적인 영향력을 미치고 있다.

I 디지털 저작권 지침

EU 디지털 저작권 지침[201]의 텍스트 및 데이터 마이닝(TDM)과 관련한 규정은 데이터 및 인공지능의 개발 및 운용을 위한 중요한 법적 기반으로 전 세계의 유사 입법 논의를 불러일으키고 있다.

> **제3조 과학적 연구 목적의 텍스트/데이터 마이닝**
> (1) 회원국은 연구기관과 문화유산기관이 과학적 연구 목적으로 그들이 합법적인 접근 권한을 가지는 저작물이나 그 밖의 보호대상을 텍스트/데이터 마이닝을 수행하기 위해 복제하고 추출하는 것에 대해 데이터베이스보호지침 제5조(a)와 제7조 제1항, 정보사회저작권지침 제2조 및 이 지침 제15조 제1항에 규정된 권리에 대한 예외를 규정하여야 한다.

---

[201] DIRECTIVE (EU) 2019/790 OF THE EUROPEAN PARLIAMENT AND OF THE COUNCIL of 17 April 2019 on copyright and related rights in the Digital Single Market and amending Directives 96/9/EC and 2001/29/EC.

(2) 제1항에 따라 만들어진, 저작물이나 그 밖의 보호대상의 복제물은 적절한 수준의 보안을 갖춰 저장하여야 하고, 연구결과의 검증 등 과학적 연구 목적을 위해 유지할 수 있다.

(3) 권리자들은 저작물이나 그 밖의 보호대상이 호스팅되는 네트워크와 데이터베이스의 보안과 무결성을 보장하기 위한 조치를 적용하는 것이 허용되어야 한다. 그러한 조치는 그 목적을 달성하는 데에 필요한 수준을 넘어서서는 안 된다.

(4) 회원국은 권리자, 연구기관 그리고 문화유산기관이 제2항과 제3항에 각각 언급된 의무와 조치의 적용에 관하여 통상적으로 합의된 최적 관행을 정의하도록 권장하여야 한다.[202]

제4조 텍스트/데이터 마이닝을 위한 예외와 제한

(1) 회원국은 텍스트/데이터 마이닝을 목적으로 합법적으로 접근 가능한 저작물과 그 밖의 보호대상의 복제와 추출을 위해 데이터베이스지침 제5조(a)와 제7조 제1항, 정보사회저작권지침 제2조, 컴퓨터프로그램지침 제4조 제1항(a)와 (b) 그리고 이 지침 제15조 제1항에 규정된 권리에 대한 예외와 제한을 규정하여야 한다.

(2) 제1항에 따라 만들어진 복제물과 추출물은 텍스트/데이터 마이닝 목적으로 필요한 한 보관될 수 있다.

(3) 제1항에 규정된 예외와 제한은 제1항에 언급된 저작물과 그 밖의 보호대상의 이용이 권리자에 의해, 콘텐츠가 온라인으로 공중에게 이용 제공되는 경우에 기계가독형 수단 등, 적절한 방법으로 명시적으로 유보되지 않았다는 것을 조건으로 적용되어야 한다.

(4) 이 조항은 이 지침 제3조의 적용에 영향을 미쳐서는 안 된다.[203]

---

[202] Article 3 Text and data mining for the purposes of scientific research
1. Member States shall provide for an exception to the rights provided for in Article 5(a) and Article 7(1) of Directive 96/9/EC, Article 2 of Directive 2001/29/EC, and Article 15(1) of this Directive for reproductions and extractions made by research organisations and cultural heritage institutions in order to carry out, for the purposes of scientific research, text and data mining of works or other subject matter to which they have lawful access.
2. Copies of works or other subject matter made in compliance with paragraph 1 shall be stored with an appropriate level of security and may be retained for the purposes of scientific research, including for the verification of research results.
3. Rightholders shall be allowed to apply measures to ensure the security and integrity of the networks and databases where the works or other subject matter are hosted. Such measures shall not go beyond what is necessary to achieve that objective.
4. Member States shall encourage rightholders, research organisations and cultural heritage institutions to define commonly agreed best practices concerning the application of the obligation and of the measures referred to in paragraphs 2 and 3 respectively.

[203] Article 4 Exception or limitation for text and data mining

제4조는 회원국으로 하여금 권리자가 그에 관한 권리를 유보한 경우를 제외하고는 적법하게 접근 가능한 저작물에 대해 텍스트 및 데이터 마이닝의 목적으로 이를 복제 및 추출하는 것을 허용하도록 하고 있는데 종래에는 저작권자가 이와 같은 유보를 할지 여부를 고민할 필요 없이 언제라도 권리를 행사할 수 있었다는 점에서 저작권 행사방식에 획기적 변화를 불러오는 것이다. 자연히 사후 유보가 가능한지 여부, 또한 이 예외 규정이 '자유이용'을 의미하는지 추급권과 같은 보상청구권은 여전히 존재하는지도 논쟁거리가 될 것이다. 앞서(제5장) 언급했듯이 국내에서도 이와 유사한 조항을 담은 저작권법 개정안이 의회에 제출되었으나 아직 계류 중이다.

Ⅱ 인공지능법(AI Act)

2023.12. 유럽연합 이사회와 의회는 인공지능법에 관한 정치적 합의에 도달하였고, 2024.3.13. 의회를 통과하였다. 2021.4. 집행위원회가 법안 초안을 제출한 지 3년에 가까운 세월 동안 이사회 내부와 의회에서 뜨거운 논의를 거쳤다. 자구수정 과정이 남아 있지만, 이제 실질적 내용은 확정되었기에 주요 내용을 살펴본다.[204]

---

1. Member States shall provide for an exception or limitation to the rights provided for in Article 5(a) and Article 7(1) of Directive 96/9/EC, Article 2 of Directive 2001/29/EC, Article 4(1)(a) and (b) of Directive 2009/24/EC and Article 15(1) of this Directive for reproductions and extractions of lawfully accessible works and other subject matter for the purposes of text and data mining.
2. Reproductions and extractions made pursuant to paragraph 1 may be retained for as long as is necessary for the purposes of text and data mining.
3. The exception or limitation provided for in paragraph 1 shall apply on condition that the use of works and other subject matter referred to in that paragraph has not been expressly reserved by their rightholders in an appropriate manner, such as machine-readable means in the case of content made publicly available online.
4. This Article shall not affect the application of Article 3 of this Directive.

204 법의 공식 명칭은 Regulation Laying Down Harmonised Rules on Artificial Intelligence (Artificial Intelligence Act) and Amending Certain Union Legislative Acts이지만 이하에서는 편의상 "인공지능법"으로 칭한다.

1. AI의 정의

위원회 초안은 인공지능시스템을 "인공지능 기술과 접근방법으로 개발되고, 인간이 정의한 목적을 위해 상호작용하는 주변 환경에 영향을 미치는 콘텐츠, 예측, 권고, 의사결정 등의 출력물을 생성할 수 있는 소프트웨어"로 정의하며 '인공지능 기술과 접근방법'에 기계학습, 논리기반 접근법, 통계적 접근법을 모두 포함하였다.[205]

2023.11. OECD 회원국들은 인공지능의 개정된 정의에 합의하였는데, EU 정치합의는 이 OECD 정의를 따르기로 하였으며, 최종적으로 의회를 통과한 법률의 정의는 아래와 같다[206]:

인공지능 시스템은 설치 이후 적응력을 보이는 자율성의 수준이 다양하며, 명시적 또는 묵시적 목적을 위하여 입력값으로부터 예측, 콘텐츠, 권고, 또는 물리·가상 환경에 영향을 미칠 수 있는 결정과 같은 출력값을 산출해 내는 방법을 도출하는 기계기반 시스템이다.

초안 상의 "인간이 정의한 목적"이 "명시적 또는 묵시적 목적"으로 "소프트웨어"가 "기계기반 시스템"으로, "주변환경"이 "물리·가상 환경"으로 교체된 것은 지난 3년 여 기간 동안 인공지능에 대한 이해가 변화한 것을 반영한다.

2. 적용범위

EU 인공지능법은 EU 역내 설립 여부나 사무실의 존재 여부를 불문하고, EU 역내에서 인공지능 시스템을 출시하거나 서비스하는 제조사, 배포사, 수입사와 그 대리인 및 인공지능에 의해 영향받는 역내 시민에 적용된다.[207]

반면에, 국가안전(national security)과 관련한 활동, 국방·군사 목적에 전용된 시스템,

---

[205] 초안 제3조, 부속서 Ⅰ.

[206] 법 제3조(1). 'AI system' means a machine-based system designed to operate with varying levels of autonomy, that may exhibit adaptiveness after deployment and that, for explicit or implicit objectives, infers, from the input it receives, how to generate outputs such as predictions, content, recommendations, or decisions that can influence physical or virtual environments.

[207] 법 제2조 제1항.

연구개발 목적에 한정된 시스템, 연구개발을 위한 인공지능,[208] 비직업적(non-professional)인 용도의 개인사용자를 위한 인공지능에는 이 법이 적용되지 않는다.[209]

3. 위험수준별 규제(Risk-based approach)

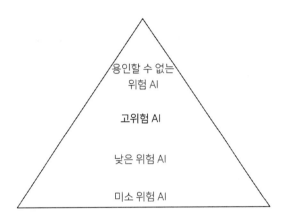

가. 금지되는 인공지능[210]

- 잠재의식에 영향을 가해 사람의 행동을 조작하는 AI
- 나이, 신체적 또는 정신적 장애 등에 따른 취약성을 악용하는 AI
- 사람을 사회적 점수화(social scoring)하여 부당하게 대우하는 AI
- 민감정보를 추출하는 실시간 생체인식 시스템. 다만, 법 집행 분야에서 적법하게 취득한 생체 데이터셋의 처리는 예외
- 개인에 대한 예측적 경찰감시(predictive policing) 시스템. 다만, 객관적 사실에 기반하여 어떤 사람의 범죄 관련성을 평가하는 데에 인간 수사관을 보조하는 시스템은 예외
- 인터넷이나 CCTV를 통해 안면정보를 전면적으로 수집하는 AI. 다만, 실종자 수색, 현존하는 테러위협 방지, 범죄자 추적의 경우는 예외

---

208 실제 시장(real world) 테스트에는 예외가 적용되지 않는다.
209 법 제2조 제3항 이하.
210 법 제5조.

- 직장과 학교에서의 감정인식 시스템. 다만, 의료, 안전상 이유로 설치된 시스템은 예외

법 집행과 관련하여 예외적으로 허용되는 실시간 생체인식시스템은 시간적, 장소적, 인적으로 제한되어야 하며 사법·행정당국의 영장을 발급받아야 한다. 긴박한 경우에는 영장신청 24시간 이내에서 시스템을 운영할 수 있다. 사법·행정당국은 실시간 생체인식 시스템으로 취득한 증거만으로는 피고인에게 불리한 결정을 내릴 수 없다.

나. 고위험 인공지능

1) 분류의 규칙[211]

(1) 부속서 Ⅱ의 유럽연합 통일 법규가 적용되는 제품의 안전과 관련된 인공지능

기계장비, 장난감 안전성, 휴가용 선박과 개인용 선박, 승강기, 폭발성 대기 방호 장비, 무선장비, 항공기, 승용차 안전 등 유럽연합 통일 법규의 적용 대상이 되는 인공지능.

(2) 부속서 Ⅲ에 언급된 인공지능

사람에 대한 생체인식 식별과 분류, 도로·철도·항공과 같은 교통, 가스, 수자원, 전기 등을 통제하는 디지털 인프라, 교육과 직업 훈련에의 접근과 결과의 결정, 고용과 인사, 근로자 관리 및 자영업에 대한 접근, 필수적인 민간 및 공적 서비스에 대한 접근(건강보험, 전기, 냉난방, 신용 점수 등), 법 집행, 이주·망명 및 국경 통제 관리, 사법절차 및 민주절차의 관리에 적용되는 시스템.

(3) 위원회의 목록 개정[212]

부속서 Ⅲ에 불포함된 인공지능시스템이 포함된 인공지능만큼 자연인의 건강, 안전, 기본권에 고위험을 일으킬 수 있는 경우에는 이를 추가할 수 있으며, 더 이상 이와 같은 위험을 제기하지 않는 경우에는 기존의 항목을 삭제할 수 있다. 좁은 범주에서 절차적 효율성을 높인다던가 종래 인간이 하던 일의 업무 효율성을 향상시키는 인공지능은 고위험 인공지능이 아닌 반면에 자연인을 프로파일링하는 인공지능은 항상 고위험으로 분류된다.

2) 고위험 인공지능의 요건

고위험 인공지능은 위험관리시스템 구축, 데이터 품질 기준 충족 및 관리, 기술문서

---

211 법 제6조.
212 법 제7조.

비치, 자동기록 기능 탑재 및 기능수행 이력 추적, 운용자에게 투명성 및 정보제공, 사람에 의한 감독, 정확성·견고성·사이버보안과 같은 요건을 충족해야 한다.[213]

3) 고위험 인공지능의 제공사, 운용사, 기타 당사자의 의무

고위험 인공지능의 제공사는 자신의 인공지능이 앞 단락의 요건과 부합하도록 보장해야 한다. 고위험 인공지능의 시판이나 서비스 제공에 앞서 사전 적합성 평가를 시행하고 적합한 경우 CE 마크를 부착해야 하며 등록의무를 이행해야 한다. 오류에 대해서는 적절한 수정과 통보를 행하여야 하고, 소관기관의 합리적 요청에 따라야 한다. 제3국의 인공지능 제공사는 역내 대리인을 지정해야 한다.[214]

고위험 인공지능의 수입사는 수입하는 인공지능이 위의 제공사 의무를 필한 것인지 확인하며, 성명과 연락처를 표시하며, 적합성 인증서 사본을 10년간 보관해야 하며, 관계기관의 합리적 요청과 위험절감 조치에 협력해야 한다. 그 밖에 인공지능 시스템의 유통사, 기타 협력사도 자신의 업무범위 내에서 유사한 확인과 협력의무를 지도록 하였다.[215]

고위험 인공지능의 운용사(deployer)는 인공지능이 자신의 통제하에 있는 한에서 관리직원이 적합한 능력, 훈련, 권한과 지원을 받도록 해야 한다. 운용사가 인공지능에 투입하는 데이터는 관련성과 대표성을 충족해야 한다. 운용사는 인공지능의 작동을 모니터하며, 문제 상황이 발생하는 경우 제공사, 수입사, 유통사, 감독기관에 즉시 통지해야 한다. 운용사는 인공지능이 자동으로 생성하는 로그기록을 최소한 6개월 보관해야 한다. 작업장에 고위험인공지능을 배치하는 경우 노동자 대표와 직접 영향받는 노동자에게 고지되어야 하며, 정보보호 영향평가를 수행해야 한다. 원격 생체인식 시스템을 운용하는 경우에는 법집행기관이 비실시간으로 시스템을 운영해도 사법기관이나 독립행정기관의 심사를 받도록 하였다. 특정 범죄와 관련 없는 저인망식 시스템 이용은 금지되며 실질적인 범죄 위험 또는 실종자 수색과 관련되어야 한다. 운용기관은 고위험인공지능의 기본권 영향평가를 수행하여 감독기관에 결과를 통보하고 연차보고서를 제출해야 한다.[216]

3) 통지, 표준, 적합성평가, 인증, 등록 등

법은 인공지능 사업자로부터 각종 통지를 받는 임무를 수행할 기관을 포함한 관련 기

---

213   법 제8조 내지 제15조.
214   법 제16조 내지 제22조.
215   법 제23조.
216   법 제25조 및 제26조.

관의 요건 및 통지절차,[217] 고위험 인공지능과 후술하는 일반목적인공지능모델(general purpose AI models, GPAI)이 지켜야 하는 표준, 적합성평가, 인증, EU 인공지능 데이터베이스에의 등록 등의 구체적 사항을 집행위원회가 준비하여 발표할 것을 규정하고 있다.[218]

다. 투명성 의무

챗봇처럼 사람과 상호작용하는 인공지능, 딥페이크를 만들 수 있는 콘텐츠의 생성·조작에 사용되는 인공지능은 상대하는 자연인에게 인공지능이 개입되었다는 사실을 공개하고, 인공지능 생성물임을 기계적으로 인식할 수 있는 표식을 할 투명성 의무가 부과된다. 고위험인공지능의 경우에도 법집행과 같은 고유 목적 달성에 지장이 없는 한 이와 같은 투명성 의무가 적용된다. 자발적 준수를 위한 업계의 행동강령(code of conducts)의 수립이 권장된다.[219]

4. 일반목적 인공지능 모델

가. 분류의 기준

법은 다음 기준 중 하나를 충족하는 일반목적 인공지능 모델은 체계적 위험(systemic risk)이 있는 일반목적 인공지능 모델로 분류한다.[220]

(a) 지표나 기준을 포함한 적절한 기술적 도구와 방법론에 기반하여 높은 영향 능력 (high impact capabilities)을 갖는 것으로 평가되는 것;

(b) 집행위원회의 직권 또는 과학자패널의 주의에 따른 결정으로 (a)와 동등한 능력 또는 영향을 가진 것으로 판단한 경우

훈련을 위한 컴퓨팅 연산 누적량이 부동소수점연산[221]으로 10^{25}를 초과하는 경우에 (a)의 높은 영향 능력을 갖는 것으로 추정된다. 집행위원회는 이 기준을 현행화할 수 있

---

217 법 제28조 내지 제39조.
218 법 제40조 내지 제49조.
219 법 제50조.
220 법 제51조 제1항.
221 FLoating Point Operations (FLOPs).

다.[222]

(a)의 기준을 충족하거나 충족할 것으로 예견되는 경우 2주 이내에 해당 일반목적 인공지능 모델은 이를 집행위원회에 통지하여야 한다. 해당 일반목적 인공지능 모델은 자신이 (a)의 기준을 충족함에도 그 특별한 성격에 의해 체계적 위험을 제기하지 않는 주장과 증거를 제출할 수 있다. 부속서 XIII은 집행위원회가 결정의 근거로 삼을 수 있는 고려요소를 다음과 같이 제시하고 있다: 모델의 매개변수 수, 데이터셋의 질 또는 양, 훈련을 위해 사용되는 컴퓨팅 연산 수, 생성물의 양식에 따라 적절한 기준 설정, 모델의 확장가능성(scalability), 유럽연합 영역 내에서 1만 이상의 기업고객을 유치한 경우 높은 영향이 추정됨, 이용자 수.[223]

나. 일반목적 인공지능 모델 제공자의 의무

일반목적 인공지능 모델 제공자는 (a) 훈련과 시험 절차와 평가결과를 포함한 현황 기술문서를 작성, 유지하며 감독기관이 요청하면 제출해야 한다. (b) 하방의 인공지능사업자가 일반목적 인공지능 모델과 자신의 인공지능을 통합할 수 있도록 관련 정보를 제공하여야 한다. (c) 유보된[224] 저작권을 인식하고 존중할 기술적 수단과 정책을 실시하여야 한다. (d) 일반목적 인공지능 모델 훈련에 사용된 콘텐츠의 충분히 구체적인 요약(a sufficiently detailed summary)을 준비해서 공개해야 한다.[225] 제3국에서 설립된 사업자가 유럽연합 시장에 일반목적 인공지능을 출시하기 위해서는 사전에 역내 대리인을 지정해야 한다.[226] 무료이며 오픈 라이선스로 접근이 가능한 인공지능의 경우, 체계적 위험이 있지 않는 한, 위 (a), (b) 및 역내 대리인 지정의무가 면제된다.

다. 체계적 위험이 있는 일반목적 인공지능 모델 제공자의 의무

체계적 위험이 있는 일반목적 인공지능 모델 제공자는 추가로 다음과 같은 의무가 있다.[227]

---

222 법 제51조 제2항 및 제3항.
223 법 제52조. 집행위원회는 이 기준을 현행화할 수 있다.
224 앞 절에서 소개한 디지털저작권지침(Directive 2019/790) 제4조 제3항에 의거.
225 법 제53조.
226 법 제54조.
227 법 제55조.

(a) 체계적 위험을 인식하고 경감하기 위해 모델의 적대적 시험을 실시하는 등 최신의 프로토콜과 도구에 의한 모델의 평가 수행

(b) 유럽연합 차원에서 체계적 위험을 그 원인에서부터 평가하고 경감

(c) 중요한 사고와 이에 대한 시정조치에 관한 정보를 기록하고 관계기관에 지체없이 보고

(d) 체계적 위험이 있는 일반목적 인공지능 모델과 그 물리적 인프라에 대한 적절한 수준의 사이버보안 확보

5. 혁신 지원 조치

법은 회원국에게 인공지능 규제 샌드박스를 이 법 발효 후 24개월 이내에 실시할 것을 규정했다. 인공지능 규제 샌드박스는 혁신적 인공지능을 시판하거나 서비스하기에 앞서 일정 기간 개발, 훈련, 시험, 평가를 촉진하기 위한 통제된 환경을 제공하는 것이다. 관계기관은 이 샌드박스에서 혁신적 인공지능의 잠재적 위험을 발견하고 법상 의무와 요건의 준수와 관련한 적절한 지도와 지원을 제공한다. 샌드박스에서의 시험은 적합성평가에 긍정적으로 작용할 것이다. 이 법상의 규제뿐만 아니라 타법상의 규제와 관련해서도 기관 간 협조가 기대된다.[228]

인공지능 규제 샌드박스에서는 다른 목적으로 수집된 개인정보가 다음 조건을 모두 충족하는 경우에는 인공지능의 개발, 훈련, 시험을 위해 처리될 수 있다.[229]

(a) 인공지능이 공공안전 및 보건, 환경보호, 에너지 지속가능성, 교통·인프라·네트워크의 안전성, 공공서비스의 효율성과 품질 등 영역에서 공익을 위하여 개발될 것.

(b) 이 법상의 요건을 충족하기 위하여 개인정보 처리가 필요하고 익명 혹은 합성데이터로는 효과적이지 않을 것.

(c) 정보주체의 권리와 자유에 높은 위험이 발생하는 경우 이를 인지하고 대응하는 효과적인 메커니즘이 구비될 것.

(d) 인가된 인력에 의해 기능적으로 분리되고 통제된 환경에서 개인정보가 처리될 것.

(e) 원래 수집된 정보는 EU 개인정보 보호법과 합치하는 한도에서만 공유될 수 있으

---

228 법 제57조.
229 법 제59조.

며, 규제 샌드박스에서 새로 창출된 개인정보가 있다면 샌드박스 밖으로 제공될 수 없음.

(f) 정보처리가 정보주체의 권리와 이익에 영향을 주는 조치나 결정에 이르지 않을 것.

(g) 기술적, 행정적인 정보보호조치를 취하며 샌드박스가 끝나거나 정보보유 기간이 종료하는 즉시 정보가 삭제될 것.

(h) 정보처리 기록이 샌드박스 참여기간 동안 보관될 것.

(i) 인공지능 훈련, 시험 등을 위한 정보처리의 근거와 처리 상황에 대한 설명이 시험 결과와 함께 보관될 것.

(j) 샌드박스에서 개발된 인공지능에 대한 간략한 요약이 관계기관 웹사이트에 게시 될 것.

마지막으로, 법은 인공지능 규제 샌드박스 밖의 실지 조건에서 고위험 인공지능을 시험하기 위한 조건을 규정하면서 더 상세한 시행 절차를 집행위원회가 준비할 것을 주문했다. 주목되는 점은 감독기관에 시험계획을 제출하였는데 30일 이내에 감독기관이 응답하지 않는 경우에는 승인된 것으로 보는 것이다.[230] 인공지능 규제 샌드박스 밖의 실지 조건에서의 시험에 참여하는 사람에게는 명확한 정보를 제공하고 동의를 획득해야 한다.[231]

6. 거버넌스 구조

집행위원회에 인공지능실(AI Office)을 설립하여 기술발전, 표준설립과 공통규칙 이행을 감독하도록 하였다. 전문가 자문위원회(scientific panel of independent experts)가 특히 생성형 인공지능의 위험성과 관련하여 업무를 보조하도록 하였다. 법의 이행과 관련한 회원국 간 협조는 회원국 대표로 구성된 인공지능이사회(AI Board)를 통하도록 하였다.[232]

---

230 법 제60조.
231 법 제61조.
232 법 제64조 내지 제69조.

7. 벌칙

금지된 인공지능을 시판하는 경우 3,500만 유로 또는 직전해 매출액의 7% 상한의 벌금이 부과된다. 위험한 인공지능 또는 일반목적 인공지능 모델에 부과된 다른 의무 위반의 경우에는 1,500만 유로 또는 연 매출액의 3% 상한의 벌금이 부과된다. 부정확한 정보의 제공에 대해서는 750만 유로 또는 연 매출액의 1% 상한의 벌금이 부과된다.[233]

8. 중소기업 특혜

중소기업이 이 법을 잘 활용하고 준수할 수 있도록 지원하고, 의무이행과 벌칙 적용에 있어 경감된 부담을 갖도록 하였다.[234]

Ⅲ [인공지능] 제조물책임 지침

2022년 EU는 AI를 포함한 소프트웨어에 대해서 제조물책임을 확장하는 제조물책임지침 전면개정안을 제안했다.[235] 개정안은 제조물의 정의에 모든 동산 이외에 새롭게 전기, 소프트웨어와 디지털 형태의 동산을 의미하는 '디지털 제조 파일'을 포함하고 있다.[236] 즉 AI가 동기가 되기는 하였으나 동 지침의 적용범위는 AI를 포함한 모든 제조물의 결함에 의한 손해이다.

개정안은 하드웨어 제조자들뿐만 아니라 제조물의 기능에 영향을 미치는 소프트웨어 공급자들과 자율주행 자동차의 오토파일롯 서비스처럼 디지털 서비스 공급자들도 책임주체가 될 수 있음을 분명히 하고 있다. 아울러 개정안은 제조자들이 이미 시장에 출시한 제조물들을 변경할 경우에도 책임을 지도록 하고 있으며, 이러한 변경에는 소프트웨어

---

233 법 제99조 내지 제101조.

234 법 제62조, 제99조 제6항.

235 Proposal for a DIRECTIVE OF THE EUROPEAN PARLIAMENT AND OF THE COUNCIL on liability for defective products. 2022/0302(COD), 28.9.2022. 김윤명, "EU 제조물책임지침 개정안의 주요 내용과 시사점", 포커스 vol. 105, 2023.3.

236 "'product' means all movables, even if integrated into another movable or into an immovable. 'Product' includes electricity, digital manufacturing files and software" 제4조 제1호.

업데이트가 기계학습에 의해 일어나는 경우가 포함된다.

개정안 제7조는 다음과 같이 책임주체의 순위를 정하고 있다.

1. 회원국들은 결함 있는 제조물의 제조자들은 해당 제조물에 의해 발생한 손해에 책임을 지도록 해야 한다. 회원국들은 결함있는 구성요소로 인해 제조물에 결함이 발생하는 경우, 결함 있는 구성요소의 제조자들도 그 손해에 대해 책임을 지도록 해야 한다.

2. 회원국들은 결함있는 제조물의 제조자가 유럽연합 밖에 기반을 두고 있는 경우, 그 제조물의 수입자 및 유럽 대리인이 그 제조물로 인해 발생한 손해에 대해 책임을 지도록 해야 한다.

3. 회원국들은 결함 있는 제조물의 제조자가 유럽연합 밖에 기반을 두고 있고 상기 2에서 말한 경제적 운영자 중 아무도 유럽연합 내에 기반을 두고 있는 자가 없는 경우, 이행(fulfilment) 서비스 제공자가 결함 있는 제조물로 인해 발생한 손해에 대해 책임을 지도록 해야 한다.

4. 시장에 이미 출시됐거나 서비스를 개시한 제조물을 수정한 자연인 또는 법인은, 그 수정이 관련 제조물 안전에 대한 유럽연합 법 또는 각 개별국가의 규정에 의해 상당하며 원 제조자의 통제 밖에서 수정이 이루어졌다고 여겨지는 경우, 상기 1의 목적에 비추어 그 제조물의 제조자로 간주된다.

5. 회원국들은 상기 1에 따라 제조자를 식별할 수 없거나 제조자가 유럽연합 밖에 기반을 두고 있거나, 상기 2 또는 3에 따른 경제적 운영자들을 식별할 수 없는 경우, 제조물의 각 유통업자가 다음의 경우에 책임을 지도록 해야 한다:

   (a) 청구인이 유통업자에게 제조물을 유통업자에게 공급한 자 또는 경제적 운영자를 식별해달라고 요청한 경우;

   (b) 유통업자가 상기 요청을 받고 1개월 이내에 제조물을 유통업자에게 공급한 자 또는 경제적 운영자를 식별하지 못한 경우.

6. 상기 5는, 소비자들이 거래자들과 원거리 계약을 체결하도록 해주며, 제조자, 수입자, 유통업자가 아닌 온라인 플랫폼 제공자에게도 적용된다. 단, 디지털 서비스법 제6조 제3항의 조건이 충족되지 않는 경우는 그렇지 않다.[237]

---

[237] 디지털 서비스법 제6조 제3항은 온라인 서비스 사업자가 거래의 대상인 정보, 서비스 또는 물건을 직접 제공 또는 그 통제하에 있는 자를 통하여 제공한 것으로 일반 소비자가 인식할 수 있는

　　증거 제출과 관련하여 개정안은 배상 청구의 타당성을 뒷받침하는데 충분한 사실관계 및 증거를 제출한, 결함 있는 제조물로 입은 손해를 청구하는 손해를 입은 자('청구인')의 요청에 따라, 각 국가의 법원에 각 법원의 재량으로 관련 증거를 청구인에게 공개하라는 명령을 내릴 수 있는 권한을 부여할 것을 규정한다.[238]

　　개정안은 다음의 조건이 충족되는 경우 제조물의 결함을 추정할 것을 규정한다: (a) 피고가 법원의 재량으로 명령한 관련 증거를 공개하라는 의무를 준수하지 못한 경우; (b) 해당 제조물이, 청구인에게 발생한 손해의 위험을 보호하려는 의도로 제정된 유럽연합 혹은 개별국가의 법률에 따른 법적인 안전 요건을 준수하고 있지 않다는 사실을 청구인이 제시한 경우; 또는 (c) 정상적 사용 또는 일반적 상황에서 제조물의 명백한 오작동으로 인해 손해가 발생했다는 사실을 청구인이 제시한 경우.[239]

　　개정안은 제조물에 결함이 있고, 그로 인한 손해는 당해 결함과 일반적으로 일치하는 종류의 것이라는 점이 제시된 경우, 제조물의 결함과 손해 간의 인과관계를 추정한다.[240]

　　개정안은 법원이 청구인이 기술적 또는 과학적 복잡성으로 인해 제조물의 결함이나, 결함과 손해 간의 인과관계, 또는 이 둘 다를 입증하는 데 과도한 어려움을 겪는다고 판단한 경우, 청구인이 충분히 관련 있는 증거에 기반해 다음을 제시하면 이들 요건을 추정하도록 규정한다: (a) 제조물이 손해에 기여했고 (b) 제조물에 결함이 있었을 가능성이 있거나 그 결함이 손해의 원인이 됐을 가능성이 있거나 또는 두 가지 모두인 경우.[241]

　　개정안은 제조자들은 사이버보안 위험에 대응하는 제조물의 취약성을 해결하는 데 필요한 소프트웨어 보안 업데이트 또는 업그레이드를 제공하지 못해 발생한 손해에 대해 책임을 부과한다.[242] 아울러 개발위험의 항변으로 책임을 면제받기 위해서는 제품의 출시 이후에도 제조자가 통제력을 유지하고 있는 가장 최신의 객관적인 정보를 참고로 판단된 제조자들의 과학적, 기술적 지식의 상태로는 결함을 발견할 수 없다는 것을 제조자가 입증하도록 하여[243] 현행법에서 제조자가 제품을 유통한 시점의 과학, 기술수준을 기준으로 한 것보다 시점을 늦추었다.

　　경우를 조건으로 한다.
238　제8조.
239　제9조 제2항.
240　제9조 제3항.
241　제9조 제4항.
242　제6조(f), 제10조 제2항.
243　제10조 제1항(e). 전문 (37).

Ⅳ   인공지능 민사책임 지침

AI 책임지침(안)[244]의 목적은 AI 시스템으로 인한 피해와 관련해 정보에 대한 액세스 및 입증 부담 완화를 위한 통일된 규칙을 마련하고 피해자(개인 또는 기업)에 대한 광범위한 보호를 확립하고 AI를 육성하는 것이다. AI 책임지침(안)은 제조물책임법이 적용되지 않는 일반 민사책임의 경우에도 일반인들이 법적 청구를 함에 있어 인공지능이 야기하는 추가적 어려움을 해소하기 위해 두 가지 주요 변경을 도입하고 있다.

첫째, 인공지능을 사용하면 결함을 쉽게 알기 어렵기 때문에 이를 해결하기 위해 손해배상 청구인은 법원을 통해 고위험 AI 제조사에 대해 AI 개발정보, 기술문서, 로그, 품질관리 시스템 및 각종 업데이트 내용 등 인공지능법이 보관을 의무화한 정보의 공개를 청구하여 증거에 접근할 수 있다. 제조사는 영업비밀보호 및 비례성 원칙에 근거하여 정보공개를 거부할 수 있으나 합리적 거부 사유가 불충분한 경우 법원은 이를 제조사의 주의의무 위반으로 추정한다.[245]

둘째, 일반 AI와 고위험 AI로 나누어 인과관계의 추정을 규정한다.[246] 일반 AI의 경우 청구인이 제조사가 손해 예방을 위한 관련법상의 의무를 작위 또는 부작위로 준수하지 않았음을 증명하여 인과관계를 추정케 한다. 고위험 AI의 경우 제조사가 적절한 위험관리 조치를 시행하지 않거나, 학습데이터의 품질 또는 시스템의 투명성·정확성·안전성·보안 등이 기준에 미달하거나, 인간에 의한 감시 또는 즉각적 필수 개선 조치를 하지 않은 경우 AI와 손해와의 인과관계가 추정된다. 한편, 고위험 AI를 운용하는 자를 상대로 한 손해배상청구에서는 그 운용자가 이용지침을 따르지 않거나 의도된 AI 기능의 수행에 적합하지 않은 데이터를 입력한 경우 인과관계 추정의 요건이 충족된다.[247]

---

[244] Proposal for a DIRECTIVE OF THE EUROPEAN PARLIAMENT AND OF THE COUNCIL on adapting non-contractual civil liability rules to artificial intelligence (AI Liability Directive) 2022/0303(COD), 28.9.2022.

[245] 법안 제3조.

[246] 법안 제4조.

[247] 동조 제3항.

제9장

미국, 중국, 영국의 인공지능 규제 동향

I 미국의 인공지능 규제

1. 배경

2023.10.30. 바이든 미국 행정부는 인공지능을 규제하는 첫 행정명령인 「인공지능의 안전하고 신뢰할 수 있는 개발과 이용에 관한 행정명령」을 발표하였다.[248] 동 행정명령은 「인공지능 권리장전 청사진」,[249] 「인공지능 위험관리 계획」[250] 등 이전의 작업을 기초로 인공지능과 관련한 국내외의 도전에 대응한 적극적인 조치를 취할 필요성에 화답하기 위하여 50여 개 미국 행정기관에 100여 개의 과제를 부여하고 있다. 향후 각 부처의 준비 작업을 거쳐 보다 구체적인 이행조치가 뒤따를 것을 예고한다.

2. 주요내용

첫째, 행정명령은 미국의 바이오보안, 국가안보, 사이버안보, 핵심 기반시설에 인공지능을 채택할 경우에 초래될 수 있는 위험을 감소시키기 위한 절차와 메커니즘을 개발하도록 했다. 안보·건강·안전을 위협할 수 있는 AI 모델에 대해 출시되기 전에 개발·훈

---

248 The White House, Executive Order on the Safe, Secure, and Trustworthy Development and Use of Artificial Intelligence, October 30, 2023.

249 White House Office of Science and Technology Policy, *Blueprint for an AI Bill of Rights: Making Automated Systems Work for the American People*, October 2022.

250 National Institute of Standards and Technology, *Artificial Intelligence Risk Management Framework (AI RMF 1.0)*, January 2023.

련 단계부터 정부검증 전문가팀(AI 레드팀)의 안전 검사를 받고 AI 개발자는 그 결과를 정부에 제출하는 것이 한 방법이다. 주목할 것은 마이크로소프트·구글 등 미국 클라우드 기업은 자신의 AI 기술을 이용하는 외국 기업에 대해 보고해야 한다. 국립표준기술연구소(NIST)에 AI 기술의 안전성을 보장하기 위한 최고 수준의 표준과 평가 수단을 개발하도록 했다.[251]

둘째, 인공지능 개발과 혁신을 촉진하기 위하여 인재를 유치하고, 창작과 발명을 보호하는 방안을 강구하도록 했다.[252] 상무부는 AI기술로 만든 가짜 이미지 등의 콘텐츠 식별을 위해 워터마크 적용을 의무화하는 방안을 추진해야 한다.[253]

셋째, 인공지능의 광범위한 채택이 노동시장의 안정성을 위협할 가능성에 대비한 조치를 강구하도록 했다.[254]

넷째, 인공지능이 차별을 고착화하고 기본권을 침해할 우려에 대해 대응책을 마련할 것을 주문하였다. 특히 형사사법절차와 복지행정에 있어 인공지능 사용의 형평과 정의에의 영향에 주목하였다.[255]

다섯째, 인공지능의 활용이 개인 정보 불법 등 소비자 권리 침해를 가져올 우려에 대응책을 주문했다.[256]

여섯째, 생성형 인공지능을 연방기관이 채택하는 경우 위험방지 조치를 채택할 것을 주문했다.[257]

일곱째, 인공지능의 신뢰성 제고와 규제의 조화를 위한 표준 개발 등 국제적 협력에 미국이 앞장서도록 하였다.[258]

3. 의의

미국이 연방 정부 차원에서 AI 개발과 활용을 안전하고 책임감 있게 촉진하고, 국가안보, 건강과 안전을 위협하는 AI 기술 개발과 이용을 규제하겠다는 것이 핵심이다. 이

---

[251] Section 4.
[252] Section 5.
[253] Section 4.5.
[254] Section 6.
[255] Section 7.
[256] Section 8, 9.
[257] Section 10.
[258] Section 11.

같은 강력한 규제는 AI의 위험에 대한 경각심과 규제의 시급성에 기인한다. AI 개발 기업들은 이번 행정명령에 따라 안전 예방 조치를 해야 하며, 상무부 등 행정부처는 관리 감독을 그리고 미국 클라우드 서비스 제공자는 외국 고객 명단 신고를 의무적으로 해야 한다. 이는 미국 행정부가 전 세계 AI 개발 기업의 정보 수집은 물론 중국을 견제하려는 의도로 보인다.[259] 향후 인공지능이 국가경쟁력을 좌우할 것이라는 판단에 따라 미국은 중국이 인공지능 기술에서 미국을 따라오지 못하도록 미국기업 및 협력 국가 기업이 중국에 인공지능 개발에 필요한 첨단반도체를 수출하지 못하도록 규제하고 있다. 엔비디아와 AMD 등 주요 GPU 제조사의 고성능 GPU 수출이 중단됐다. 대상 제품은 AI와 HPC(고성능 컴퓨팅)에 주로 쓰이는 엔비디아 A100, A800, H100, H800, L40, L40S 등 GPU 제품과 일반 PC용 그래픽카드인 지포스 RTX 4090 등이다.[260]

II 중국의 인공지능 규제

중국은 2023.1. 딥페이크 서비스 규제에 관한 '인터넷 정보 서비스 심층 종합 관리규정'(互联网信息服务深度合成管理规定)을 시행하고, 2023.3. '인터넷 정보 서비스 알고리즘 추천 관리 규정'(互联网信息服务算法推荐管理规定)을 시행하는 등 사안별로 인터넷의 부작용에 대응해 왔다.

인공지능과 관련해서는 국가인터넷정보판공실(国家互联网信息办公室, Cyberspace Administration of China, CAC)이 2023.4.부터 기업들이 생성 AI 기반 서비스를 대중에게 출시하기 전에 당국의 보안 평가를 받을 것을 요구했다. 이어 2023.8. 인공지능으로 정부를 비판하거나 사회 혼란을 야기할 수 있다는 우려에서 「생성 인공지능의 관리 규칙」[261]을 시행했다. 이 규칙은 생성형 AI가 만들어 내는 콘텐츠가 사회주의 핵심 가치를 견지하도록 규정하고 있다. 또한 국가 권력, 사회주의 체제의 전복, 국가안보와 이익을 위태롭게 하는 내용을 포함하지 못하도록 하고 있다.

동 규칙 제4조는 생성형 AI 서비스 제공 시 편향성 방지 조치, 지식재산권 보호, 기

---

259 김경숙/홍건식, 바이든 행정부의 첫 인공지능(AI) 행정명령과 시사점, 이슈브리프 480호, 국가안보전략연구원, 2023.11.10.
260 "중국 GPU 수출 규제, 엔비디아 이어 AMD GPU로 확대", zdnet, 2023.11.24.
261 生成式人工智能服务管理暂行办法. 보다 상세한 설명은 이중희, "중국의 〈생성형 인공지능 서비스 관리 잠정 방법〉에 대한 분석: 배경과 쟁점", CSF 전문가 오피니언, 대외경제정책연구원, 2023.

업윤리 존중, 타인의 합법적 권리와 이익 존중 등을 요구하는 등 서방에서의 기본권 침해 우려와 맥락을 같이 하는 규정도 담고 있다. 하지만 핵심 의도는 국가와 정권의 안보에 있는 것이 분명하다. 규칙 제17조는 여론 형성의 속성을 가지거나 사회 선동력을 가진 생성형 AI 서비스 제공 시에는 관련 규정에 따라 '안전성 평가'와 '알고리즘 등록'을 실시하도록 규정하고 있다.

2023.10. 중국 CAC, 산업정보기술부, 경찰 대표 등으로 구성된 「국가 정보 보안 표준화 위원회」가 AI 모델 훈련에 사용할 수 없는 소스 블랙리스트를 포함, 생성 AI 기업에 대한 보안 요구사항 등을 담은 표준안을 발표했다. 동 위원회는 대중을 위한 생성 AI 모델은 훈련에 사용할 콘텐츠에 대한 보안 평가를 수행할 것을 요구했다. 이 과정에 '불법 및 유해 정보가 5% 이상' 포함된 콘텐츠는 블랙리스트에 올릴 것을 제시했다. 더불어 이번 표준안에는 AI 모델을 훈련하는 기업이 생체 인식 데이터를 포함한 개인 정보를 훈련에 활용하는 경우 해당 개인들의 동의를 얻어야 한다고 규정했다.[262]

중국의 인공지능 관련 법규에는 중국의 국가안보에 대한 중시, 인민의 권리에 대한 배려, 산업경쟁력에 대한 고려, 국제 동향에 관한 관심 등이 혼합되어 나타나고 있다.

Ⅲ 영국의 입장

영국은 튜링 이래로 인공지능 연구, 개발을 주도해 온 국가 중의 하나이다. 2023.11. "AI Safety Summit" 창립 회의를 개최하는 등 이 분야 논의에 적극적이다. 각계 전문가로 구성된 인공지능위원회(AI Safety Institute)도 설치하였다. 하지만 영국 정부의 인공지능 입법 필요성에 대한 공식 입장은 아직은 시기상조이고 먼저 과연 현재 존재하는 민간과 공공의 규제 메커니즘이 인공지능이 야기하는 문제에 대응하는데 부족한지를 면밀히 주시하겠다는 것이다. 강한 규제가 인공지능 산업 성장을 막을 수 있다는 우려에서 필요성이 입증된 범위에서 약한 규제를 우선 도입하겠다는 것이며 스스로 이를 "혁신 친화적 접근"(pro-innovation approach)이라고 칭하였다.[263]

---

262 중국, 생성 AI 훈련 데이터에 '블랙리스트' 도입 … "사회주의 반하는 데이터 금지", AI타임스, 2023.10.13.

263 UK Department for Science, Innovation and Technology, *A pro-innovation approach to AI regulation*, March 2023.

Ⅳ 입법의 공통요소

제 외국과 국제사회의 다양한 논의로부터 다음과 같은 공통적 접근을 추출할 수 있다.

1. 위험에 비례한 안전성 확보

인공지능에 대한 규제와 관련하여 바람직한 방식이라고 일반적으로 인정되는 접근은 위험기반(risk-based) 접근이다. 이에 따를 때, 우선 전 국민에 대한 원격 감시시스템의 도입과 같은 자유민주주의의 근간을 해치는 인공지능의 도입은 허용될 수 없다. 고위험 인공지능에 대해서는 위험의 정도에 비례한 규제를 도입하고, 제한적 위험의 인공지능에는 투명성 의무만 부과하며, 저위험 인공지능에 대하여는 의무적 규제 없이 자율규제를 허용하는 것과 같은 차등화된 조치가 권고된다. EU의 인공지능법안이나 한국의 의회에 상정된 인공지능법안들도[264] 이러한 입장에 기반하고 있다.

위험기반 원칙 자체에는 이의를 제기하기 어려우나 구체적인 기준에 합의하기는 쉬운 일이 아니다. 위험도에 따라 의무 부과의 대상과 내용에 관한 결정이 객관성과 투명성을 충족하며, 비차별적으로 행해져야 할 것이다.

2. 로그기록 보존의무

자율주행자동차 등 인공지능 관련법에는 로그기록 장치의 부착, 기록 보관 의무를 인공지능서비스 운영자에게 부과하고, 피해자와 감독기관에 그 기록에 대한 접근권을 부여하는 사례가 증가하고 있다.[265] 여기서 운영자에는 제조자, 수입자, 판매자뿐만 아니라 이용자도 포함되어, 인공지능 기록이 자신의 통제하에 있을 때는 로그기록 보관 및 제출 의무를 진다. 사고발생시 책임의 소재와 배분을 결정하는 데에 요긴한 자료가 되기 때문이다.

---

[264] 예컨대, 황희의원 대표발의, 인공지능책임법안, 의안번호 20353, 2023. 2. 28. 발의; 안철수의원 대표발의, 인공지능 책임 및 규제법안, 의안번호 2123709, 2023. 8. 8. 발의.

[265] 한국 자동차손해배상 보장법 제39조의17; EU AI법안 제12조, 제16조, 제20조, 제23조.

3. 중립적 규제기관

로그기록이 보존되어 있는 경우 다음 과제는 이를 객관적, 중립적으로 분석하여 분쟁 사안을 판단하는 것이다. 일반적으로 위원회를 구성하여 임무를 맡기고 있으나[266] 기술적 전문성의 지원을 받는 독립기관도 가능할 것이다. 사실 특정 인공지능서비스가 야기하는 분쟁을 해결하는 목적뿐만 아니라 인공지능 운용의 일반적 원칙을 수립하고 그 준수를 감독, 조정하는 의무를 지는 통합 규제기관이 필요할 수도 있다. EU AI법안은 회원국 차원의 인공지능 규제기구의 지정과[267] EU 차원의 조직 설립을[268] 상정하고 있다.

4. 인증과 상호인정

위와 같은 인공지능 관련 각국의 규제가 인공지능 제품 및 서비스의 국제유통에 장애가 되지 않기 위해서는 인증기구들이 제품 및 서비스, 사업자의 법규 및 윤리 준수 여부에 대해 검증하고,[269] 인증 결과를 상호 인정하며,[270] FTA 협의 등을 통하여 규제의 적절성에 대해 상호검토(peer-review)하도록 함이 적절할 것이다. 인공지능이 제기하는 문제가 개별국가 차원에서 해결될 수 없는 경우가 많다는 차원에서, 그리고 규제의 다기성이 규모의 경제를 통한 사업확산에 장애가 되고 연구개발에 대한 투자 유인을 꺾는다는 점에서 국가간 상호인정의 노력이 배가될 필요가 있다.

---

[266]   예, 한국 자동차손해배상 보장법 제39조의14 이하에 규정된 자율주행자동차사고조사위원회.
[267]   EU AI법안 제70조.
[268]   EU AI법안 제64조 내지 제69조.
[269]   EU AI법안 제31조 내지 제33조, 제40조 내지 제49조.
[270]   EU AI법안 제39조.

제5편

AI와 산업규제

제10장
데이터 · AI와 국내산업

I 시장과 산업규제

1. 데이터, 인공지능 경제의 특징

인터넷 경제가 성장하면서 그 특징에 대한 탐구가 이어졌으며 네트워크 효과, 양면시장, 롱테일(long tail), 모듈화 등이 특징으로 파악되었다. 네트워크 효과에 따른 수요의 쏠림 현상이 우려로 제기되기도 하였지만 전체적으로 인터넷 경제는 역동성을 갖고 시장 진입 장벽이 낮은 것으로 인정되었다. 다만 인터넷 경제가 플랫폼 경제로 성숙해 가면서 플랫폼의 지배력에 대한 우려가 증대되고 있다.[271]

빅 데이터가 만들어 가고 향후 인공지능이 꽃피울 경제는 어떤 특색을 가질 것인가에 대한 논의는 아직 충분히 이루어지고 있지 않은 것 같다. 데이터는 비배제성, 비경합성을 내포하지만, 기술에 의해서 이러한 특징을 제거할 수도 있다. NFT는 배제성, 경합성을 갖는 데이터의 등장을 알린다. 일부에서는 데이터 일반에 소유권을 부여하려는 논의도 있었다.[272] 그러나 데이터 경제에 대한 논의의 현주소는 장님 코끼리 만지기식으로 전체 모습이나 공통적 특성에 대한 공감대는 형성되지 못하고 있다.

이런 상황에서 각국 정부는 데이터 경제 성장 전략을 만들겠다고 부산을 떨고 있다. 한국 정부도 예외는 아니어서 「데이터 경제 활성화 추진과제」(관계부처합동)를 발표한 바 있다.[273] 데이터 활용이 경제혁신의 촉매가 될 수 있다는 점에 공감하면서도 데이터가 독

---

271 정찬모, 인터넷 플랫폼 중립성 규제론, 박영사, 2019.
272 고학수/임용 편, 데이터오너십, 박영사, 2019.
273 기획재정부 보도자료, 2023.11.15.

자적인 경제 영역이 될 수 있을지는 아직 미지수이다. 공기(空氣)경제, 햇빛경제가 그렇듯이 모두에게 너무나도 중요하지만, 아직 주어지는 대로 받을 뿐 생산, 유통, 활용에 혁신적인 메커니즘이 등장하지 못하였다.

이러한 와중에서 빅 데이터와 인공지능은 바로 데이터의 활용에 있어서 획기적인 전기를 마련한 것이라 할 수 있다. 마치 공기 중 산소를 압축하여 저장하면 생명을 살리는데 쓸 수 있고, 햇빛을 모아서 전기를 만드는 것과 같이 데이터가 모여서 기업을 살리고, 지능혁명을 촉발할 수 있음을 발견한 것이다. 이와 같은 데이터 활용 측면에서의 빅뱅은 이제 데이터의 생산과 유통 측면에서의 혁신을 촉구하고 있다.

2. 데이터시장의 실패?

전통적인 시장실패 논의가 데이터시장에 적용되는지를 고찰한다. 첫째, 데이터의 비배제성으로 인해 외부성 효과가 있어서 투자의 대가를 받을 수 없다는 문제에 대해서는 데이터도 기술적으로 외부성 차단과 무임승차 배제가 가능하다고 반론이 가능하다. 둘째, 수많은 개인과 기업들에 데이터가 분산되어 있어서 규모의 경제를 달성할 수 없다는 문제와 관련해서는, 양면시장형 플랫폼이 데이터 파편화로 인한 과소 이용 문제를 극복하고 있다고 반론이 가능하다. 셋째, 데이터거래시장이 미성숙하여 누가 어떤 데이터를 가졌는지 어떤 수요자가 있는지 탐색비용이 크다는 문제가 지적된다. 잠재적 구매자가 유용한 데이터의 존재를 알지 못하면 데이터의 가치를 평가하지 못하고 그가 이를 충분히 아는 경우에는 더 이상 대가를 지급할 필요가 없어지는 정보 역설 또한 지적된다. 하지만 미국을 선두로 해서[274] 각국에 데이터 브로커가 출현하면서 이 문제도 서서히 극복될 수 있을 것으로 기대된다.

현재 데이터의 생산(수집)과 유통을 가로막는 주요 원인은 경제적, 기술적인 데에 있다기보다는 개인정보 보호법제, 보안법제와 같은 법제적 측면의 장벽에 있다. 즉 시장실패가 아니라 정부실패에 있는 것이다. 물론 경제적 효율성을 위해서 개인의 인격권과 국가안보를 포기하라고 말하기는 쉽지 않으며 그래서도 안 된다. 하지만 개인정보자기결정권과 보안이 전가의 보도처럼 사용되는 것도 문제이다. 사람은 사회를 이루어 살아가기에 인간다운 삶을 누리는 것이며 이를 위해 개인정보의 어느 정도의 공개와 공유는 불가

---

[274] 미국의 대표적 데이터 브로커로는 액시엄, 코어로직, 데이터로직스, 이뷰로우, ID애널리틱스가 있다.

피하다. 국가는 국민의 안녕을 위해 존재하는 것이지 국가의 안녕을 위해 국민이 존재하는 것이 아니라는 민주국가의 구성원리에 따를 때 국가안보는 최후의 마지노선에 머물러야지 경제사회 규제의 최전선에 등장하는 것은 극복되어야 할 구태라고 할 것이다.

우리 개인정보 보호법제와 보안법제가 지나치게 폄훼되어서는 아니 된다고 생각한다. 그러나 빅데이터와 인공지능이라는 시대적 변화의 조류를 이용하여 대한민국호가 순항하기 위해서는 보호법제가 안전망을 세밀화하여 핵심 권익을 수호하면서도 한 발 뒤로 물러서야 할 것이다.

다른 한편, 데이터 생산자에게 소유권 또는 이에 준하는 배타적 권리를 부여하여 데이터 생산을 활성화하자는 논의도 있었으나 물권법정주의의 기본원칙을 변화시키기 위해서는 절실한 필요성과 명확한 법적 근거 필요하다는 지적에 논의가 사그라들었다. 그 대신에 기술에 의한 사실상 통제와 계약에 의하여 데이터 보유자에게 어느 정도 재산적 이익이 확보되고 거래가 이루어지고 있는 현실에서는 채권법적, 부정경쟁방지법적 보호가 적절하다는 평가에 의하여 우리가 앞에서 고찰한 바와 같이 데이터산업법, 부정경쟁방지법 등에 그와 같은 취지의 규정이 도입되게 되었다.

3. 데이터시장 조성을 위한 입법

미국에서는 데이터 브로커 시장이 이미 활성화되어서 오히려 그 부작용을 통제하기 위한 입법이 이루어졌다. 미국 버몬트주는 「데이터 브로커와 소비자 보호에 관한 법률」(H.764: An act relating to data brokers and consumer protection)을 제정('18.5.22)하였다. 이는 데이터 브로커 관련 소비자의 개인정보 보호에 대한 해결을 시도한 최초의 법률로서, 불법적인 데이터의 획득 및 이용 금지 의무, 데이터 브로커 등록 의무, 개인 식별 가능 정보보호 의무, 소비자에 대한 공개 의무 등을 규정하였다. 캘리포니아주를 비롯한 다른 주의 관련 입법이 뒤따르고 있다.

반면에 한국의 「데이터 산업진흥 및 이용촉진에 관한 기본법」(데이터산업법)은 민간 데이터의 경제·사회적 생산, 거래 및 활용을 촉진하는 시장을 조성하기 위한 입법이다(제1조). 데이터의 생산과 관련해서는 데이터 자산의 보호를 위해 데이터 자산에 대한 부정취득행위와 정당한 권한 없이 데이터생산자가 데이터 자산에 적용한 기술적 보호조치를 무력화하는 행위를 하지 못하도록 하며, 데이터 자산 부정사용 행위에 관한 사항은 부정경쟁방지 및 영업비밀보호에 관한 법률에서 정한 바에 따르도록 하였다(제12조). 정부의 시장조성자적 역할로, 정부가 데이터 기반의 정보분석을 활성화하기 위하여 데이터의 수집, 가공 등 정보분석에 필요한 사업을 지원하고(제13조), 데이터 이동(제15조), 데이터 거래사업자 및 데이터분석 제공사업자 신고제(제16조), 데이터거래 관련 표준계약서 마련 (제21조) 등 제도적 기반을 구축하도록 하였다.

4. 데이터 기반 독과점 우려

1) 데이터 이데올로기

개인정보에 대해 정보주체에 주어지는 권리와 같이 데이터에 대해서도 데이터 주체에 인격적 또는 재산적 권리를 부여하자는 논리가 있으며, 특히 재산권 부여적 측면이 강조 된 입장을 '데이터 소유권론'이라 한다. 이는 데이터의 창출과 수집에 인센티브를 부여하 며 데이터 상업화를 유도한다는 명목이나 이미 그런 인센티브와 상업화의 흐름이 시장에 존재하며 이것이 시장실패를 해결하기는커녕 악화시킬 위험도 존재한다.[275]

반대 진영의 논리, 즉 데이터 사회주의의 진단이 독과점 문제와 관련해서는 더 흥미 롭다. 신경망 기반 인공지능의 성공은 데이터 '분류'(classification)와 '관계 설정'(association, prioritisation)의 결과이며, 분류와 관계설정을 위해서는 특정인의 데이터가 홀로 있 어서는 안 되고 타자의 데이터의 존재가 전제된다. 즉 개인정보는 사회가 있기에 가치가 드러나며, 그렇기에 사회적 필요에 의해 개인정보는 수집되고, 사용될 수 있어야 한다는 주장이 가능하다. 그렇다면 웹상의 모든 정보를 긁어모은 거대언어기반 모델의 데이터베 이스에 다른 사회 구성원은 정당한 접근의 이익을 갖는다고 할 것이다.

실제 정책적 타협은 중간 지점에서 데이터베이스에 대한 보호, 부정경쟁방지법상 부 정경쟁행위에 타인의 빅데이터에 대한 무단 이용을 포함하는 형태로 이루어졌다.

2) 거대인공지능에 의해 악화되는 시장상황

플랫폼경제의 독과점 문제에 대해서는 정책적 실행에 있어서는 국가간 차이가 있으나 문제에 대한 인식은 어느 정도 확산이 이루어졌다. 그런데 최근 거대언어모델에 기반한 생성형 인공지능이 세계적인 주목을 받으면서 데이터 기반 독과점도 사회적 문제로 고민 할 필요성이 인식되게 되었다. 즉 챗GPT가 가능했던 것은 마이크로소프트의 막대한 재

---

275 고학수/임용 편, 데이터오너십, 박영사, 2019.

정적 지원이 있었기 때문이라는 점, 챗GPT가 성공함에 따라 수많은 이용자가 그 서비스를 이용하면서 그 이용자 데이터가 재귀적으로 챗GPT에 입력되고 서비스 고도화에 사용되는 효과를 가져온다는 점, 생성형 인공지능 시장의 경쟁이 누가 기발한 알고리즘을 고안해 내느냐의 경쟁이 아니라 누가 방대한 데이터를 투입하느냐의 양적 경쟁이라는 점은 독과점의 우려를 자아낸다.

현재 주류를 이루는 경쟁이론으로는 이와 같은 인공지능 시장의 독점화는 시장의 성격에 근거한 독점은 자연독점이며,[276] 자연독점기업에 대한 전문적 규제 문제로 이어지게 될 것이다. 그러나 인공지능시장 독점화를 불가피한 것으로 받아들이기보다는 경쟁 및 산업당국의 선제적 조치로 시장경쟁 환경을 조성하는 것이 더 바람직할 것이다. 선두 주자인 오픈AI에 경쟁하는 사업자들이 자상의 인공지능 모델과 데이터를 공개하는 정책을 채택하는 움직임을 보이고 오픈AI도 'GPT 스토어'를 론칭하는 등 시장이 역동적으로 움직이고 있기 때문이다. 이런 상황에서 규제당국에 의한 당장의 개입도 시기상조이지만 수수방관하는 것도 이미 고착화한 앱 마켓의 경험을 반추하건대 바람직하지 않다고 할 것이다. 경쟁환경 조성을 위한 선제적 조치의 하나로 파운데이션 모델을 운영하는 회사가 응용 인공지능서비스를 제공하지 못하도록 구조적 또는 회계적으로 분리하도록 하는 것을 검토할 만하다.

3) 데이터 접근권과 정당한 통제 사이의 균형

데이터 독점의 심화에 대해서는 데이터 접근제한이 초래하는 반경쟁효과를 사안별로 평가하여 그 접근제한에 대한 허용 여부를 결정하는 경쟁법적 수단이 유용할 수 있다. 당사자간 성실한 협상을 우선하되, 이에 실패하는 경우 강제조정을 실시하는 메커니즘의 도입이 고려되어야 한다.

거대언어모델과 같은 파운데이션 인공지능 개발을 위해 요구되는 어마어마한 투자는 독과점 심화의 우려를 불러일으키고 독점규제와 데이터셋에 대한 제3자의 접근권 인정의 필요성에 대한 논의를 자연스럽게 불러온다. 다만 메타의 라마(Llama) 모델 공개에서 보는 바와 같이, 시장 내에서 우월적 사업자에 대항하는 다양한 시도가 전개되고 있는 것도 사실이다. 따라서 거대언어모델 인공지능 시장이 독점적이라고 결론을 내리는 것은 현재로서는 다소 성급하다고 할 것이다. 경쟁당국은 매의 눈으로 시장을 감시하며 개입이 필요한 시점에는 즉시 개입할 수 있도록 태세를 갖추어야 할 것이다.

---

[276] 봉쇄이론, 지배력 전이이론 등은 독점의 고의를 요구하기 때문에 문제해결에 도움이 되지 않는다.

4) 온플법과 플랫폼경쟁촉진법

코리아스타트업포럼(코스포)은 2023.12.27. 성명서를 통해 "국내 스타트업의 성장에 유리천장을 만드는 공정거래위원회(공정위)의 '플랫폼 경쟁촉진법' 추진에 강력히 반대한다"고 밝혔다.[277]

공정위는 독과점 플랫폼이 시장질서를 교란하는 행위를 차단하기 위해 '지배적 플랫폼 사업자'를 사전에 지정하고, 위법행위를 했다고 판단하면 기존 공정거래법보다 한층 더 높은 과징금을 부과할 예정이다. 공정위는 이 법이 시행되면 스타트업 등 플랫폼 사업자들의 시장진입 및 활동이 한층 활성화되는 만큼 플랫폼 산업의 혁신과 경쟁력을 강화할 수 있으며 소비자 권익을 향상할 것이라고 설명했다.[278]

반면, 코스포는 공정위가 '지배적 플랫폼 사업자'를 지정하는 데 시가총액, 매출액, 이용자 수 등 정량적 요건뿐만 아니라 정성적 요건까지 고려하겠다고 한 데 대해 이런 기준은 규제 예측 가능성을 현격히 떨어뜨려 스타트업이 시장에 진출하거나 비즈니스 모델을 만들기가 매우 어렵다고 지적했다. 이익을 내지 못하는 스타트업도 이용자 수가 많거나 거래 규모가 크다는 이유만으로 규제 적용 대상이 될 수 있기 때문이다.

공정위는 지난 2020년 9월부터 '온라인플랫폼 공정화법(온플법)'의 도입을 추진하다가 윤석열 정부 들어 시장자율이란 기본시책과 맞지 않는다는 이유로 입법을 포기했었다. 코스포는 이번 법이 온플법과 내용이 흡사하고 심지어 일부는 더 강화될 것으로 보이는 점, 이 법으로 알고리즘과 같은 영업비밀의 노출이 우려되는 점에도 우려를 표했다.

II 데이터 · 인공지능과 개별산업

1. 데이터 · 인공지능과 금융산업

금융산업은 정형화된 데이터가 많아서 데이터 활용 관련 사업이 주목받고 있으며 인공지능이 적용될 수 있는 범위가 포괄적이다. 금융산업에의 인공지능 적용 가능성을 다음과 같이 생각해 볼 수 있다.

---

[277] "코리아스타트업포럼 "플랫폼법은 전족" … 철회 촉구", 연합뉴스, 2023.12.27.
[278] 공정거래위원회 보도설명자료, 「플랫폼 공정경쟁 촉진법」은 소비자 권익을 보호하는 법입니다", 각 2024.1.31.

소비자와 가까워진 AI (Front Office service)	AI를 활용한 규제 준수 (Middle Office service)	AI가 수행하는 금융업무 (Back Office service)
• 챗봇(AI 상담사) • AI 스피커 • 로보어드바이저 • 스마트 ATM	• 레그테크(RegTech)[279] • 자금세탁방지 • 이상거래탐지 • 약관 자동 비교 분석	• AI 기반 신용평가 • 업무 자동화(RPA) • 기업 위험관리 • 고객 데이터 분석

출처: 한국금융연수원, "디지털금융의 이해와 활용", 2020.3.

가. 금융거래정보와 금융실명법

1) 원칙

금융실명거래 및 비밀보장에 관한 법률(약칭: 금융실명법)상 금융회사 등에 종사하는 자는 명의인의 서면상의 요구나 동의를 받지 아니하고는 그 금융거래정보를 타인에게 제공하거나 누설하여서는 아니 되며, 누구든지 금융회사 등에 종사하는 자에게 거래 정보 등의 제공을 요구하여서는 아니 된다.

2) 예외

법령에서 구체적으로 정하는 경우에는 그 사용 목적에 필요한 최소한의 범위에서 거래정보등을 제공하거나 그 제공을 요구할 수 있다. 금융실명법상 정보제공이 가능한 경우로는 법원, 국세청, 국회, 금융위원회 등의 업무 목적상 요청이 있거나 금융기관 내부 또는 상호간에 업무상 필요한 정보의 제공 등이다(제4조 제1항 각호).

타법률의 규정에 의하여 정보제공이 가능한 경우로도 감사원법상 감사원, 정치자금법상 각급선거관리위원회, 공직자윤리법상 공직자윤리위원회, 상속증여세법상 국세청장(지방국세청장포함) 등 다수가 존재한다.

3) 금융거래정보 제공시 통보 의무(제4조의2)

금융회사등은 거래정보등을 제공한 경우에는 제공한 날부터 10일 이내에 제공한 거래정보등의 주요 내용, 사용 목적, 제공받은 자 및 제공일 등을 명의인에게 서면으로 통보하여야 한다. 다만, 통보 대상 거래정보등의 요구자로부터 다음 각 호의 어느 하나에

---

279 Regulation+Technology의 줄임말로, AI를 활용해 복잡한 금융규제를 기업들이 쉽게 이해하고 지킬 수 있도록 하는 기술.

해당하는 사유로 통보의 유예를 서면으로 요청받은 경우에는 유예요청기간(통상 6개월) 동안 통보를 유예하여야 한다.

1. 해당 통보가 사람의 생명이나 신체의 안전을 위협할 우려가 있는 경우
2. 해당 통보가 증거 인멸, 증인 위협 등 공정한 사법절차의 진행을 방해할 우려가 명백한 경우
3. 해당 통보가 질문·조사 등의 행정절차의 진행을 방해하거나 과도하게 지연시킬 우려가 명백한 경우

타 법률에 의해서도 금융거래정보 제공 사실을 통보하지 않을 수 있는데, 특정 금융거래정보의 보고 및 이용 등에 관한 법률, 정치자금법, 조세특례제한법, 국제조세조정에 관한 법률 등 다수의 법률에 예외 규정이 있다.

나. 신용정보와 신용정보법

신용정보법은 개인신용정보의 이용과 관련하여 유연한 법 적용을 선도적으로 실시했다. 우선 개인정보와 신용정보 간의 관계는 아래와 같다.

출처: 금융분야 개인정보보호 가이드라인, 2013

신용정보법은 전송요구권(제33조의2)을 최초로 도입하여 정보주체가 자신의 의지로 전송의 내용을 결정하여(신용정보 제공·이용자 등으로서 전송요구를 받는 자, 전송을 요구

하는 개인신용정보, 전송요구에 따라 개인신용정보를 제공받는 자, 정기적인 전송을 요구하는지 여부와 요구할 경우 해당 주기, 전송요구의 종료 시점, 전송을 요구하는 목적, 전송을 요구하는 개인신용정보의 보유기간 등) 행사할 수 있도록 하였으며, 금융위원회가 '정보활용 동의등급'을 부여하여 정보주체의 동의권 행사시 편의를 도모하는 점도 주목된다(제34조의3).

다. 금융 인공지능 현황과 정책

엔비디아(NVIDIA)가 2022년 전 세계 모든 금융권의 500개 이상의 금융회사를 대상으로 조사한 결과에 따르면, 조사 대상의 75% 이상이 고성능 컴퓨팅(high-performance computing), 기계학습 또는 딥러닝 기술을 활용하는 것으로 파악된다. 또한 조사 대상 금융회사의 31%가 사기거래 탐지, 28%가 대화형 인공지능, 27%가 알고리즘 트레이딩, 23%가 자금세탁과 KYC(Know Your Customer), 23%가 투자관리, 22%가 포트폴리오 최적화, 19%가 부도 예측, 19%가 마케팅 최적화 등에 활용할 목적으로 인공지능에 투자한 것으로 조사된다.[280]

뱅크오브아메리카(Bank of America)가 2018년 출시한 인공지능 기반 가상 금융비서인 에리카(Erica)는 2022년 10월 기준으로 3,200만 명의 이용자를 유치하였고 매일 평균 150만명의 이용자에게 문자와 음성 대화를 통해 계좌조회, 카드관리, 개인송금, 거래보고, 투자조언 등 다양한 유형의 금융서비스를 지원하고 있다.[281]

국내 은행들도 국내외 생성형 AI업체들과의 PoC(기술검증)를 마치며 '24년에는 본격적으로 내부 업무 효율화 및 앱, 컨택센터 등 고객접점관리 고도화에 적용할 예정이다. KB·우리·신한은행은 생성형 AI를 접목시킨 가상은행원을 모바일앱 및 점포 내 구현해 거래 조회 및 송금·이체 外 상품 안내 등을 자연스러운 대화 형태로 제공하고, LLM 모델을 활용해 주식 시황 및 경제 이슈 정보를 제공하는 대고객 챗봇 서비스를 제공할 예정이다. 정부도 금융 AI 데이터 라이브러리 구축 및 결합 데이터 재사용 허용 등 AI분석 및 활용 인프라를 구축하며 금융업의 AI 활용 역량 제고를 독려할 계획이다.[282]

---

280 NVIDIA, State of AI in Financial Services: 2022 Trends.

281 Bank of America, Bank f America's Erica tops 1 billion client interactions, now nearly 1.5 million per day, Press Release, 2022.10.12.

282 김남훈, "생성형AI로 금융권 AI기반 서비스경쟁 격화", Bi-Weekly Hana Financial Focus, 제14권

금융위원회는 인공지능 리스크 관리의 중요성을 인식하고 2021년 7월에 「금융분야 인공지능(AI) 가이드라인」을 마련하였으며, 2022년 8월에는 「금융분야 인공지능(AI) 활용 활성화 및 신뢰확보 방안」을 발표하였다. 이어서 2023년 4월 18일 이를 구체화하는 「AI 기반 신용평가모형 검증체계」와 「금융분야 AI 보안 가이드라인」을 발표하였다.

2. 데이터 · 인공지능과 보건의료

가. 의료정보의 기밀성

보건의료 데이터 활용을 통한 디지털 헬스케어가 웨어러블 컴퓨터의 형태로 우리 생활에 사용되고 있다. 가장 흔한 예는 스마트워치, 스마트폰이 혈압, 혈당, 심박수, 심전도, 산소포화도 등을 측정하는 기능이다. 낙상을 감지하여 위급신호를 보낼 수도 있다. 향후에는 이와 같이 생성되는 의료데이터가 의료기관에 자동 전송되어 정상범주를 벗어난 경우에는 자동으로 경보를 해주는 것도 일상화될 것이다.

나아가 각종 의료기관이 보유하고 있는 다양한 의료데이터가 집적, 결합될 수 있다면 신약 개발에 유용하게 사용될 수 있을 것이다. 그런데 의료정보는 민감한 개인정보이기 때문에 그 수집, 결합, 가공 등의 처리에 정보주체의 동의를 요하며 가명정보인 경우에도 기관생명윤리위원회의 심의와 전문기관을 통한 데이터 결합만이 허용되는 등[283] 활용을 위한 절차가 만만치 않다.

거기에다가 보건의료데이터 관련 분쟁 사례에서 법원은 보건의료정보의 기밀성을 엄중하게 보고 있다. 대법원은 의료법에서 누설을 금지하고 있는 '다른 사람의 비밀'은 당사자의 동의 없이는 원칙적으로 공개되어서는 안 되며 이러한 보호의 필요성은 환자가 사망하더라도 소멸하지 않는다고 설시하였다.[284] 헌법재판소 또한 환자의 기록정보는 가장 엄밀하게 보호되어야 할 개인정보이므로 환자 본인이 아닌 경우에는 열람을 엄격히 제한하고, 법률에 근거가 있는 경우에만 예외적으로 열람을 허용함으로써 환자의 개인정보를 보호하려는 것이라고 의료법 관련 규정의 취지를 설명하였다.[285]

1호, 하나금융경영연구소, 2024.1.14.

[283] '건강보험심사평가원', '국민건강보험공단', '한국보건산업진흥원'을 보건의료분야 가명정보 결합 전문기관으로 지정되었다.

[284] 대법원 2018. 5. 11. 선고 2018도2844 판결

[285] 헌법재판소 2016. 12. 29. 선고 2016헌마94 결정

현행 「의료법」이 의료정보의 제3자 제공을 원칙적으로 금지하여 다른 영역과 달리 보건의료 마이데이터의 실현에 어려움이 있다는 판단하에, 의료데이터주체가 요청하는 경우 개인의료데이터의 제3자 제공을 허용하여, 보건의료 데이터의 유통 · 공유 및 데이터 활용을 촉진하고자 하는 개정안이 제출되어 있다.[286]

나. 의료분야 인공지능 적용 현황[287]

의료분야에서의 인공지능 적용 현황은 실제 의료 현장에서의 진료 흐름을 바탕으로 파악할 수 있다. 의료라는 서비스의 제공 과정은 크게 진단, 치료, 예방의 세 단계로 나누어 볼 수 있다. 급속히 발전하는 인공지능 기술과 트렌드(예, 챗GPT를 비롯한 생성형, 대화형 AI)에 민감하게 반응하려는 시도도 있는 반면, 의료 영상과 같은 세부 분야에서는 'Healthcare AI'로서 보다 전문적인 기술적 발전을 보이기도 한다. 법적 관점에서 지속적으로 화두가 되는 것은 개인의 의료정보에 대한 접근 범위와 관리이며, 후술할 인공지능 접목 예시에서도 보완과 사회적 합의를 필요로 하고 있다.

1) 진단 보조 인공지능

진단은 의료 인공지능의 가장 대표적인 세부 분야라고 볼 수 있다. 2005년 IBM Watson AI의 진단 인공지능 시도부터 시작해 현재 다양한 전문과에서 진단 보조 인공지능을 활용하고 있으며, 상대적으로 대한민국의 의료 서비스에 많이 보급된 인공지능 형태이기도 하다. 현재 시점에서는 진단율이 높은 각 세부 질환별로 진단을 보조하는 AI가 개발되고 있다. 대표 격인 것은 의료 영상 인공지능이다. 초음파, CT, MRI 등 영상 검사가 증가할수록 인공지능을 기반으로 한 분석 및 판독의 수요가 증대되고 있다. 의료 인공지능 중에서도 상대적으로 예전부터 주목을 받아온 분야이기에, 국내 다수의 기업에서 의료 영상 인공지능 솔루션을 제공하고 있다.

루닛(Lunit Inc.)은 2013년 설립되어 GE healthcare나 Philips, Fujifilm 등 대형 글로벌 파트너사와 함께 국내 의료 영상 인공지능의 선두 주자 역할을 하는 기업으로, "Conquer Cancer Through AI"라는 모토를 가진 의료 인공지능 기업이다. 대표적인 상품으로 루닛 인사이트 CXR이 있으며, 흉부 X-ray에서 발견되는 10가지 대표적 비정상 소견 진단을 보조한다. 흉부 X-ray에서 이상 소견이 발견되었을 때 병변의 존재 가능성

---

286   「의료법」 개정안(의안번호 2122258) 관련 조항 제21조 제3항 제19호.
287   이 부분은 정선기가 집필한 원고를 저자가 편집하였다.

을 0~99의 수치로 도출하고 이상 부위에 히트맵으로 표기한다.[288] 루닛 인사이트 CXR의 진단 보조를 받았을 때 정상 흉부 X-ray 판독 시간이 33% 감소하였다는 연구 결과가 있다.[289]

뷰노(Vuno Inc.)는 2014년 설립되어 루닛과 마찬가지로 의료 영상 인공지능 솔루션을 제공하는 기업으로, 루닛과 비슷하게 X-ray를 비롯한 의료 영상 진단 보조, 병리 슬라이드 판독 보조 등에 대한 솔루션을 제공하며 심전도와 활력 징후(vital sign), 환자의 목소리 등의 다른 의료 데이터에도 관심을 갖는다. 뇌 MRI에서의 퇴행성 뇌질환 진단을 보조하는 VUNO-Med DeepBrain, 흉부 CT 영상에서 폐결절을 탐지하는 VUNO Med-LungCT AI 등을 개발하고, 환자의 활력 징후를 기반으로 24시간 이내 심정지 발생 위험도를 제공하는 VUNO Med-Deep CARS 등 다양한 의료 인공지능 솔루션을 개발한다.

의료영상 인공지능의 데이터 범위가 영상의학 범위에서 다루는 방사선 영상에만 국한되는 것은 아닌데, Google Health의 DermAssist는 사용자가 피부 병변을 사진으로 찍어 앱을 통해 업로드하면 해당 병변을 일으킬 가능성이 높은 피부 질환이나 상태를 제시하는 방식으로 작동한다.[290]

정확도 높은 모델의 개발을 위해 대량의 데이터를 필요로 하는 인공지능의 특성상 의료 인공지능 대부분이 거대 기업과 대학병원급 대형 병원의 협력하에 개발되고 있으나, 그 사용은 점차 확장되고 있다. 단적인 예시로 2022년 강동구 천호보건지소는 국내 최초로 인공지능을 통한 망막/심혈관질환 진단 보조기기를 도입했으며, 이는 간단한 눈검사를 통해 안질환 및 심뇌혈관질환 위험도를 평가, 대사증후군과 만성질환의 합병증을 조기 발견할 수 있도록 돕는다.[291]

의료영상 분석 인공지능 외에도 NLP, Speech recognition 분야의 발전과 생성형 AI의 발전에 힘입어 다양한 방식으로 진단을 보조하는 인공지능 솔루션이 개발되고 있다. 대표적으로 Microsoft와 Nuance가 2023년 발표한 Dragon Ambient eXperience (DAX)가 있다.[292] 이는 환자-의사의 대화를 기반으로 OpenAI의 GPT-4를 기반으로 한 생성형

288 https://www.lunit.io/ko/products/cxr

289 Nam, J. G., Kim, M., Park, J., Hwang, E. J., Lee, J. H., Hong, J. H., Goo, J. M., & Park, C. M., "Development and validation of a deep learning algorithm detecting 10 common abnormalities on chest radiographs", *The European Respiratory Journal*, 57(5), 2021. 2003061. https://doi.org/10.1183/13993003.03061-2020

290 https://health.google/consumers/dermassist/

291 https://m.khan.co.kr/local/Seoul/article/202206071435001#c2b

292 https://news.nuance.com/2023-03-20/

AI 모델을 통해 의무기록을 자동으로 작성해 내는 인공지능이다

국내는 면담 과정에서 도움을 제공하고자 개발된 네이버 스마트 서베이라는 AI 문진 서비스가 있으며, 사내 병원을 시작으로 국내 일부 병원에서 시범적으로 적용되고 있다. 환자가 네이버 스마트 서베이를 사용하면 병원 방문 전 스마트폰이나 태블릿으로 증상과 요청사항, 이미지 등 자료를 작성하고 해당 자료가 담당의에게 전송되어 작성한 내용과 함께 인공지능의 의심질환과 관련 정보가 의사에게 제시되는 형태이다.[293]

2) 치료 보조 인공지능

진단 보조 인공지능만큼 많이 발전되지는 않았으나, 치료의 각 세부 영역에서도 의료진을 보조하는 인공지능이 개발되고 사용되고 있다. 인공지능 발전 이전부터 꾸준히 제시됐던 디지털 치료제(디지털 치료기기, Digital therapeutics, DTx)가 인공지능의 보조 아래 더욱 효과적인 치료책으로 점차 제안되고 있다. reSET은 최초의 디지털 치료제로 꼽히는 중독 치료용 앱으로, 2017년 처음으로 FDA의 디지털 치료제 허가를 받은 사례이며 개발사인 페어세러퓨틱스는 마약성진통제(opioid) 중독 치료 앱과 불면증 치료 앱도 마찬가지로 FDA 허가를 받았다. 비슷한 예시로 아칼리인터랙티브랩에서는 인데버알엑스(EndeavorRx)라는 게임을 개발해 ADHD 치료제로 FDA 승인을 받았다.[294]

국내에서도 마찬가지로 디지털 치료제 개발이 최근 더욱 주목받아 가속화되는 추세이고, 2023년에는 처음으로 식약처에서 에임메드 사의 솜즈(Somzz)를 디지털 치료기기로 허가했다.[295] 의사 처방 하에 솜즈 앱을 환자가 설치하면 수면 및 정신건강과 관련된 정보를 입력하고 객관적 데이터를 수집해 불면증의 기본적 비약물치료인 자극조절, 수면제한, 수면습관교육, 이완요법, 인지치료 등을 제공한다. 솜즈는 서울대병원, 삼성서울병원, 고려대안암병원에서 임상시험을 실시한 바 있다. 비슷하게 와이브레인 사에서는 국내 최초로 경도치매에 대한 임상 3상 식약처 허가를 받았다.[296] 국내 디지털 치료제 시장 규모는 2019년 1247억원에서 2022년 2566억원 규모로 빠르게 성장하고 있다.

디지털 치료제의 형태로 치료를 보조하는 인공지능 기술도 있지만, 직접적인 치료 개입이 아니더라도 치료를 돕는 형태의 인공지능이 있다. 앞서 소개한 루닛이나 뷰노와 비

---

293   https://biz.chosun.com/science-chosun/bio/2023/03/24/

294   https://www.chosun.com/economy/science/2022/12/22/

295   https://www.dailypharm.com/Users/News/NewsView.html?ID=297160

296   https://www.k-health.com/news/articleView.html?idxno=66874

슷하게 의료영상 분석 인공지능을 개발해 보급하는 메디컬아이피 사의 대표적 상품인 'MEDIP PRO'는 인공지능 기반의 Segmentation 기술을 핵심으로 의료영상을 분석, 3차 원으로 구현하는 기능을 주로 제공하는 의료영상 기반 디지털 트윈 구현 소프트웨어이다.[297] 이처럼 인공지능을 통해 재구성한 의료영상은 인체 내부 구조에 대한 직관적이고도 자세한 이해를 제공해 특히 수술을 비롯한 외과적 치료 전 의료진에게 일종의 가이드가 되어준다. 예컨대, 흉부외과, 소아과 의료진들의 소아 선천성 심장병 환자의 수술 전 3D 모델링 및 프린팅 서비스를 통해 수술 성공률을 높이고 수술 시간을 단축시킨다.[298]

3) 기타 의료 인공지능

진단과 치료 외의 의료 영역에도 인공지능이 적용되고 있다. 앞의 메디컬아이피사에서는 상품 'MDBOX'를 통해 가상현실에서의 카데바를 제공하며, 의과대학, 보건대학 등의 해부학 학습에 도움을 제공한다. 비슷하게 'ANATDEL'이라는 상품도 있는데, 환자의 의료영상을 기반으로 3D 시뮬레이션을 만들어 의료진 술기 향상 및 수술 시뮬레이션 교육에 사용한다.[299]

병원 및 환자-의사 관계에서 시야를 넓혀 국민 전반의 건강에도 의료 인공지능이 적용되려는 추세이다. 대표적으로 2023년 11월 15일에는 국민건강보험공단과 네이버, 네이버 클라우드측이 건강보험 빅데이터와 초대규모 AI 기술 기반 대국민 서비스 강화를 위한 업무협약을 체결했다.[300] 이러한 건강보험정보 기반 대국민 서비스 개발은 간단하게는 건강 통계 정보를 사용자들이 더 쉽게 확인할 수 있도록 콘텐츠를 제공하는 것에서 시작해 '클로바 케어콜'과 같은 세부 서비스로 확장된다. 네이버 클라우드의 AI 안부전화 서비스 '클로바 케어콜'은 AI 기술을 적용해 자연스러운 대화로 안부를 확인하며 의료 영역에서 인력 부족을 호소하고 있는 돌봄 업무를 효율화한다.

다. 법제 현황 및 과제

2023.12.31. 현재 한국의 법제에서는 6개월 이내에 대면 진료를 받은 적이 있다면 비

---

297 https://medicalip.com/KR/medip/
298 https://news.mt.co.kr/mtview.php?no=2018120606505689167
299 http://www.bosa.co.kr/news/articleView.html?idxno=2142550
300 https://www.etnews.com/20231218000037

대면 진료를 받을 수 있으며, 초진의 경우에는 오후 6시부터 다음 날 오전 9시까지, 토요일 오후 1시부터 다음 날 아침 9시까지 야간, 관공서의 공휴일에 관한 규정에 따른 공휴일에는 비대면 진료가 가능하다.[301] 문제는 약을 받기 위해서는 직접 약국에 방문해야 하고 비대면 처방전을 거부하는 약국도 있다고 한다. 비대면 진료의 경우 약도 비대면으로 배송을 받는 것이 자연스러우나 혹시 있을 오용에 대한 우려가 있고 약사법 제50조 제1항("약국개설자 및 의약품판매업자는 그 약국 또는 점포 이외의 장소에서 의약품을 판매해서는 아니 된다")이 개정되어야만 가능하다. 기술적으로도 의무기록의 표준화, 비대면 처방전의 신뢰성 확보 등 극복해야 할 장애가 많다.

아직 인공지능은 독립적으로 의료행위를 하지 못하고 영상판독, 로봇수술, 처방에 있어 인간의사를 보조하는 수준이다. 인공지능을 이용한 의료행위의 경우에도 의사는 최종적인 책임을 부담해야 하며, 분업의 원칙이나 신뢰의 원칙[302]에 기대어 면책을 받기는 어렵다. 향후, 인공지능에 인격성이 인정되는 경우에도 의사가 환자정보를 세팅해 주어야 한다면 인공지능은 피용자의 지위에 있고 의사는 사용자 책임을 부담하게 될 것이다. 한편, 인공지능 의료기기는 「제조물책임법」과 함께 「의료기기법」, 「빅데이터 및 인공지능 기술이 적용된 의료기기의 허가심사 가이드라인」(식약처) 등 특별규정의 적용을 받는다.

일부 미래 예측에서는 인공지능에 의해 제일 위협받을 직업이 의사라고 하지만[303] 이런 예측은 한국의 현실과 상당한 괴리가 있어 보인다. COVID-19를 위시한 전염병 확산 상황에서 개인정보 보호의 가치보다 사회보호 가치를 우위에 두는 선례를 보인 것을[304] 제외하고는 개인의료정보가 민감정보로 엄격하게 보호·관리되고, 주말에 행해지는 비대면 진료도 약을 사기 위해서는 직접 방문이 불가피한 상황에서 의료인공지능 개발에 순풍이 부는 상황이 조성되는 날은 멀게만 느껴진다.

---

301 2024.2.23. 정부는 의정갈등이 초래한 의료위기 타개책의 하나로 초진환자에 대한 비대면 진료를 전면 확대했다.
302 신뢰의 원칙은 행위자가 행위를 행함에 있어서 피해자 또는 제3자가 적절한 행동을 하는 것을 신뢰하는 것이 상당한 경우에는 설령 그 피해자 또는 제3자의 부적절한 행동으로 결과가 발생하더라도 그에 대한 책임을 지지 않는다고 하는 원칙이다.
303 한지우/오상일, 인공지능과 노동시장 변화, BOK 이슈노트 2023-30, 한국은행, 2023. 11. 16.
304 헌법재판소 2015. 4. 30. 선고 2013헌마81 결정.

3. 데이터 · 인공지능과 법률서비스

1) 법률 인공지능

제1장에서 인공지능을 개발하는 방법에 기호주의, 연결주의, 뉴로 심볼릭 접근이 있다고 언급했다. 인공지능 법률서비스의 개발도 유사한 과정을 거쳐서 오늘에 이르고 있다.

기호주의, 규칙기반 접근법은 인공지능에 리걸마인드를 심기 위하여 법률요건을 추론과정에 따라 결정 나무구조(decision tree)로 프로그램화하고 사용자가 컴퓨터의 질문대로 사실관계를 입력하면 컴퓨터가 판결을 내놓는 구조이다. 한계는 복잡한 사건에서 법익형량을 위한 다양한 변수를 프로그램화하기가 만만치 않으며, "변론 전체의 취지", "정의 관념에 따라", "신의칙과 양심에 따라"와 같이 법률가들도 명확히 요건화하기 어려운 부분이 있다는 점이다.

연결주의, 사례기반 접근법은 인간이 위 프로그램 작업을 하기 어렵다면 기계학습 방식으로 컴퓨터 스스로 패턴을 인식하여 프로그램하도록 하는 것이다. 대신 인간은 풍부한 데이터를 입력해야 한다. 챗GPT를 사용하여 변론서를 작성했다가 인용한 판결이 사실은 챗GPT가 가공으로 만들어 낸 사례로 밝혀져서 변호인이 벌금을 부과받은 사건이 미국에서 발생했다. 풍부한 사례가 있는 미국에서도 그렇다면 절대적으로 사례가 부족한 한국에서는 사례에만 기반하기가 어려울 것 같다.

결국 뉴로 심볼릭 내지 앙상블 접근이라고도 불리는 하이브리드 방식, 즉 법령과 법리로 논리구조의 뼈대를 만들고 판례로 살을 붙이는 방식이 해법으로 생각된다.

2) 적용 영역

향후 소송 분야에서 인공지능이 적용될 수 있는 영역으로는 디스커버리(문서제출명령), 판례검색, 승소가능성 및 판사성향 파악 등이 거론된다. 인공지능에 의한 사법서비스 제공은 향후 확대가 예견되나[305] 최종 판단을 인공지능에 맡기는 것은 '재판받을 권리', '설명 들을 권리' 등에 의해 제한된다.

자문분야에서는 계약서 검토, M&A를 위한 영업실사, 회계 · 조세 실사 과정에서 비정상성(anomaly)을 검출하는데 인공지능을 사용할 수 있을 것이다. 역시 가까운 시일에는

---

[305] 에스토니아는 민사소액재판의 경우 1심을 인공지능 판사가 재판하도록 하는 등 재판업무에 인공지능이 도입되고 있다.

인간변호사를 보조하는 역할을 넘어서기 어려울 것이다.

인공지능이 입법과정에서 법률 조문간 충돌과 오류를 줄이는 데에도 기여할 수 있을 것이다. 하지만 가치판단과 관련한 문제에 있어서 인간이 합의하지 못하고 대립하는 문제에 대해서는 인공지능도 대립하는 복수의 답을 내놓을 것이기에 입법과정상 최종적인 결단 또한 인간의 몫이다.

3) 현실

법률서비스 플랫폼인 '로톡'과 관련한 지루한 다툼은 한국에서 법률 인공지능이 꽃피기가 쉽지는 않을 것임을 시사한다. 2023.9.26. 법무부는 '로톡'에 가입한 변호사를 징계한 대한변호사협회의 처분을 취소했다. 법무부 변호사징계위원회는 이의신청을 요청한 123명 중 로톡의 '형량 예측 서비스'를 이용한 3명에게는 불문(不問) 경고 결정을,[306] 나머지 120명에 대해서는 혐의 없음 결정을 내렸다.

변호사법 제109조는 변호사가 아니면서 금품 등을 받고 법률상담 또는 법률관계 문서 작성, 그 밖의 법률사무를 취급하거나 이러한 행위를 알선하면 7년 이하의 징역 또는 5천만 원 이하의 벌금에 처하게 되어 있다. 로톡 앱에서 운영하는 '형량 예측 서비스'는 일종의 법률상담이라서 변호사법 제109조 위반이라는 것이 변협의 주장이었다.

하지만, 변협의 변호사윤리장전 중 '건전한 수임 질서를 교란하는 과다 염가경쟁을 지양함으로써 법률사무의 신뢰와 법률시장의 건강을 유지한다'와 '변호사 또는 법률사무 소개를 내용으로 하는 애플리케이션 등 전자적 매체 기반의 영업에 참여하거나 회원으로 가입하는 등 협조하지 않는다'는 두 조항에 대해 공정거래위원회는 변호사 간 공정하고 자유로운 경쟁과 소비자의 변호사 선택권을 제한한다고 판단하고 대한법협과 서울지방변호사회에 20억원의 과징금을 부과했다.[307]

변협과 로톡이 8년간 검찰, 경찰, 공정위, 법무부, 헌법재판소 등에서 다투는 사이 로톡은 100명의 직원 중 절반을 줄이고 사옥을 매물로 내놓는 등 경영상 어려움을 겪었다.[308]

---

306 불문경고는 징계혐의는 인정되나 사유가 경미할 경우 해당된다.
307 공정거래위원회 2023.4.13. 의결2023-063 [대한변호사협회 및 서울지방변호사회의 사업자단체 금지행위에 대한 건]
308 "법무부, '로톡 가입 변호사' 변협 징계 취소 … 법적 분쟁 8년만에 마무리", 조선일보, 2023.9.26.

제11장
인공지능과 국제통상법

I 서론

공정거래위원회가 추진하는 플랫폼공정경쟁촉진법이 국내외의 반대에 부딪히는 분위기다. 국내 AI기업들은 외국의 큰 사업자는 잡지도 못하면서 네이버, 카카오의 AI사업 투자의 발목만 잡을 것이라고 반대한다.[309] 반면 미국상공회의소는 이에 대해 자의적으로 미국기업을 규제대상으로 삼는다며 우려를 표명하고 있다.[310] 인공지능에 대한 규제가 국제통상 분쟁으로 비화할 가능성을 엿볼 수 있다.

아래 그림은 인공지능 기술 및 서비스의 구성요소, 개발 및 상용화의 단계와 이에 대한 규제의 영역별 구분, 그 내용의 형성과 집행에 관여하는 참여자의 상호관계에 국제경제법[311]이 관련됨을 표현한다.

---

[309] "플랫폼 규제에 '韓AI 다 죽는다' 한숨 나오는 이유", 뉴시스, 2024. 1. 5.

[310] "미국상공회의소 "한국 플랫폼법 큰 결함" 공개 반대", 한겨레, 2024. 1. 30.

[311] '국제경제법'은 국제통상법뿐만 아니라 국제투자법, 국제금융법 등을 포함한 개념이다. 인공지능이 장기적으로는 이들 모두에 영향을 미칠 것으로 예상된다는 점에서 〈그림1〉에서는 '국제경제법'이라는 용어를 사용하였다. 다만 아직 국제통상 분야를 제외하고는 국내외를 불문하고 관련된 논의가 없기에 이 글은 '국제통상법'적 쟁점의 조감으로 범위를 한정한다.

■ 인공지능의 개발과 규제 생태계[312]

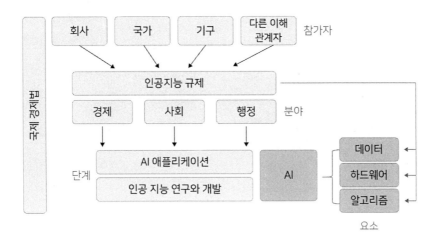

인공지능 시스템을 데이터 수집과 소프트웨어 개발 → 검증 → 이용자에게 배포 → 운용 → 운용의 결과를 다시 성능향상을 위한 투입요소로 사용하는 순환적 메커니즘으로 파악하는 경우 그 라이프사이클의 각 단계는 국제통상법의 공급망 가치사슬 분석과 연결된다. 즉 인공지능 기술의 충격을 흡수하고 수용할 수 있는 법제도가 경제활동의 제반 측면에 마련되고 세계적 차원에서 조화를 이룰 때에 인공지능이 무역통상을 포함한 국제경제의 발전에 기여할 수 있는 것이다.[313]

이런 인식하에 본 장은 인공지능 국제거래에 대한 규제조치에 적용가능한 국제통상법의 주요 법원(法源)을 역사적 등장 순서에 따라서 차례로 고찰한다. 제Ⅱ절에서 1994년 세계무역기구(World Trade Organization, WTO) 법체제의 적용에 관한 인공지능 통상법을, 제Ⅲ절에서 자유무역협정(Free Trade Agreement, FTA) 전자상거래 장과 디지털동반자협정(이를 이하에서는 'FTA 디지털통상협정'으로 통칭함)에 포섭된 인공지능 통상법을 분석하고, 제Ⅳ절에서 논의를 마무리한다.

312　Shin-yi Peng, Ching-Fu Lin, and Thomas Streinz, "Artificial Intelligence and International Economic Law: A Research and Policy Agenda" in Shin-yi Peng, Ching-Fu Lin, and Thomas Streinz (eds), *Artificial Intelligence and International Economic Law*, Cambridge University Press, 2021, p. 12.를 변경.

313　World Trade Organization and World Economic Forum, The promise of TradeTech: Policy approaches to harness trade digitalization, 2022.

Ⅱ   WTO 법체제의 적용

비록 인공지능이 상용화되기 이전인 1994년에 채택된 WTO협정이더라도 그 규정이 기술발전을 포용할 수 있는 일반적 용어로 기술되었기 때문에 해석으로 인공지능에 적용될 수 있다.[314] 그러나 해석에는 이견이 따르기 십상이며 아래에서 보는 바와 같이 국가의 일반적 규제권한을 강조하는 견해가 상품무역협정보다 서비스무역협정이나 무역관련 지식재산권협정에서 더 강하게 제기될 수 있다.

1. 상품무역협정

인공지능이 물품에 내장된 경우에 그 수출입은 「관세 및 무역에관한 일반협정」(General Agreement on Tariffs and Trade, GATT)과 그 부속협정의 적용대상이 된다. 최혜국대우, 내국민대우, 수량제한금지와 같은 일반원칙의 규율을 받으며, 정보기술협정(Information Technology Agreement)의 적용대상인 경우에는 무관세의 혜택을 받게 될 것이다. 인공지능제품이 신상품인 경우에는 관세분류를 놓고 수출입업자와 세관 당국 간에 적지 않은 갈등이 발생할 수 있다.[315]

부속협정 중 특히 주목되는 것은 「무역에 대한 기술적 장벽에 관한 협정」(Agreement on Technical Barriers to Trade, TBT)이다. TBT협정은 회원국이 기술규정, 국가표준, 적합성 평가, 인증 제도를 운용함에 있어 차별적이거나 부당하게 국제무역에 부담이 되지 않도록 하는 의무를 부과하고 있으며, 국제표준을 따르는 경우 합법성과 적합성의 추정이란 효과를 누릴 수 있도록 하고 있다.[316]

인공지능은 각종 기술규정과 표준의 대상이 될 것이다. 핵무기와 비교하면서 인류의 생존에 위협이 될 것이 경고되는 정도이니[317] 인공지능의 개발 및 판매와 관련한 각종 규

---

[314] Anupam Chander, "Artificial Intelligence and Trade", in Mira Burri (ed), *Big Data and Global Trade Law*, Cambridge University Press, 2021.

[315] 예, European Communities – Customs Classification of Certain Computer Equipment, WT/DS62, Appellate Body report circulated on 5 June 1998.

[316] 예, TBT 협정 제2.5조 2문.

[317] 'Godfather of AI' discusses dangers the developing technologies pose to society, PBS NewsHour, 2023.5.6. 〈https://www.youtube.com/watch?v=yAgQWnD31nE〉

제와 국가표준이 등장할 것은 예측 가능한 일이다. 사업자 측면에서도 인공지능은 데이터분석을 기초로 하므로 대규모 데이터의 처리를 위한 표준화가 필요하며, 인공지능의 개발을 위하여 대규모 투자를 한 만큼 수익을 올리기 위해서는 대규모의 시장이 필요하며, 시장의 확장을 위해서는 표준화가 전제되어야 할 것이다. 실제로 민간부문은 자율적으로 국제표준화기구(International Organization for Standardization, ISO), 국제전기기술위원회(International Electrotechnical Commission, IEC) 등[318]을 통한 인공지능 국제표준 제정에 활발히 참여하고 있다.

2. 서비스무역협정

인공지능이 상품으로 수출입 될 때는 GATT의 적용을 받아서 엄격한 비차별의무가 부과되지만, 서비스로 수출입되는 경우에는 최혜국대우는 일반적으로 적용되는 의무이지만[319] 시장접근 및 내국민대우의 부여 여부와 조건은 양허협상의 결과에 따라 달라진다.[320] 「서비스 무역에 관한 일반협정」(General Agreement on Trade in Services, GATS) 협상 당시에는 인공지능이 본격화되지 않았기에 양허표의 해석에 의한 적용이 쉽지 않을 것이며 구체적 약속이 존재하지 않는 한 국가주권이 제약되는 것으로 추정할 수 없다는 전통적인 국제법원칙에 따라서[321] 외국 인공지능 서비스에 시장을 개방하고 내국민대우를 부여할지는 수입국의 재량 사항이라는 해석이 적합한 경우도 있을 것이다.

그러나 반대로 각국의 양허표 해석상 인공지능 서비스가 양허된 것으로 보인다는 주장이 가능한 경우도 있다. 한국을 포함한 많은 나라가 우루과이라운드 및 후속 서비스협상시 컴퓨터 및 관련 서비스, 번역 및 통역서비스, 부가가치통신서비스(온라인정보 검색/자료 처리 서비스 포함) 분야에서 모드 1, 2, 3 형식의[322] 서비스 공급에 대해 제한 없이 양허하였다.[323] 현재 제공되는 인공지능서비스 중 상당 부분은 여기에 속한다고 주장하며

---

318 국제전기통신연합(International Telecommunication Union, ITU), 전기전자공학자협회 (Institute of Electrical and Electronics Engineers, IEEE).

319 GATS 제2조.

320 GATS 제16조, 제17조.

321 *The Case of the S.S. Lotus* (France v. Turkey), Permanent Court of International Justice (1927), P.C.I.J. Ser. A No. 10.

322 모드1은 국경간공급, 2는 해외소비, 3은 상업적 주재이다. 모드4는 자연인의 주재로서 양허 수준이 다른 서비스공급 모드보다 낮다.

323 각국의 WTO 서비스 양허 내용은 다음 웹사이트에서 확인할 수 있다. 〈https://www.wto.org/

시장접근과 비차별대우를 요구할 수 있을 것이다.

'기술중립성'이 이 양자간의 중간 영역에서 적용될 수 있는 해석원리로 대두하고 있다.[324] 서비스의 동종성 판단과 양허의 범위를 획정함에 있어서 회원국간 양허의 균형을 해하지 않으면서 무역의 확대를 꾀할 수 있는 해석의 수단으로 사용될 수 있으나 과한 경우에는 사법적극주의의 오명을 쓸 수 있다.

GATS는 또한 제6조에서 구체적 약속이 행하여진 분야에 있어 각 회원국은 서비스무역에 영향을 미치는 일반적으로 적용되는 모든 조치를 합리적이고 객관적이며 공평한 방식으로 시행할 것을 규정한다.[325] 과거의 자동화기술이 제조업에 의한 상품생산과 유통에 큰 영향을 주었다면, 인공지능은 서비스산업에 큰 영향을 줄 것이다. 각국은 이와 같은 인공지능에 의한 충격에 서비스의 제공에 관한 국내규제로 대응하게 될 가능성이 크다. WTO회원국은 양허범위 내에서 제6조에 의해 규제를 합리적, 객관적, 공평하게 시행할 의무가 있다.

3. 무역관련 지식재산권협정

인공지능은 빅데이터를 기반으로 하며 프로그램의 개발에 있어 고품질 데이터셋[326]이 차지하는 중요성은 절대적이다. 양과 질에 있어서 우수한 데이터셋을 구성하기 위해서는 데이터의 수집, 결합, 최신화, 가공, 분석에 있어 전문성이 필요하다. 용도에 맞추어 적합한 데이터로 데이터셋을 구성하고, 모델과 생성물의 품질향상을 위해 여러 파라미터[327]를 설정할 필요도 있다. 자국민만을 대상으로 한 공공서비스가 아니고 국제적인 서비스제공을 염두에 두고 있다면 외국인과 외국기업에 대한 데이터가 학습용 데이터셋에 포함되는 것은 불가피하다.

그런데, 구성된 데이터셋에 타인의 저작물이 포함되면 어떻게 하나. 인공지능이 생성해 낸 발명품에 대해서 특허법상 발명자는 누구이고 보호는 어떻게 부여할 것인가. 저작

---

english/tratop_e/serv_e/serv_commitments_e.htm〉

324 권현호, "GATS에서 기술중립성 개념의 적용과 한계", IT와 법연구(경북대IT법연구소) 제19집 (2019.8.).

325 제6조 제1항.

326 데이터셋(data-set)은 컴퓨터에서 사용할 수 있도록 저장된 데이터 자료들의 집합체이며 특히 인공지능 학습용 데이터셋의 중요성이 강조된다.

327 인공지능과 관련해서 파라미터(parameter, 매개변수)란 모델이나 시스템의 동작을 설명하고 제어하는 데 사용되는 변수 값으로 인공지능이 최적의 성능을 발휘하도록 설정된다.

권, 특허 등 보호와 관련한 무역마찰을 해소하기 위한 목적으로 WTO회원은 「무역관련 지식재산권 협정」(Agreement on Trade-Related Aspects of Intellectual Property Rights, TRIPS)을 채택하였다. 하지만 동 협정에 인공지능 개발과 관련하여 구체적으로 권리, 의무를 부여하거나 면책을 제공하는 기준이 마련되어 있지 않으므로 일반규정의 해석에 의한 적용이 불가피하다. 국내외에서 다양한 논의가 이어지고 있다.[328]

저작권에 한정해서만 단견을 밝히자면, 인공지능 개발자가 학습데이터를 의식적으로 선택하므로 책임의 성격은 간접책임이 아닌 직접책임이고, 상업적으로 사용된다면 일반적 면책은 어려울 것이며[329] 사정에 따라 책임 감축 정도가 가능할 것이다.[330] 따라서 인공지능 개발 및 운영자는 자신의 인공지능이 타인의 저작물을 사용하는 경우 권리처리를 위한 합리적인 노력을 기울여야 할 것이다. 사실상 모든 권리자를 개별적으로 찾아서 권리처리 하는 것이 쉽지 않은 경우에는 공시와 공탁으로 사업추진이 가능하게 하는 것이 합리적일 것이다. TRIPS의 허용범위 내에서 입법으로 기준을 세우는 것이 인공지능 사업의 안정성을 위해 바람직하다.[331]

인공지능의 두뇌에 해당하는 것은 소프트웨어이다. 한때 소프트웨어의 보호 방법에 대해 논쟁이 있었지만, 현재는 저작권법상 컴퓨터프로그램저작물로서 보호하는 것으로 일단락되었다.[332] 자연어 또는 C, Python, PHP와 같이 사람이 읽을 수 있는 언어로 작성된 소스코드뿐만 아니라 0과 1의 조합인 기계어로 표현된 오브젝트코드도 보호된다.

알고리즘이란 컴퓨터를 활용하여 문제를 해결하는 일련의 방법 또는 절차를 순서대로

---

328 대표적으로 WIPO(World Intellectual Property Organization)는 2019년 WIPO Technology Trends 2019 - Artificial Intelligence라는 보고서 이후 시리즈를 발간하고 있으며 국내 관련기관과 학자들도 적극적이다. 하나만 예시하자면, 인하대학교 법학연구소 AI·데이터법 센터에서 2023년 발간한 「인공지능법 총론」 제10장, 제12장에 실린 차상욱, "데이터와 인공지능"과 김원오, "인공지능 창작물의 지식재산 보호".

329 공정이용의 법리를 근거로 면책을 주장할 수 있겠으나 이용된 부분이 저작물 전체이거나 중요 부분이고 그로 인해 인공지능에의 이용이 그 저작물의 잠재적인 시장 또는 가치에 미치는 영향이 적다고 할 수 없는 경우에는 공정이용 주장이 배척될 것이다(저작권법 제35조의5).

330 이용자의 인풋이 학습데이터로 환류되는 형식으로 시스템이 구성된 경우 책임감면을 생각해 볼 수 있겠으나 운영자 측에서도 데이터셋의 품질을 저하시킬 우려도 있으므로 일반적으로 채택하지 않을 것으로 보인다.

331 주호영의원 등 11인이 2020.12.21. 제안한 의안 2106785호는 인공지능 창작물의 저작권 귀속에 대하여, 도종환의원 등 13인이 2021.1.15. 제안한 의안 2107440호는 데이터마이닝을 위한 규정의 신설안을 포함한다.

332 우리나라도 과거 특별법으로 컴퓨터프로그램보호법이 있었으나 현재는 폐지되고 저작권법에 따른 단일 보호체계를 갖추었다.

나열한 것이다. 소스코드의 개념도라 할 수 있는 알고리즘은 자연어, 플로차트, 기계언어 등으로 표현되며 '표현의 창작성'이란 저작권보호의 요건을 충족하면 저작권의 보호대상이 된다.

이처럼 인공지능 자체가 저작권의 보호대상이 된다는 데에는 이견이 없지만 인공지능의 산출물이 저작권으로 보호될 수 있을지 저작권은 누구에게 귀속되는지는 아직 논란의 대상이 된다. 생각건대, 누구라도 쉽게 생각할 수 있는 입력어에 대한 대응으로 산출한 결과물은 보호받을 수 없으나 쉽게 생각할 수 없는 입력어의 결과물은 보호의 대상이 될 수 있으며 저작권은 입력어를 집어넣은 사람에게 귀속한다고 할 것이다.[333]

일반적으로 인공지능을 개발한 기업은 소스코드의 공개에 관한 판단을 자체적으로 한다. 앞서 언급한대로 공개하더라도 저작권법에 의한 보호를 받을 수 있다. 다만 저작권법은 표현을 보호할 뿐 아이디어를 보호하지 않는다는 전통적인 이론에 의하여 표현을 달리하여 같은 기능을 수행하는 인공지능을 개발하는 것을 막을 수는 없다. 따라서 저작권법에 의한 보호가 불충분하다고 판단하는 인공지능 개발사는 소스코드를 공개하기보다는 영업비밀로 감추는 전략을 선택할 수 있다. 그런데 경우에 따라서는 국가적 차원에서 소스코드의 공개 또는 기탁을 요구할 수 있다.[334] 국가의 필수적 감독기능을 수행하기 위하여 또는 보안적 관점에서 소스코드를 보유할 필요가 있다고 주장하나 그 주장의 합리성과 필요성이 인정되는 범위에 대하여 아직 국제적인 공감대가 형성되지 못하였다. 각국의 전략적 판단에 따라 달리 결정될 수 있으나 전반적인 추세는 감독기관의 필요에 따른 요청시 개별적으로 소스코드에의 접근권을 인정하고, 상업적으로 판매되는 인공지능제품에 대한 소스코드의 사전적인 공개는 요구하지 않는 쪽으로 기울고 있는 것으로 보인다.[335] 공개 요구가 기업의 영업비밀 보호원리와 충돌할 수 있으며, 소스코드만으로 사전적으로 그 인공지능에 대한 규범적 판단을 하기 어렵다는 점에서 사후적으로 목적에 비추어 공개의 대상과 형태를 달리함이 적절할 것이다.

---

333 Stephen Thaler v. Shira Perlmutter, US District Court for the District of Columbia, Civil Action No. 22-1564 (BAH), Judge Beryl A. Howell, Memorandum Opinion delivered on August 18, 2023.

334 "중국 진출 원하면 소스코드 공개하라", 디지털타임스, 2015.7.20.

335 포괄적·점진적 환태평양 경제 동반자 협정(CPTPP) 제14.17조; 한·싱DPA 제14.19조.

4. 인공지능 관련 무역제한조치가 허용되는 경우

가. 현황

미국을 필두로 각국이 공공기관의 틱톡 사용을 금지하는 대열에 동참하고 있다.[336] 챗GPT 사용에 대해서는 정부차원에서 개인정보 보호 및 저작권 보호조치의 미흡을 지적한 데 이어서[337] 기업들도 영업기밀 유출을 우려하여 사용을 금지 또는 제한하고 있다.[338]

인공지능 기술은 인류에게 새로운 문명을 창출하는 가능성을 열어주는 한편 여러 가지 우려를 제기한다. 사회적 불평등과 산업에 있어 승자 독식의 심화, 감시를 통한 사회적 통제, 민주주의에 대한 위험, 국가안보 위험, 경제적 취약성과 시스템 리스크, 개도국의 조기 탈산업화로 개발 기회 상실, 사생활과 인간존엄성에 대한 위협 등이 그것이다.[339]

나. 미양허 분야에서의 규제 재량

상품무역의 경우에 비하여 서비스무역은 개방의 정도가 제한적이다. 구체적 약속의 한도에서 시장접근과 내국민대우의 부여에 조건을 붙일 수 있다. 따라서 미양허 분야에서의 서비스 제공과 관련해서는 수출입관련 조치를 포함한 폭넓은 규제재량이 인정되며, 양허한 분야에서도 규제 권한을 유보할 수 있다. 최근 GATS 제6조 제4항에서[340] 예정한 국내규제에 관한 규범협상을 대신하여 복수국간 협정[341]이 채택되어서 인공지능관련 자격요건과 절차, 기술표준 제정 등에 있어서도 회원국의 자의적 조치에 어느 정도의 제약

---

336 "세계 각국으로 확산되는 '틱톡 금지령'", 한겨레, 2023. 2. 28; "전 세계에서 이어지는 틱톡 사용 금지 논란, 어떻게 봐야 하나", 보안뉴스, 2023. 5. 30.

337 "'챗GPT 금지' 伊 이어 세계 각국 칼 빼들었다 … 韓도 가이드라인 마련 나서", 조선일보, 2023. 4. 14.

338 "삼성 이어 애플도 임직원 '챗GPT 사용' 금지", 디지털투데이, 2023. 5. 22.

339 Gregory Shaffer, "Trade Law in a Data-Driven Economy: The Need for Modesty and Resilience", in *Artificial Intelligence and International Economic Law*, Cambridge University Press, 2021, pp. 29-53.

340 "자격요건과 절차, 기술표준 및 면허요건과 관련된 조치가 서비스무역에 대한 불필요한 장벽이 되지 아니하도록 보장하기 위하여 서비스무역이사회는 자신이 설치할 수 있는 적절한 기관을 통하여 모든 필요한 규율을 정립한다."

341 WTO, Declaration on the Conclusion of Negotiations on Services Domestic Regulation, 2 December 2021.

이 가해질 것으로 예상된다. 다만 대부분이 권고적 규정이므로 규제의 신축성은 여전히 유지된다.

다. 일반예외

국가는 국민의 안녕을 보호할 기본적 의무를 지며 인공지능이 이에 대해 위협을 제기한다면 국가주권 원칙하에서 국가는 인공지능의 역기능을 통제할 시원적 권한을 갖는다. 국제통상협정도 이를 인정하고 있으니 GATT 제XX조, GATS 제14조의 일반예외에 해당하는 경우 협정의 다른 규정상 의무로부터 면제된다. 양 규정이 비슷하므로 후자만 인용한다.[342]

제14조 일반적인 예외

아래의 조치가 유사한 상황에 있는 국가 간에 자의적 또는 정당화될 수 없는 차별의 수단이 되거나 혹은 서비스무역에 대한 위장된 제한을 구성하는 방식으로 적용되지 아니한다는 요건을 조건으로, 이 협정의 어떠한 규정도 이러한 조치를 채택하거나 시행하는 것을 방해하는 것으로 해석되지 아니한다.

가. 공중도덕을 보호하거나 또는 공공질서를 유지하기 위하여 필요한 조치,

나. 인간, 동물 또는 식물의 생명 또는 건강을 보호하기 위하여 필요한 조치,

다. 아래 사항에 관한 조치를 포함하여 이 협정의 규정과 불일치하지 아니하는 법률이나 규정의 준수를 확보하기 위하여 필요한 조치,

    (1) 기만행위 및 사기행위의 방지 또는 서비스계약의 불이행의 효과의 처리

    (2) 사적인 자료의 처리와 유포와 관련된 개인의 사생활 보호와 개인의 기록 및 구좌의 비밀보호

    (3) 안전

라. 상이한 대우가 다른 회원국들의 서비스 또는 서비스 공급자들에 대한 공평하거나 효과적인 직접세의 부과 또는 징수를 보장하기 위한 제17조에는 일치하지 아니하는 조치.

마. 상이한 대우가 회원국을 기속하는 이중과세 방지에 관한 협정 또는 그 밖의 국제협정 또는 약정의 이중과세방지에 관한 규정의 결과인 제2조와 일치하지 아니하는 조치

즉 인공지능서비스가 공서양속에 반하거나 기망성을 갖는 등 불법성이 있을 경우 법질서 수호를 위한 조치를 취하거나 과세 정의를 구현하기 위하거나 이중과세 방지 협정의 적용에 따른 차별대우 등은 허용된다.

---

342 원주 생략, 이하 조문 인용에서도 같다.

라. 안보예외

GATT 제XXI조, GATS 제14조의2 안보예외에 해당하는 경우 협정의 다른 규정상 의무로부터 면제된다. 역시 후자만 인용한다.

제14조의2 안보상의 예외

1. 이 협정의 어떠한 규정도,
    가. 공개시 자기나라의 중대한 안보이익에 반하는 것으로 회원국이 간주하는 어떠한 정보의 공개도 회원국에게 요구하는 것으로 해석될 수 없으며, 또는
    나. 자기나라의 중대한 안보이익을 보호하기 위하여 필요하다고 회원국이 간주하는 다음과 같은 조치를 취하는 것을 금지하는 것으로 해석될 수 없으며,
        (1) 군사시설에 공급할 목적으로 직접 또는 간접적으로 행하여지는 서비스 공급과 관련된 조치
        (2) 핵분열과 핵융합물질 혹은 이들의 원료가 되는 물질과 관련된 조치
        (3) 전시 또는 기타 국제관계상 긴급상황에서 취해지는 조치. 또는
    다. 국제평화와 안전을 유지하기 위하여 국제연합헌장상의 의무를 준수하기 위하여 회원국이 조치를 취하는 것을 금지하는 것으로 해석될 수 없다.
2. 서비스무역이사회는 제1항 나호 및 다호에 따라 취해진 조치와 이러한 조치의 종료에 대하여 가능한 한 완전하게 통보를 받는다.

미래 전쟁에서는 데이터에 기반하여 인공지능이 수행하는 역할이 증대할 것이다. 그 결과 데이터의 국제유통과 관련한 쟁점이 미시적 안전 이슈에서 거시적 안보 이슈로 전화하고 있다.[343] 인공지능서비스 중에서 초거대 생성형 인공지능과 같이 다량의 데이터의 분석이 요구되는 경우에는 정치적 권역별로 시장의 블록화가 진행될 가능성이 있다. 그런 차원에서 인공지능서비스와 관련하여 제1항 가목과 나목(3)이 원용 가능성이 높아 보인다. 각각 "중대한 … 정보"와 "국제관계상 긴급상황"이 얼마나 신축적으로 해석될 수 있을지가 관건이 될 것이다.

---

[343] 김상배, "데이터 안보와 디지털 패권경쟁: 신흥안보와 복합지정학의 시각", 국가전략 제26권 2호 (2020년 여름), 5-34.

Ⅲ FTA 디지털통상협정의 관련된 규정

기존의 WTO 법체계가 인공지능에 적용가능하다고 해서 그것으로 충분하다는 이야기는 절대 아니다.[344] 기술과 사회의 변화가 WTO에 요구하는 입법적 청원은 넘치도록 많지만, WTO는 이 기대에 부응하지 못하고 있다. 이에 각국은 FTA와 디지털동반자협정 체결을 통하여 시대변화에 부합하는 통상법을 발전시키고 있다.[345] 이하에서는 특히 인공지능과 관련하여 의미가 큰 몇몇 주제만 간략하게 살핀다.

1. 개인정보 보호

인간 세상에서 문화와 법률이 기술경제의 변화에 뒤처지거나 수용의 양태에 있어 국가 간 차이를 보이는 것이 새삼스러운 일이 아니다. 전 세계가 인터넷으로 연결되어 있고 시공간의 차이가 소멸하고 있지만 인터넷에서 무엇이 허용되고 허용되지 않는 것인지에 대한 인식의 차이가 아직 좁혀지지 않고 있는 부분 중의 하나가 개인정보의 보호 및 활용의 범위이다. 유럽대륙 국가들은 개인정보자기결정권에 헌법적 기본권의 지위를 부여하고 정보주체의 권리를 두텁게 보호하면서 이와 동등한 보호체계를 갖추지 못한 외국으로의 개인정보 이전에 대하여 엄격한 요건을 부과하고 있다. 유럽사법법원은 미국조차도 적절한 개인정보 보호 체계를 갖추지 못하였다고 미국과 EU 간 정보 이전에 관한 포괄적인 협정을 수차례 무효화 선언한 바 있다.[346]

이에 FTA 디지털통상협정에는 정보의 자유유통과 개인정보 보호 간의 미묘한 갈등을 최소화하기 위하여 국가 간 대화와 협력, 국제 원칙과의 조화 그리고 상호운용성이 강조되고 있다. 예컨대, 한국-싱가포르 디지털 동반자 협정(Digital Partnership Agreement, DPA) 제14.17조는 다음과 같이 언급한다.

---

344   Pascal Krummenacher, "International Trade and Artificial Intelligence: Is trade policy ready for Chat GPT?", IISD Policy Analysis, April 14, 2023.

345   유지영, "글로벌 AI 경쟁과 디지털 통상규범의 의의", KISDI AI Outlook, 2022-8(2022); 정찬모, "디지털 통상법의 형성과정과 특징 – 한국 관련 FTA를 중심으로 – ", 「법학연구」 25권 2호, 인하대법학연구소(2022); 권현호·이주형·김민정·곽동철, 디지털통상협정의 한국형 표준모델 설정 연구, 대외경제정책연구원 연구보고서 22-29(2023).

346   CJEU, Passenger Name Record 판결(Joined Cases C-317/04 and C-318/04, 2006); Schrems Ⅰ 판결(Case C-362/14, 2015); Schrems Ⅱ 판결(Case C-311/18, 2020).

2. … 개인정보 보호를 위한 자국의 법 체계를 개발할 때, 각 당사국은 관련 국제기구의 원칙 및 지침을 고려한다.

3. 제2항에서 언급된 원칙은 '사생활 보호 및 개인 데이터의 국경 간 이동을 규율하는 OECD 가이드라인'에 기초하여, 수집 제한, 데이터의 질, 목적 명기, 사용 제한, 보안 장치, 투명성, 개인의 참여, 그리고 책임을 포함한다.

6. 양 당사국이 개인정보 보호에 대하여 상이한 법적 접근을 취할 수 있음을 인정하면서, 각 당사국은 이러한 상이한 접근 간의 호환성 및 상호운용성을 증진하기 위한 메커니즘의 개발을 장려한다. 이러한 메커니즘은 다음을 포함한다.

　가. 'APEC 국경 간 프라이버시 규칙'과 같은 광범위한 국제적·지역적 체계

　나. 각 당사국의 법 체계, 국가 신뢰마크 또는 인증 체계로 부여되는 유사한 보호에 대한 상호 인정, 또는

　다. 양 당사국 간 개인정보 전송에 대한 그 밖의 방법

인공지능을 사용하는 개인은 전통적인 상품이나 서비스를 구매하는 경우보다 무의식적으로 개인적인 정보를 노출할 가능성이 더 높다. 각국의 개인정보 보호 당국이 챗GPT에 대하여 발 빠르게 개입한 것도 그런 배경에서 이해된다.[347]

2. 정보의 국제적 이동

비개인정보에 대해서도 국가적으로 중요한 정보라고 분류하는 정보에 대해서는 외국으로의 이전을 금지하는 것이 드물지 않은 상황이다.[348] 공공정보의 경우에는 오히려 일반적이며, 민간정보도 금융정보, IT산업정보, 지도정보, 기반시설정보 등의 경우에는 이러한 제약이 빈번히 적용된다.

이런 상황에서 아래에 중국의 영향하에 체결한 RCEP[349]과 미국을 중심으로 체결한 USMCA[350]의 정보의 국경 간 이동에 관한 규정을 비교 제시한다. 정부의 규제권한을 기본전제로 하는 입장과 정보의 자유유통을 기본전제로 하는 입장 간의 차이를 극명히 보

347　"'챗GPT 금지' 伊 이어 세계 각국 칼 빼들었다 … 韓도 가이드라인 마련 나서", 조선일보, 2023. 4. 14; "개인정보위, 오픈AI에 과태료 부과 및 개선권고", 개인정보보호위원회 블로그 2023. 7. 28. 자 게시글. 〈https://blog.naver.com/pipcpr/223168625185〉

348　정해영, "주요국 국경간 데이터 이동 규제 현황 및 시사점", KITA 통상리포트 12호(2022).

349　역내포괄적경제동반자협정(Regional Comprehensive Economic Partnership). 한·중·일, 호주, 뉴질랜드와 아세안 10국이 참여함.

350　미국, 멕시코, 캐나다 간 자유무역협정(United States-Mexico-Canada Agreement).

여준다. 전자는 정보자유 문언의 앞뒤로 정부개입의 철벽을 설치하였다.

RCEP 제12.15조	USMCA 제19.11조
1. 당사자들은 각 당사자가 전자적 수단에 의한 정보의 이전에 관하여 자신만의 규제 요건을 가질 수 있다는 것을 인정한다.	
2. 당사자는 전자적 수단에 의한 정보의 국경 간 이전이 적용대상인의 사업을 수행하기 위한 것인 경우 그러한 행위를 금지하지 않는다. 3. 이 조의 어떠한 규정도 당사자가 다음을 채택하거나 유지하는 것을 금지하지 않는다. 가. 정당한 공공정책 목표를 달성하기 위하여 당사자가 필요하다고 여기는 제2항과 불합치하는 모든 조치. 다만, 그 조치가 자의적이거나 부당한 차별 또는 무역에 대한 위장된 제한 수단을 구성하게 될 방식으로 적용되지 않아야 한다. 또는	1. 어느 당사자도 서비스제공자가 양허 사업 수행의 일환으로 개인정보를 포함하여, 정보를 전자적 수단에 의해 국경간 이전함을 금지 또는 제한하지 않는다. 2. 이 조항은 다음과 같은 조건하에 어느 당사자가 정당한 공공정책목적의 달성에 필요한 제1항에 반하는 조치를 취하거나 유지하는 것을 금지하지 않는다: 가. 그 조치가 자의적이거나 부당한 차별 또는 무역에 대한 위장된 제한 수단을 구성하게 될 방식으로 적용되지 않아야 한다; 그리고, 나. 그 조치가 목적의 달성에 필요한 이상으로 정보이전에 제약을 부과하지 않는다.
나. 당사자의 필수적인 안보 이익 보호를 위하여 그 당사자가 필요하다고 여기는 모든 조치. 그러한 조치는 다른 당사자들에 의하여 분쟁의 대상이 되지 않는다.	

디지털통상이 성숙하기 이전부터 모든 무역거래에는 정보의 국제적 이동이 수반되기 마련이었다. 인공지능과 디지털 통상은 정보의 국제이동을 양과 속도라는 측면에서 괄목할 정도로 증대시켰으나 본질적인 측면에 변화를 가져온 것으로 보이지는 않는다. 정당한 공공정책 목표를 위한 규제의 초점은 정보의 수집과 이용에 맞추어져야 하며 정보의 이동에 대한 제약은 안보적 목적 등 필요 최소한으로 한정되어야 한다.

3. 컴퓨터 설비의 위치와 데이터에 대한 접근

인공지능서비스를 제공하면서 어디에 서버를 설치할지는 사업자의 자율적 판단에 맡길 일이지 정부가 강제함은 경제의 효율성을 해친다. 특히 초거대 데이터를 활용하는 인공지능의 경우 클라우드에 데이터를 보관하기 때문에 특정 장소에 컴퓨터 설비를 설치한다는 것이 기술적·경제적 합리성에 반한다.[351] 그런 차원에서 아래 비교하는 두 규정 사례 중 USMCA의 사례가 인공지능 산업의 현실에 적합하다고 할 것이다.[352]

RCEP 제12.14조	USMCA 제19.12조
1. 당사자들은 각 당사자가 통신의 보안 및 기밀성을 보장하기 위한 요건을 포함하여 컴퓨터 설비의 사용 또는 위치에 관한 자신만의 조치를 가질 수 있다는 것을 인정한다.	
2. 어떠한 당사자도 그 당사자의 영역에서 사업을 수행하는 조건으로 적용대상인에게 그 당사자의 영역에서 컴퓨터 설비를 사용하거나 둘 것을 요구하지 않는다.	어느 당사자도 서비스제공자가 자신의 영토에서 양허된 사업을 하는 조건으로 자신의 영토에 있는 컴퓨터 설비를 사용하거나 설치할 것을 요구하지 않는다.
3. 이 조의 어떠한 규정도 당사자가 다음을 채택하거나 유지하는 것을 금지하지 않는다. 가. 정당한 공공정책 목표를 달성하기 위하여 당사자가 필요하다고 여기는 제2항과 불합치하는 모든 조치. 다만, 그 조치가 자의적이거나 부당한 차별 또는 무역에 대한 위장된 제한수단을 구성하게 될 방식으로 적용되지 않아야 한다. 또는 나. 당사자의 필수적인 안보 이익 보호를 위하여 그 당사자가 필요하다고 여기는 모든 조치. 그러한 조치는 다른 당사자들에 의하여 분쟁의 대상이 되지 않는다.	

RCEP에서 표출된 중국의 우려는 실상 물리적 컴퓨터 설비의 위치에 있기보다는 정부당국이 원하는 경우 언제라도 민간이 보관하는 데이터에 접근할 필요성에서 나온 것으로 파악된다. 그렇다고 하더라도 정부기관이 민간 데이터에 대한 광범위한 접근권을 갖는 것은 국민의 기본권 보장을 중시하는 민주사회에서 신중해야 할 일이다.

AI개발 및 운용사는 학습용 데이터셋을 보안상의 이유로 암호화하여 보관할 수 있다.

---

351 Chan-Mo Chung, Data Localization: The Causes, Evolving International Regimes and Korean Practices, *Journal of World Trade* Volume 52, Issue 2, 2018; Conan French, "Data Localization: Costs, Tradeoffs, and Impacts Across the Economy", Institute of International Finance, December 2020.

352 미국이 2023.10. WTO 디지털통상 협상에서 주요 이슈에 대한 자국의 입장을 철회한 것은 급변하는 국제정치 속에서 이상주의와 현실주의 간의 괴리를 보여주며 향후 귀추가 주목된다.

감독기관이 AI의 운용과 관련하여 알고리즘이나 학습용 데이터셋을 상시적으로 모니터링하지는 않지만, 필요성이 인정되는 경우 이에 대한 접근을 보장할 것을 법령상 요건으로 정할 수 있다.[353] 다만, 접근 요청이 빈번히 이루어지는 경우 기업으로서는 상시적인 감시와 다를 바 없는 부담스러운 요건이다.

생각건대, 민간부문 일반에서는 규제기관이 법원의 영장 등으로 객관적 필요성을 입증하는 경우에만 데이터를 요구할 수 있도록 하고, 공공부문이나 공적규제의 필요성이 높은 민간부문 서비스에 대해서만 감독기관이 필요성을 입증하여 요구하는 경우 영장 없이도 AI운용기관이 접근을 보장하는 것이 적절하다. 그런 경우에도 접근의 목적 및 접근범위, 기간 등을 특정하도록 하는 것이 바람직하다.

USMCA 제17장(금융서비스) 제18조: 컴퓨터 설비의 위치

1. 당사국은 적용대상 인의 (거래와 운영 정보를 포함한) 정보에 금융당국이 즉시, 직접, 완전하고 지속적인 접근이 금융 규제 및 감독에 중요함을 인정하고, 접근에 대한 제약을 제거할 필요를 인정한다.
2. 당사국은 자신의 <u>규제당국이 적용대상 인이 외국에서 사용하는 컴퓨터 설비에서 처리 또는 저장되는 정보에 규제감독 목적으로 즉시, 직접, 완전하고 지속적인 접근권을 전제로</u> 그 인이 자신의 영토에서 사업하는 조건으로 그 영토에 있는 컴퓨터 설비를 사용 또는 설치할 것을 요구하지 않는다.

위에 인용한 바와 같이 USMCA는 금융서비스 장에서 이와 같은 규제당국의 접근권이 보장되는 것을 전제로 컴퓨터 설비의 국내설치 요구를 금지하고 있다. 다만, "지속적"이라는 표현은 규제기관의 편의주의가 반영된 것이 아닌가 생각된다.

4. 인공지능에 특화된 규정

디지털동반자협정에 인공지능에 특화된 규정이 들어왔다. 먼저, 한·싱DPA 제14.28조(인공지능)는 다음과 같이 규정한다.

---

[353] 중국 국가정보법 제7조, 사이버보안법 제28조.

1. 양 당사국은 AI 기술의 사용 및 채택이 자연인과 기업에 중대한 사회적·경제적 이익을 제공하면서 디지털 경제에서 점점 더 중요해진다는 점을 인정한다.

2. 양 당사국은 또한 AI의 이익을 실현하는 데 도움이 될 신뢰할 수 있고 안전하며 책임감 있는 AI 기술의 사용을 위한 윤리적 거버넌스 체계의 개발이 중요함을 인정한다. 디지털 경제의 초국경적 특성을 고려하여, 양 당사국은 더 나아가 그러한 체계가 가능한 한 국제적으로 부합하도록 보장하는 것이 유익함을 인정한다.

3. 이러한 목적으로, 양 당사국은 다음을 위하여 노력한다.

　　가. 관련 지역, 다자 및 국제 포럼을 통하여, 신뢰할 수 있고 안전하며 책임감 있는 AI 기술의 사용을 지원하는 체계("AI 거버넌스 체계")의 개발 및 채택에 대하여 협력하고 이를 장려한다.

　　나. 그러한 AI 거버넌스 체계를 개발할 때 국제적으로 인정되는 원칙 또는 지침을 고려한다. 그리고

　　다. AI 기술의 사용 및 채택과 관련된 규제, 정책 및 이니셔티브에 대한 대화의 장려 및 경험의 공유를 통하여 협력한다.

최근 한국의 가입 협상이 타결된 「디지털경제 동반자협정」(Digital Economy Partnership Agreement, DEPA)도 제8.2조에서[354] 유사하게 규정하였다. 특히 설명가능성(explainability), 투명성, 공정성과 인간중심가치(human-centered values)를 국제적으로 승인된 원칙으로 수용하고 AI 거버넌스 체계(AI Governance Frameworks) 구축을 위한 국제적 노력에 협력하기로 하였다.[355] 이들 규범은 윤리원칙으로 시작하였으나 통상협정에 포

---

[354] (원문) Article 8.2: Artificial Intelligence
　　1. The Parties recognise that the use and adoption of Artificial Intelligence (AI) technologies have grown increasingly widespread in the digital economy.
　　2. The Parties recognise the economic and social importance of developing ethical and governance frameworks for the trusted, safe and responsible use of AI technologies. In view of the cross-border nature of the digital economy, the Parties further acknowledge the benefits of developing mutual understanding and ultimately ensuring that such frameworks are internationally aligned, in order to facilitate, as far as possible, the adoption and use of AI technologies across the Parties' respective jurisdictions.
　　3. To this end, the Parties shall endeavour to promote the adoption of ethical and governance frameworks that support the trusted, safe and responsible use of AI technologies (AI Governance Frameworks).
　　4. In adopting AI Governance Frameworks, the Parties shall endeavour to take into consideration internationally recognised principles or guidelines, including explainability, transparency, fairness and human-centred values. (필자 강조)

[355] 제1장에서 관련 개념을 상술하였다.

섭된 이상 향후 연성법으로 발전할 가능성을 배제하기 어렵다.

5. 평가 및 제안

아래 그림과 같이 인공지능의 개발을 위한 데이터의 수집과 처리, 서비스의 기획과 디자인, 모델수립과 해석, 검증과 실험, 배포, 운영과 관리라는 인공지능서비스의 전 수명주기에 걸쳐 상품, 서비스, 지식재산, 인력과 데이터가 인공지능의 생산 및 마케팅 요소로 활용되며, 최상의 생산요소를 저렴하게 조달하고 최적의 조건으로 판매하기 위해서는 국제적 거래가 요구되는바 무역의 원활과 안정성을 보장하는 제도적 뒷받침으로 국제통상법이 기능한다.

▌ 인공지능의 수명주기와 무역정책 고려사항[356]

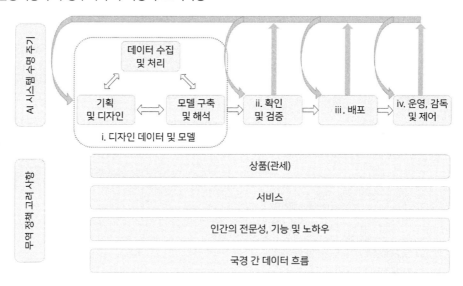

전자상거래와 관련하여 초기 쟁점은 디지털전송 형태의 거래가 상품거래냐 서비스거래냐 하는 분류의 문제였다. WTO의 상품협정이 적용되느냐 서비스협정이 적용되느냐에 따라 의무 부담의 정도가 달라지기 때문이며 아직 합의를 보지 못하고 있다. 하지만 이

---

356 OECD (2019), Artificial Intelligence in Society, OECD Publishing, Paris, https://dx.doi.org/10.1787/eedfee77-en. p. 13.을 변경.

제 인공지능과 관련하여 생각해 보면 위 그림에서와 같이 데이터, 상품과 서비스, 지식재산권 라이선스가 결합하여 인공지능이 개발, 제작, 운용되는 것이 일반적이다. 자연히 상품협정, 서비스협정, 지적재산권협정, 디지털통상협정이 중복되어 적용되는 사례가 많을 것이다.

나아가 현행 국제통상법은 인공지능을 염두에 두지 않고 제정된 것이 대부분이므로 해당 규정의 인공지능에의 적용가능성이 분명하지 않고 분쟁을 야기할 가능성이 크다. 위기에 처한 WTO의 분쟁해결제도를 감안한다면 해석에만 맡기는 것은 바람직하지 않다. 현재 WTO 분쟁해결제도의 위기가 문제해결을 위한 적극적인 해석과 적용에 기인하는 측면이 일부 있다는 점이 고려되어야 하며, 이제는 회원국이 시대의 요청에 부응하여 적절한 입법기능을 담당할 필요성이 있다는 차원에서 회원국은 협정의 개정 또는 해석선언의 채택에[357] 적극성을 보일 필요가 있다.

한편 국제통상법이 비차별원칙과 공정무역을 기반으로 출발하였다면 이제는 개발과 협력으로 중심축이 이동하고 있으며 인공지능은 그 대표적 분야이다. 인공지능은 이를 수용하는 각국의 전략과 태도에 따라 그 성패가 달리 나타날 수 있다. 이런 상황에서 인공지능 국제통상규범이 경성법이 아닌 연성법의 형태를 띠고 있는 것은 민간이 창의를 발휘할 수 있는 공적 기반을 조성하기 위한 규제실험이 국가 간에 다양하게 이루어지는 것을 포용할 수 있다는 차원에서 국제적인 규제샌드박스를 운영하는 것으로 비유될 수도 있겠다.

인공지능기술이 민주주의, 인권, 안보 등에 제기할 수 있는 위협에 주목하여 이에 대응하는 국가 단위의 노력이 규제의 복잡화를 야기할 수도 있지만 현재와 같이 분열된 국제정치상황에서 국제협정으로 획일적인 기준을 도입하는 것은 성공가능성이 작아 보인다.[358] 다만, 만약 국제적 차원의 접근이 필요하다는 공감대가 형성된다면 담대한 접근이 뜻밖의 성과를 도출할 가능성을 배제할 수 없다. 그런 차원에서 '인터넷의 미래를 위한 선언'(Declaration for the Future of the Internet)[359]과 유사한 '인공지능의 미래를 위한 선언'을 국제사회가 준비하는 것도 의미 있는 작업이 될 것이다. 중국의 눈치를 봐서 전자에의 참여를 차일피일 미루고 있는 한국이 AI시대에 미국과 중국이 함께 할 수 있는 협력의 제도적 틀을 마련하는 데 능동적인 역할을 한다면 한국의 국제적 이미지 개선에

---

357 근거 규정은 WTO설립협정 제10조와 제9조 제2항.

358 Shaffer, op. cit, p. 53.

359 https://www.state.gov/declaration-for-the-future-of-the-internet

크게 기여할 수 있을 것이다.[360]

Ⅳ 결론

인공지능에 적용가능한 국제통상 규범으로는 WTO 법체제, FTA 디지털통상법, 디지털동반자협정의 인공지능 특화 규정을 매개로 도입되는 인공지능윤리원칙 등이 복합적으로 얽혀있다.

인공지능이 포함된 물품의 수출입은 GATT와 분야별 상품협정의 적용대상이 된다. 상당부분의 인공지능제품은 정보기술협정이 적용되어 관세면제 혜택을 받을 수 있으며 표준 및 기술규정과 관련해서는 TBT협정이 적용된다. 또한, 한국을 비롯한 주요국들은 GATS 협상에서 인공지능과 관련한 많은 서비스를 양허한 것으로 해석되는바 다른 회원국에서 수입되는 서비스에 대하여 시장접근을 허용하고 내국민대우를 부여해야 하는 상황을 맞이할 수 있다.

한편, 인공지능을 개발하고 운용하는 과정에는 TRIPS를 통하여 약속한 지식재산의 보호가 문제될 수 있다. 인공지능 학습용 데이터셋의 구성에서 타인의 저작물 사용이 문제가 되며, 인공지능의 안전성과 투명성을 확보하는 과정에는 인공지능사업자의 재산권과 영업비밀 보호가 쟁점으로 제기된다.

디지털통상협정이 도입한 데이터의 국제유통 및 컴퓨터 설비의 현지화 규정 등은 국가의 규제 권한과 정보의 자유 간의 섬세한 균형 유지를 위해 노력하고 있으며, 이는 일반예외와 안보예외를 디지털경제 상황에 맞추어 구체화한 것으로 볼 수 있다.

현재 인공지능에 관한 명시적인 규정을 두고 있는 국제통상협정은 DEPA와 한·싱 DPA와 같은 최근에 체결된 디지털동반자협정이다. 이들 협정에서 체약국은 인공지능기술의 신뢰성, 안전성, 책임성을 지원하는 윤리와 거버넌스 체계의 채택을 위해 공동 노력할 것과 그 과정에서 설명가능성, 투명성, 공정성, 인간중심 가치를 포함한 국제적으로 인정된 원칙 및 가이드라인을 고려할 것을 약속하였다.

---

[360] 영국이 2023.11. 개최한 '인공지능 안전 정상회의(AI Safety Summit)'에서 미·중을 포함한 28개국이 일명 'AI 블레츨리 선언'을 채택하여 선수를 뺏긴 감도 있지만 2024.5. 한국이 개최하는 후속회의에서 동 선언을 구체화하고 실행을 감독하는 유엔산하 AI 국제기구의 설립에 관한 합의를 도출할 수 있다면 나름 큰 기여라고 할 것이다.

주요 참고문헌

고인석, 「인공지능과 로봇의 윤리」, 세창출판사, 2022.

고학수/임용 편, 「데이터 오너십」, 박영사, 2019.

김덕진 외 4인, 「인간이 지워진다: AI 시대, 인간의 미래」, 메디치미디어, 2023.

김명주, 「AI는 양심이 없다」, 헤이북스, 2023.

스튜어트 러셀 (이한음 옮김), 「어떻게 인간과 공존하는 인공지능을 만들 것인가」, 김영사, 2021 (Stuart Russell, *Human Compatible: Artificial Intelligence and the Problem of Control*, 2019).

스튜어트 러셀/ 피터 노빅 (류광 옮김), 「인공지능: 현대적 접근방식」 1 & 2, 제이펍, 2021 (Stuart Russell/Peter Norvig, *Artificial Intelligence:* A Modern Approach 4/E, 2021).

오병철 외, 「인공지능과 법」, 연세대학교 출판문화원, 2023.

인하대학교 법학연구소 AI · 데이터법 센터, 「데이터법」, 세창출판사, 2022.

인하대학교 법학연구소 AI · 데이터법 센터, 「인공지능법 총론」, 세창출판사, 2023.

정상조, 「인공지능 법에게 미래를 묻다」, 사회평론, 2021.

정찬모, 「인터넷 중립성 플랫폼 규제론」, 박영사, 2019.

한국인공지능법학회, 「인공지능과 법」, 박영사, 2019.

Burri, M. (ed.), *Big Data and Global Trade Law*, Cambridge University Press, 2021.

Crawford, K., *Atlas of AI: Power, Politics, and the Planetary Costs of Artificial Intelligence*, Yale University Press, April 2021.

Floridi L., *The Ethics of Artificial Intelligence*, Oxford University Press, 2023.

Peng, S., Lin, C. and T. Streinz (eds.), *Artificial Intelligence and International Economic Law*, Cambridge University Press, 2021.

Rifkin J., *The Age of Access*, Penguin, 2000.

Suleyman, M., *The Coming Wave: Technology, Power, and the Twenty-first Century's Greatest Dilemma*, Crown Publishing, 2023.

권영준, "개인정보 자기결정권과 동의 제도에 대한 고찰", NAVER Privacy White Paper,

2015.

김도엽, "인공지능에서의 개인정보 보호 고려사항", NAVER Privacy White Paper, 2023.

김병필, "인공지능 개인정보 보호 기술과 개인정보 보호 법제의 과제", 「법경제학연구」 제
    20권 제1호, 한국법경제학회, 2023.

김상배, "데이터 안보와 디지털 패권경쟁: 신흥안보와 복합지정학의 시각", 「국가전략」 제
    26권 2호, 2020.

김선희/안다연, "인공지능 관련 데이터와 개인정보 보호 법적 이슈", 「전자금융과 금융보안」
    제33호, 금융보안원, 2023.

김원오, "데이터법 서설", AI·데이터법 센터, 「데이터법」 제2장, 2022.

김정환, "형사소송법이 개념과 인공지능의 활용", 오병철 외, 「인공지능과 법」, 연세대학교
    출판문화원, 2023.

김종호, "데이터 경제와 데이터 생태계", AI·데이터법 센터, 「데이터법」 제1장, 2022.

소병수/김형진, "소셜미디어상의 개인정보 활용과 보호: AI 채팅로봇 '이루다'의 개인정보
    침해 사건을 중심으로", 「법학연구」 제24집 제1호, 인하대학교 법학연구소, 2021.

손승우, "데이터 거래의 법률관계", AI·데이터법 센터, 「데이터법」 제6장, 2022.

윤종수, "인공지능과 개인정보보호", 인하대학교 법학연구소 AI·데이터법 센터, 「인공지능
    법 총론」, 제13장, 세창출판사, 2023.

이상우, "개인정보 보호와 이용의 균형 모색: 중국 개인정보 보호법과의 비교연구를 중심으
    로", 「외법논집」 제46권 제2호, 한국외국어대학교 법학연구소, 2022.

이상욱/이호영, AI 윤리의 쟁점과 거버넌스 연구, 유네스코한국위원회, 2021.

이중희, "중국의 <생성형 인공지능 서비스 관리 잠정 방법>에 대한 분석: 배경과 쟁
    점", CSF 전문가 오피니언, 대외경제정책연구원, 2023.

전승재/고명석, "이루다 사건을 통해서 보는 개인정보의 인공지능 학습데이터 활용 가능
    성", 「정보법학」 제25권 제2호, 한국정보법학회, 2021.

전응준, "ChatGPT 등 생성형 인공지능 모델이 제기하는 개인정보 보호 관련 쟁점", 「규제
    법제리뷰」 제23-3호, 한국법제연구원, 2023.

정윤경, "개인정보자기결정권의 범위와 한계에 관한 고찰 – 개인정보 보호법 일부개정법률
    안을 중심으로 – , 「IT와 법연구」 제24집, 경북대학교 IT와 법연구소, 2022.

정찬모, "개인정보보호에 있어 정보주체의 동의", 「법학연구」 제18집 제1호, 인하대학교 법
    학연구소, 2015.

차상욱, "저작권법상 인공지능 학습용 데이터셋의 보호와 쟁점 – 텍스트데이터마이닝 면책

규정을 중심으로", 「경영법률」 제32집 제1호, 한국경영법률학회, 2021.10.

최경진, "데이터와 사법상의 권리 그리고 데이터 소유권(Data Ownership)", 「정보법학」 제23권 제1호, 한국정보법학회, 2019.

최경진/이기평, AI 윤리 관련 법제화 방안 연구, 한국법제연구원 글로벌법제전략 연구 21-17-5, 2021.

한국지식재산학회, 데이터 거래 가이드라인 및 표준계약서 개발, 한국데이터산업진흥원, 2019.

홍승기, "데이터마이닝 면책 입법 방향에 대한 의문", 「경영법률」 제32집 제4호, 한국경영 법률학회, 2022.7.

European Law Institute, ALI-ELI Principles for a Data Economy – Data Transactions and Data Rights, 2021.

EU, Proposal for a Regulation laying down harmonised rules on artificial intelligence, COM(2021) 206 final, Brussels, 21.4.2021.

EU, Proposal for a DIRECTIVE OF THE EUROPEAN PARLIAMENT AND OF THE COUNCIL on liability for defective products. 2022/0302(COD), 28.9.2022.

EU, Proposal for a DIRECTIVE OF THE EUROPEAN PARLIAMENT AND OF THE COUNCIL on adapting non-contractual civil liability rules to artificial intelligence (AI Liability Directive) 2022/0303(COD), 28.9.2022.

Gasser, Urs, and Virgilio A.F. Almeida. "A Layered Model for AI Governance." IEEE Internet Computing 21 (6), November 2017.

Goldfarb A. and C. Tucker, "Digital Economics", Journal of Economic Literature, Vol. 57, No. 1, March 2019.

Kim, J. R., Shim, W. H., Yoon, H. M., Hong, S. H., Lee, J. S., Cho, Y. A., & Kim, S., "Computerized Bone Age Estimation Using Deep Learning Based Program: Evaluation of the Accuracy and Efficiency", *American Journal of Roentgenology*, 209(6), 2017.

Lie D., Lisa M. Austin, Sun P. and W. Qiu, "Automating Accountability? Privacy Policies, Data Transparency, and the Third Party Problem" 72 UTLJ 155, 2022.

McKinsey (Ahmed Abdulla, Ewa Janiszewska-Kiewra, and Jannik Podlesny), "Data ecosystems made simple", March 8, 2021. <www.mckinsey.com/capabilities/

mckinsey-digital/our-insights/tech-forward/〉

Nam, J. G., Kim, M., Park, J., Hwang, E. J., Lee, J. H., Hong, J. H., Goo, J. M., & Park, C. M., "Development and validation of a deep learning algorithm detecting 10 common abnormalities on chest radiographs", *The European Respiratory Journal*, 57(5), 2021.

Krummenacher P., "International Trade and Artificial Intelligence: Is trade policy ready for Chat GPT?", IISD Policy Analysis, April 14, 2023.

The White House, Executive Order on the Safe, Secure, and Trustworthy Development and Use of Artificial Intelligence, October 30, 2023.

UK Department for Science, Innovation and Technology, *A pro-innovation approach to AI regulation*, March 2023.

World Trade Organization and World Economic Forum, *The promise of TradeTech: Policy approaches to harness trade digitalization*, 2022.

저자소개

정찬모

現, 인하대 법학전문대학원 교수
    동 법학연구소 AI · 데이터법센터 연구위원
前, 정보통신정책연구원(KISDI) 연구위원
    예일대 ISP, 國立淸華大 科技法硏究所 방문교수
    서울대 학사, 고려대 석사, 옥스퍼드대 박사

AI · 데이터 법 길라잡이

초판발행	2024년 4월 30일
지은이	정찬모
펴낸이	안종만 · 안상준
편 집	김선민
기획/마케팅	김민규
표지디자인	벤스토리
제 작	고철민 · 조영환
펴낸곳	(주) **박영사**
	서울특별시 금천구 가산디지털2로 53, 210호(가산동, 한라시그마밸리)
	등록 1959. 3. 11. 제300-1959-1호(倫)
전 화	02)733-6771
f a x	02)736-4818
e-mail	pys@pybook.co.kr
homepage	www.pybook.co.kr
ISBN	979-11-303-4719-6 93360

정 가 18,000원